〔元〕脱脱 等撰

點校本
二十四史
修訂本

金史

第二册
卷一四至卷二六

中華書局

2020年2月第1版　2024年6月第2次印刷
ISBN 978-7-101-14218-1

金史卷十四

本紀第十四

宣宗上

宣宗繼天興統述道勤仁英武聖孝皇帝諱珣，本名吾睹補，顯宗長子，母曰昭華劉氏。大定三年癸未歲生，世宗養于宫中。十八年，封温國公，加特進。二十六年，賜今名。二十九年，進封豐王，加開府儀同三司，累判兵、吏部，又判永定、彰德等軍。承安元年，進封翼王。泰和五年，改賜名從嘉。八年，進封邢王，又封昇王。所至著祥異。

至寧元年八月，衛紹王被弑，徒單鎰等迎于彰德府。既至京，親王、百官上表勸進。九月甲辰〔一〕，即皇帝位於大安殿。以紇石烈胡沙虎爲太師、尚書令兼都元帥，封澤王。乙巳〔二〕，諭尚書省，事有規畫者皆即規畫，悉依世宗所行行之。丙午，以駙馬雄名第賜胡沙虎。丁未，諭宰臣曰：「朕即大位，羣臣凡有所見，各直言勿隱。」臨奠于衞紹王第。有司奏，舊禮當設坐哭。上命撤坐，伏哭盡哀。勑有司，以禮改葬。戊申，御仁政殿視朝。賜胡沙虎坐，胡沙虎不辭。辛亥，封皇子守禮爲遂王，守純爲濮王，皇女温國公主。夔王永升薨，上親臨奠。大元遣乙里只來。壬子，改元貞祐，大赦。恩賚中外臣民有差。丙辰，左諫議大夫張行信上章言崇節儉、廣聽納、明賞罰三事。尚書右丞相徒單鎰進左丞相，封廣平郡王。庚申，澤王胡沙虎等議廢故衞王爲庶人，上曰：「朕徐思之，以諭卿等。」壬戌，授胡沙虎中都路和魯忽土世襲猛安。丙寅，詔諭六品以下官，事有可言者言之無隱。

閏月戊辰朔，拜日于仁政殿，自是每月吉爲常。授尚書左丞相徒單鎰中都路迭魯猛安〔三〕。庚午，上復舊名珣，詔所司，告天地廟社。前所更名二字，自今不須迴避。辛未，詔追尊皇妣爲皇太后。是日，皇妃皇子至自彰德府。遣使使宋。己卯，左諫議大夫張行信上疏請立皇太子。甲申，立子守忠爲皇太子。丙戌，詔降故衞王爲東海郡侯。甲午，減定監察御史爲十二員。

冬十月丁酉朔，京師戒嚴。辛丑，大元乙里只來。乙巳，詔應遷加官賞，諸色人與本朝人一體。庚戌，勑有司，皇太子册禮，俟邊事息然後舉行。辛亥，元帥右監軍朮虎高琪戰于城北，凡兩敗績而歸，就以兵殺胡沙虎于其第，持其首詣闕待罪。赦之，仍授左副元帥。壬子，殿前都點檢紇石烈特末也等補外。甲寅，張行信上封事〔四〕，言正刑賞、擇將帥，及鄯陽、石古乃之冤。大元兵下涿州。設京城鎮撫彈壓官。置招賢所。癸亥，放宮女百三十人。

十一月戊辰，夏人攻會州，徒單醜兒出兵擊走之。庚午，將乞和于大元，詔百官議于尚書省。以横海軍節度使承暉爲尚書右丞，耿端義爲參知政事。癸未，詔贈死事裴滿福興及鄯陽、石古乃官。大元兵徇觀州，刺史高守約死之。又徇河間府、滄州。乙未，定亡失告身文憑格。

十二月丁酉朔，上御應天門，詔諭軍士，仍出銀以賜之。平章政事徒單公弼進尚書右丞相，尚書右丞承暉進都元帥兼平章政事，左副元帥朮虎高琪進平章政事兼前職。

二年春正月丁卯朔，以邊事未息，詔免朝賀。辛未，大元兵徇彰德府，知府事黄摑九住死之。宋人攻秦州，統軍使石抹仲温擊却之。癸未，有司奏，請權止今年禘享朝獻原廟及皇太后册禮，從之。乙酉，徵處士王澮，不至。大元兵徇益都府。命有司復議本朝德運。乙未，大元兵徇懷州，沁南軍節度使宋扆死之。

二月丙申朔。壬子，大元乙里只扎八來。丙辰，罷按察司〔五〕。壬戌，大元乙里只復來。

三月辛未，遣承暉詣大元請和。丁丑，赦國内。癸未，京師大括粟。甲申，大元乙里只扎八來。詔百官議于尚書省。戊子，以濮王守純爲殿前都點檢兼侍衞親軍都指揮使，權都元帥府事。庚寅，奉衞紹王公主歸于大元太祖皇帝，是爲公主皇后。辛卯，詔許諸人納粟買官。京師戒嚴。壬辰，大元兵下嵐州，鎮西軍節度使烏古論仲温死之。

夏四月乙未朔，以知大興府事胥鼎爲尚書右丞。戊戌，奉遷昭聖皇后柩于新寺。時山東、河北諸郡失守，惟真定、清、沃、大名、東平、徐、邳、海數城僅存而已，河東州縣亦多殘燬。兵退，命僕散安貞等爲諸路宣撫使，安集遺黎。至是以大元允和議，大赦國内。癸卯，權厝昭聖皇后于新寺。甲辰，詔有司具陣亡人子孫以備録用。丁未，以都元帥承暉爲右丞相〔六〕。庚戌，左丞相、監修國史廣平郡王徒單鎰薨。乙卯，尚書省奏巡幸南京，詔從之。己未，葬衞紹王。

五月癸酉，承暉加金紫光禄大夫，封定國公。尚書左丞抹撚盡忠加崇進，封申國公。甲戌，霍王從彝薨。乙亥，輟朝。上決意南遷，詔告國内。太學生趙昉等上章極論利害，以大計已定，不能中止，皆慰諭而遣之。詣原廟奉辭。戊寅，將發，雨，不果行。以南京留守僕散端等嘗請臨幸，及行，先詔諭之。辛巳，詔遷衞紹、鎬厲王家屬于鄭州。壬午，車駕發中都。是日雨，至甲申止。丙戌，次定興。禁有司扈從踐蹂民田。丁亥，次安肅州，元帥右監軍完顔弼以兵迎見。癸巳，次中山府，勑扈從軍所踐禾稼，計直酬之。

六月甲午朔，以按察轉運使高汝礪爲參知政事〔七〕。癸丑，次内丘縣。大元乙里只來。戊午，次彰德府，曲赦其境内。庚申，次鉅橋鎮。是日，南京行宮寶鎮閣災。壬戌，次宜村。黄龍見西北。

秋七月，車駕至南京。詔立元妃温敦氏爲皇后。

八月甲午，以立后，百官上表稱賀。庚子，皇太子至自中都。丁未，夏人入邊，命移文責之。甲寅，罷經略司。應奉翰林文字完顔素蘭上書言事。

九月壬戌朔，日有食之。皇孫生。癸亥，山東路報萊州之捷。辛未，立監察御史陞黜格。庚辰，詔訓練軍士。丁亥，諭宣徽院，正旦生辰不須進物。太白晝見于軫。戊子，禁軍官圍獵。

冬十月甲午，詔遣官市木波、西羌馬。陝西軍户戰死者給糧贍其家。丁酉，大元兵徇順州，勸農使王晦死之。壬寅，左副元帥兼尚書左丞抹撚盡忠進平章政事。以御史中丞孛朮魯德裕爲參知政事兼簽樞密院事。曲赦中都路。乙卯，遣參知政事孛朮魯德裕行尚書省于大名府。丙辰，大元兵收成州。諭大名行省，貶損用度。德州防禦使完顔醜奴伏誅。

十一月丁卯，以御史大夫僕散端爲尚書左丞相。曲赦山東路。辛未，詔賜衞紹王家屬既廩。詔有司答夏國牒。丙子，許諸色人試武舉。蘭州譯人程陳僧叛，西結夏人爲援。辛巳，熒惑犯房宿鈎鈐星。癸未，曲赦遼東路。勑罷宣撫司輒擬官。

十二月戊戌，遣真定行元帥府事永錫等援中都〔八〕。頒勸農詔。丁未，以和議既定，聽民南渡。乙卯，登州刺史耿格伏誅〔九〕，流其妻孥。大元兵徇懿州，節度使高閭山死之。

三年春正月辛酉朔，宋遣使來賀。壬戌，遣內侍諭永錫防邊，毋以和議爲辭。癸亥，曲宴羣臣、宋使。定文武五品以上侍坐員，遂爲常制。乙丑，詔宣撫阿海、總管合住討賊劉二祖、張汝楫。戊辰，尚書省言：「內外軍人入粟補官者多，行伍浸虛。請俟平定，應監差者與三酬，門户有職事者陞一等，其子弟應蔭者罷之。」上可其奏。乙亥，夏人犯環州。北京軍亂，殺宣撫使奥屯襄。丁丑，右副元帥蒲察七斤以其軍降於大元。辛巳，皇太子疾。輟朝。乙酉，皇太子薨。

二月辛卯，環州刺史烏古論延壽及斜卯毛良虎等敗夏人于州境，詔進官有差。大元乙里只來。壬辰，上臨奠皇太子殯所。有司奏辰日不哭，上曰：「父子至親，何可拘忌？」命御史中丞李英、元帥左都監烏古論慶壽領兵護饟中都，付以空名宣勑，許視功遷敍，逗撓者治以軍律。乙未，改寧邊州隸嵐州。丁酉，詔諸色人遷官並視女直人，有司妄生分別，以違制論，從户部郎中奥屯阿虎請也。辛丑，勑宰臣饋乙里只酒饌。壬寅，頒獎諭官吏軍民詔，曲赦，招撫北京作亂者。丙午，尚書省以南遷後，吏部秋冬置選南京，春夏置選中都，赴調者不便，請併選於南京。從之。武清縣巡檢梁佐、柳口巡檢李咬住以誅乣賊張暉、劉永昌等功進官有差，皆賜姓完顏〔一〇〕。丁未，山東宣撫使僕散安貞遣提控僕散留家等破賊楊安兒步騎三萬，殲其衆，降僞頭目三百餘人、脅從民三萬餘户。戊申，減沿邊州府官資考有差。壬子，立保城無虞及捕獲姦叛遷賞格。乙卯，勑奏急事不拘假日。丁巳，日初出赤如血，欲没復然。戊午，大風，隆德殿鴟尾壞。

三月壬戌，詔河北州縣官，令文武五品以上辟舉，不聽以它事差占，仍勒終任。有勞績者但升遥領之職，應降罰者亦止本處居住。時河北殘燬，吏治多苟且以求代易，故著是令。癸亥，詔百官各陳防邊利害，封章以聞。丙寅，勑河東、河北、大名長貳官訓練隨處義兵，鄰境有警，責其捄援。降人自拔歸國者遷職，仍列其姓名，以招諭來者。沿河州縣官罷軟不勝職任者汰去，令五品已上官公舉，仍許今季到部人内先擇能者量緩急易之。丁卯，安武軍節度使張行信上書言急務四事。庚午，諭遼東宣撫使蒲鮮萬奴選精鋭屯瀋州、廣寧，以俟進止。壬申，長春節，宋遣使來賀。戊寅，諭尚書省，歲旱，議弛諸處碾磑，以其水溉民田。己卯，雨。自去冬不雨雪，至是始雨。勸農使李革言〔二〕：「河北州縣官吏多求河南差占以避難，宜發元任領戍兵者。不可離則別注以往。」庚辰，御史臺言：「在京軍官及委差官芻糧券例悉同征行，乞減其給。樞密院委差有俸人吏，非征行不必給。」皆從之。勑尚書省，入粟補官者毋括其户爲軍。有司議賞軍功，毋有所沮格。壬午，山東宣撫司報大沫堌之捷，夾谷石里哥及没烈擒賊渠劉二祖等斬之，前後殪賊萬計。西京軍民變，遣官撫諭之。己丑，禁州縣置刃於杖以決罪人。前年，京兆治中李友直私逃華州，結同知防禦使馮朝、河州防禦判官郝遵甫、平涼府同知致仕楊庭秀、水洛縣主簿宿徽等團集州民，號「忠義扈駕都統府」，相挺爲亂，殺其防禦判官完顔八斤及城中女直人，以書約都統楊珪，爲府兵所得。珪諱之，請自效，誘友直等執之，麾所招千餘人納仗阬諸城下。時京師道路隔絶，安撫司以便宜族友直等，至是以狀聞。乃贈八斤及被害官軍十餘人各一官，賻錢三百貫。

夏四月癸巳，河東宣撫使胥鼎言利害十三事。長勝軍都統楊珪伏誅。丙申，河南路蝗，遣官分捕〔三〕。上諭宰臣曰：「朕在潛邸，聞捕蝗者止及道傍，使者不見處即不加意，當以此意戒之。」權參知政事德升言：「舊制夏至後免朝，四日一奏事。」上曰：「此在平時可耳。方今多故，勿謂朕勞，遂云當免，但使國事無廢則善矣。」己亥，曲赦山東路。癸卯，籍赴選監當官爲軍。乙巳，罷都南行尚書六部。侯摯言九事。曲赦蒲察七斤脅從之黨，募能殺獲七斤者，以其官官之。丙午，以調度不給，凡隨朝六品以下官及承應人，罷其從己人力輸傭錢。經兵州、府其吏減半，司、縣吏減三之一。其餘除開封府、南京轉運司外，例減三之一。有禄官吏被差不出本境者並罷給券，出境者以其半給之。修内司軍夫亦減其半。丁未，故皇太子啓葴，賜謚曰莊獻，戊申，權葬迎朔門外。詔自今策論詞賦進士，第一甲第一人特遷奉直大夫，第二人以下、經義第一人並儒林郎，第二甲以下徵事郎，同進士從仕郎，經童將仕郎。壬子，芮國公從厚薨。詔遣使同山西宣撫司選其民勇健者爲軍。諭有司，勿拒河北避兵之民，所至加存卹。用山東西路宣撫副使完顏弼言，招大沬堌渠賊孫邦佐、張汝楫以五品職，下詔湔洗其罪。乙卯，詔檢覈朝廷差遣官券曆，無故稽留中道者罪之。丙辰，諭田琢留山西流民少壯者充軍，老幼者令就食於邢、洺等州，欲趣河南者聽。上議遣親軍六千餘及所募二千七百人援中都。宰臣以爲行宫單弱，親軍不可遣，遂止。

五月庚申，招撫山西軍民，仍降詔諭之。是日，中都破，尚書右丞相兼都元帥定國公承暉死之。户部尚書任天寵、知大興府事高霖皆及於難。壬戌，降空名宣勑、紫衣師德號度牒，以補軍儲。辛未，立皇孫鏗爲皇太孫。癸酉，劉炳上書言十事。辛巳，上諭宰臣：「多事之秋，陳言者悉送省。恐卿等不暇，朕於宫中置局，命方正官數員擇可取者付出施行，何如？」宰臣請如聖諭。詔削納馬補官恩例。戊子，謀伐西夏，遣大臣鎮撫京兆。

秋七月戊午朔，大元兵收濟源縣。己未，徵弓箭于内外品官，三品以上三副，四品、五品二副，餘以等級徵之。庚申，置陳、潁漕運提舉官，以户部勾當官往來督察。有星如太白，色青白，有尾，出紫微垣北極傍，入貫索中。上聞河北譏察官有要求民財始聽民渡河者，避兵民至或餓死、自溺，特命御史臺體訪之。又禁隨朝職官斂民碾磑以自營利。詔河間孤城，移其軍民就粟清州，括民間騾付諸軍，與馬參用。辛酉，議括官田及牧馬地以贍河北軍户之徙河南者，已爲民佃者俟穫畢日付之。羣臣迭言其不便，遂寢。癸亥，詔河北郡縣軍須並減河南之半。定尚書所造諸符：樞密院鹿，宣撫司魚，統軍司虎。丙寅，遣參知政事高汝礪往河南，便宜措置糧儲。制品官納弓箭之令，丁憂致仕者免。甲戌，借平陽民租一年。詔職官吏兵亡失告身，見任者保識即重給之，妄冒者從詐僞法。丙子，尚書省奏給皇太孫歲賜錢。上不從，曰：「襁褓兒安所用之。」詔致仕官俸給比南征時減其半。丁丑，肅宗神主至自中都，奉安于明俊殿。戊寅，月入畢宿中，戊夜犯畢大星〔一三〕。己卯，明德皇后神主至自中都。裁損宮中歲給有差。甲申，詔尚書省，行六部太多，其令各路運司兼之。改交鈔名「貞祐寶券」。

八月戊子朔，以陝西統軍使完顏合打簽樞密院事。己丑，制軍府庶事樞密院官須與經歷官裁決，經歷議是而院官不從，許直以聞。癸巳，詔遣官體究京西路新遷軍户。丙申，諭尚書省，職官犯罪，大者即施行之，小者籍之，事定始論其罪。諭樞密院，撒合輦所簽軍有具戒僧人，可罷遣之。己亥，詔武舉官非見任及已從軍者，隨處調赴京師，別爲一軍，以備用。被薦未授官者，量才任之。庚子，上慮平陽城大，兵食不足，議棄之，宰臣持不可。賞前冀州教授粘割忒鄰，集義兵，出方略，遏土寇〔一四〕，兵後攝州，復立州治，積芻糧，招徠民户至五萬，特遷三官，升正五品職。置山東西路總管府于歸德府及徐、亳二州〔一五〕。以太常卿侯摯爲參知政事，行尚書省于河北東、西兩路〔一六〕。太祖御容至自西京，奉安于啓慶宮。甲辰，置行樞密院于徐州、歸德府。詔諸職官不拘何從出身，其才可大用者尚書省具以聞。丙午，山東西路宣撫使完顏弼表：「遥授同知東平府事張汝楫將謀復叛，密遣人招同知益都府事孫邦佐。邦佐斬其人，馳報弼，弼殺汝楫及其黨萬餘。承制升邦佐德州防禦使，餘立功者賞有差。」上嘉弼功，加崇進，封密國公，詔獎諭之。丁未，詔近臣舉良將，加孫邦佐昭毅大將軍、泰定軍節度使，仍官其子。戊申，東平、益都、太原、潞州置元帥府。大赦。己酉，監察御史許古獻恢復中都之策。紅襖賊掠成武，宣撫副使顏盞天澤討走之，斬首數百級。進天澤一官，將校有功者命就遷賞。命侯摯招邢州賊程邦傑以官，不從則誘其黨圖之。減户部幹辦官四員及委差官有差。壬子，置行省于陝西。乙卯，增沿河闌糴之法，十取其八，以抑販粟之弊，仍嚴禁私渡。增步軍萬人，戍京以西，四萬人戍京以東。選陝西騎兵二千，增京畿之衛。諭陝西，堅守延安、臨洮、環、慶、蘭、會、保安、綏德、平涼、德順、鎮戎、涇原、鄜、坊、邠、寧、乾、耀等處要害。分渭南州郡步兵屯平涼，令宣撫使治邠州，副使治同州之澄城以統之。更以步騎守沿渭諸津。丙辰，元帥左監軍兼知真定府事永錫坐援中都失律，削官爵，杖之八十。

九月丁巳朔，户部侍郎奧屯阿虎言：「國家多故，職官往往不仕。乞限以兩季，違者勿復任用。」上嫌其太重，命違限者止奪三官，降職三等，仍永不升注。辛酉，除名永錫特遷信武將軍、息州刺史。甲子，諭宰臣，沿淮塘路以南地騔授民業，今爲豪勢據奪者，其令有司察之。丙寅，樞密院言：「陝西、河東世襲蕃部巡檢，昨與世襲猛安謀克例罷其俸。今邊事方急，宜仍給之，庶獲其用。」又西邊弓箭手有才武出衆，獲功未推賞者，令宣撫司覈實以聞。」從之。丁卯，以秋稼未穫，禁軍官圍獵。詔授隱士王澮太中大夫、右諫議大夫，充遼東宣撫司參謀官。戊辰，遥授武寧軍節度副使徒單吾典告平章政事抹撚盡忠逆謀，詔有司鞫之。設潼關提控總領軍馬等官。辛未，置河北東路行總管府於原武、陽武、封丘、陳留、延津、通許、杞諸縣，以治所徙軍户。命司屬令和尚等護治鞏國公按春第。上謂宰臣曰：「按春所爲不慎，或至犯法。舍之則理所不容，治之則失親親之道，但當設官以防之耳。」按春尋以不法〔一七〕，謫博州防禦使。黜衛紹王母李氏光獻皇后尊謚，神主在太廟，畫像在啓慶宮〔一八〕，並遷出之。陳州鎮防軍段仲連進羊三百，詔遷三官。命右丞汝礪詣陳州規畫糧儲。壬申，以蘇門縣爲輝州。癸酉，朝謁世祖、太祖御容于啓慶宮，行獻享禮，始用樂。賜東永昌姓爲温敦氏，包世顯、包疙疸爲烏古論氏，覩令孤爲和速嘉氏，何定爲必蘭氏，馬福德、馬柏壽爲夾谷氏，各遷一官。甲戌，朝謁太宗、熙宗、睿宗御容，行獻享禮。詔開、滑、濬、濟、曹、滕諸州置連珠寨，如衛州。乙亥，詔河北、山東等路及平凉、慶陽、臨洮府，涇、邠、秦、鞏、德順諸州經兵，四品以下職事官並以二十月爲滿。募隨處主帥及官軍、義軍將校，有能率衆復取中都者封王，遷一品階，授二品職。能戰却敵、善誘降人、取附都州縣者，予本處長官、散官，隨職遷授，餘州縣遞減二等。

紅襖賊周元兒陷深、祁州、束鹿、安平、無極等縣，真定帥府以計破之，斬元兒及殺其黨五百餘人。丁丑，詔司、縣官能募民進糧五千石以上，減一資考，萬石以上，遷一官，減二資考，二萬石以上遷一官，升一等，注見闕。諸色人以功賜國姓者，能以千人敗敵三千人，賜及緦麻以上親，二千人以上，賜及大功以上親，千人以上，賜止其家。庚辰，陝西宣撫司來上第五將城萬户楊再興擊走夏人之捷。壬午，以空名宣勑付陝西宣撫司，凡夏人入寇，有能臨陣立功者，五品以下並聽遷授。乙酉，置大名府行總管府于柘城縣，以治所徙軍户。

冬十月丙戌朔，翰林侍讀學士、權參知政事烏古論德升出爲集慶軍節度使兼亳州管内觀察使〔一九〕。丁亥，尚書右丞汝礪言：「河北軍户之徙河南者，宜以係官閒田及牧馬草地之可耕者賜之，使自耕以食，而罷其月糧。」上從其請。命右司諫馮開隨處按視，人給三十畝。夏人入保安，都統完顏國家奴破之；攻延安，戍將又敗之。是日，捷至。戊子，以御史中丞徒單思忠爲參知政事。己丑，平章抹撚盡忠下獄既久，監察御史許古言：「盡忠逮繫有司，此必重罪，而莫知其由，甚駭衆聽。乞遣公正重臣鞫之。如得其實，明示罪目，以厭中外之心。」書上，不報。庚寅，遂誅盡忠。癸巳，罪狀盡忠告中外。詔樞密副使僕散安貞行樞密院于徐州。戊戌，遼東宣撫司報敗留哥之捷。甲辰，詔求廣平郡王承暉之後，得其猶子歷亭縣丞永懷，以爲器物直長。丙午，夏人陷臨洮，陝西宣撫副使完顏胡失剌被執。庚戌，詔尚書左丞相僕散端兼都元帥，行尚書省于陝西。辛亥，蒙古綱奏：「昨被旨權山東路宣撫副使，屯東平。行至徐北岸，北兵已偪徐，不可往。」詔樞密副使僕散安貞權於沿河任使之。壬子，以同、華舊屯陝西兵及河南所移步騎舊隸陝州宣撫司者，改隸陝西行省。召中奉大夫、襲封衍聖公孔元措爲太常博士。上初用元措於朝，或言宣聖墳廟在曲阜，宜遣之奉祀。既而上念元措聖人之後，山東寇盜縱横，恐罹其害，是使之奉祀而反絶之也，故有是命。遼東賊蒲鮮萬奴僭號，改元天泰。

十一月丙辰朔，河北行尚書省侯摯入見。詔河北西路宣撫副使田琢自濬徙其兵屯陝。戊午，樞密院進王世安取盱眙、楚州之策，遂以世安爲招撫使，與泗州元帥府所遣人同往淮南計度其事。戊辰，夏人犯綏德之克戎寨，官軍敗之，犯綏平，又敗之。賞有功將士及來告捷者。參知政事徒單思忠言：「今陳言者多掇拾細故，乞不送省，止令近侍局度其可否發遣。」上曰：「若爾，是塞言路。凡係國家者，豈得不由尚書省乎？」庚午，上與尚書右丞汝礪商略遣官括田賜軍之利害〔二〇〕，汝礪言不便者數端。乃詔有司罷其令，仍給軍糧之半，其半給詒實之價。壬申，遣參知政事侯摯祭河神于宜村。甲戌，移剌塔不也以軍萬人破夏人數萬於熟羊寨。丙子，詔市民間輓車羸疾牝馬置羣牧中，以圖滋息。知臨洮府陀滿胡土門破夏人八萬於城下。丁丑，監察御史陳規劾參知政事侯摯，上不允所言，而慰答之。庚辰，上謂宰臣曰：「朕恐括地擾民，罷其令矣。官荒牧馬地軍户願耕者聽，已爲民承種者勿斂。舊例點檢左右將軍、近侍局官、護衛、承應人秩滿皆賜匹帛，雖所司爲之製造，然不免賦取於民，近亦罷之，止給寶券。至於朕所服御，亦以官絲付太府監織之，自今勿復及民也。」大元兵徇彰德府，知府陀滿斜烈死之。

十二月乙酉朔，徙朔州民分屯嵐、石、隰、吉、絳、解等州。戊子，以軍事免樞密院官朝拜。己丑，侯摯復行尚書省于河北。庚寅，太白晝見。壬辰，詔免元日朝賀。乙未，勑贈昭聖皇后三代官爵。太康縣人劉全、時温、東平府民李寧謀反，伏誅。戊戌，陝西行元帥府乞益兵，以田琢之衆隸之，仍獎諭以詔。壬寅，詔林州刺史惟宏與都提控從坦同經理邊事，諸將功賞次第便宜行之。乙巳，大元兵徇大名府。癸丑，皇太孫薨，以殤，無祭享之制，戒勿勞民。諭宣徽院免元日親王、公主進酒。甲寅，禮官奏，正旦宋遣使來賀，不宜輟朝。命舉樂、服色如常儀。詔臨洮路兵馬都總管陀滿胡土門進官三階，再任。

四年春正月癸亥，監察御史田迥秀條陳五事。丙寅，紅襖賊犯泰安、德、博等州，山東西路行元帥府敗之。丁卯，諭御史臺曰：「今旦視朝，百官既拜之後，始聞開封府報衙聲。四方多故之秋，弛慢如此，可乎？中丞福興號素謹于官事者，當一詰之。」己巳，尚書右丞高汝礪進左丞。庚午，大元兵收曹州。辛未，參知政事侯摯進尚書右丞。壬申，太原元帥左監軍烏古論德升招其民降北者，得四千三百餘人。癸酉，詔賜故皇太孫謚曰沖懷。更定捕獲僞造寶券者官賞。乙亥，以殿前都點檢皇子遂王守禮爲樞密使，樞密使濮王守純爲平章政事。己卯，立遂王守禮爲皇太子。庚辰，詔免逃戶租。壬午，言者請遣官劭農，至秋成，考其績以甄賞。辛臣言：「民恃農以生，初不待勸，但寬其力，勿奪其時而已。遣官不過督州縣計頃畝、嚴期會而已。吏卒因爲姦利，是乃妨農，何名爲勸。」上是其言，不遣。

二月甲申朔，日有食之。上不視朝，詔皇太子控制樞密院事。大元兵圍太原。乙酉，以信武將軍、宣撫副使永錫簽樞密院事，權尚書右丞。皇太子既總樞務，詔有司議典禮，以金鑄「撫軍之寶」授太子，啓禀之際用之。平章政事高琪表乞致仕，不允。召樞密院官問所以備禦之策。丁亥，以河東南路宣撫使胥鼎爲樞密副使，權尚書左丞，行省于平陽。鼎方抗表求退，詔勉諭就職，因有是命。行省左丞相僕散端先亦告老，遣太醫往鎮護視其疾。戊子，宰臣以皇太子既立，服御儀物悉與已受册同，今邊事未寧，請少緩册寶之禮，從之。戊戌，免親王、公主長春節入賀致禮。己亥，大元兵攻下霍山諸隘。甲辰，命參知政事李革爲修奉太廟使，禮部尚書張行信提控修奉社稷。權祔肅宗神主于世祖室，奉始祖以下神主于隨室，祭器以瓦代銅，獻官以公服行事，供張等物並從簡約。庚戌，詔凡死節之臣籍其數，立廟致祭。壬子，任國公瑋薨，輟朝。是月，同知觀州軍州事張開復河間府滄、獻等州并屬縣十有三，表請赦旁郡脅從之臣。又請以宣撫司空名宣勑二百道付之，從權署補，仍以糧繼其軍食。詔樞密措畫。

三月乙卯，以將修太廟，遣李革奏告祖宗神主于明俊殿。丁巳，曲赦中都、河北等路。議軍户給地事。乙丑，延州刺史温撒可喜上疏言：「皇太子宜選正人爲師保。」丙寅，長春節，宋遣使來賀。己巳，以將修社稷，遣太子少保張行信預告。滄州經略副使張文破趙福，復恩州。丙子，曲赦遼東路。己卯，處士王澮以右諫議大夫復還中奉大夫、翰林學士，仍賜詔褒諭。庚辰，復邢州捷至。

夏四月己丑，陝西行省來報秦州官軍破妖賊趙用、劉高二之捷。遣官鞫單州防禦使僕散倬之罪，罷其城單州之役。癸巳，張開奏復清州等十有一城，詔遷官兩階，賞將士有差。甲午，改賜皇太子名守緒。詔諭陝西路軍民。丙申，河北行省侯摯言：「北商販粟渡河，官遮糴其什八，商遂不行，民饑益甚。請罷其令。」從之。河南、陝西蝗。丁酉，太白晝見于奎。己亥，夏人葩俄族都管汪三郎率其蕃户來歸，以千羊進，詔納之，優給其直。辛丑，侯摯言：「紅襖賊掠臨沂、費縣之境，官軍敗之。獲其黨訊之，知其渠賊郝定僭號署官，已陷滕、兗、單諸州，萊蕪、新泰等十餘縣。」時道路不通，宰臣請諭摯爲備。仍詔樞密院招捕。蔡、息行元帥府兵拔木陡關，斬首千級。甲辰，有司言，扶風、郿縣有蟲傷麥。

五月癸丑朔，禮官言：「太廟既成，行都禮雖簡約，惟以親行祔享爲敬，請權不用鹵簿儀仗及宮縣樂舞。」從之。山東行省上沂州之捷。甲寅，鳳翔及華、汝等州蝗。辛酉，以尚書右丞侯摯行省事于東平。己巳，來遠鎮獲夏諜者陳岊等，知夏人將圖臨洮、鞏州，闞長安。命陝西行省嚴爲之備。丙子，上將以七月行祔享禮，慮時雨有妨，詔改用十月。夏人修來羌城界河橋。元帥右都監完顔賽不遣兵焚之，俘馘甚多。戊寅，京兆、同、華、鄧、裕、汝、亳、宿、泗等州蝗。

六月戊子，詔凡進奏帖及申尚書省、樞密院關應密大事，私發視者絞，誤者減二等，制書應密者如之。壬辰，遼西僞瀛王張致遣完顔南合、張頑僧上表來歸。詔授致特進，行北京路元帥府事，兼本路宣撫使，南合同知北京兵馬總管府，頑僧同知廣寧府。丙申，木星晝見于奎，百有一日乃伏。癸卯，詔有司祈雨。丁未，河南大蝗傷稼，遣官分道捕之。罷河北諸路宣撫司，更置經略司。壬子，以旱，詔參知政事李革審決京師冤獄。

秋七月癸丑朔，昭義軍節度使必蘭阿魯帶復威州及獲鹿縣。飛蝗過京師。甲寅，山東行省檻賊郝定等至京師，伏誅。乙卯，以旱蝗，詔中外。己未，勑減尚食數品及後宮歲給縑帛有差。辛酉，監察御史陳規上章條陳八事。

閏月壬午朔，日有食之。辛卯，復深州。癸巳，翰林學士完顏孛迭進中興事跡。甲午，命掌軍官舉奇才絕力之人，提控、都副統等官互舉其屬。頒舉官賞罰格，許功過相除。品官及草澤人有才武者，舉薦升降亦如之。庚子，詔河南、陝西鎮防軍應廕及納粟補官者，當役如舊，俟事定乃聽赴銓。

八月甲寅，太子少保兼禮部尚書張行信定祔享親祀之儀以進。上嘉納之。三原縣僧廣惠進僧道納粟多寡與都副威儀及監寺等格，從其言鬻之。夏人入安塞堡，元帥左監軍烏古論慶壽遣軍敗之〔二一〕。壬戌，賜張行信寶券二萬貫、重幣十端，旌其議禮之當。乙亥，詔諭中都民，命大名招撫使募人持詔以往。丙子，大元兵攻延安。己卯，夏人入結耶觜川，官軍擊走之。

九月辛巳朔，大元兵攻坊州〔二二〕。以簽樞密院事永錫爲御史大夫，領兵赴陝西，便宜從事。壬辰，大元兵攻代州。經略使奧屯醜和尚戰没。以中衛尉完顏奴婢等充賀宋生日使〔二三〕。

冬十月己未，親王、百官奉迎祖宗神主于太廟。招射生獵户練習武藝知山徑者分屯陝、虢要地。命元帥左監軍必蘭阿魯帶守潼關，遥授知歸德府事完顏仲元軍盧氏。大元兵攻潼關。西安軍節度使泥厖古蒲魯虎戰没。辛酉，上親行祔享禮。甲子，祔享禮成。赦。乙丑，詔諭河南官吏軍民，以賞格募立功之士。命參知政事徒單思忠提控鎮撫京師，移剌周剌阿不屯關、陝。丙寅，詔京師具防城器械，多鑿坎穽，築垣墻於隙地。徙衛紹及鎬厲王家屬于京師。丁卯，以奉安社稷，遣官預告。戊辰，命張行信攝太尉，奉安社稷，禮樂咸鄒其數。詔吏、禮、兵、工四部尚書董防城之役。大元兵徇汝州。己巳，沿河唯存通報小舟，餘皆焚之。庚午，詔宿糧州縣屯兵，其簽民爲兵者就署隊長，以自防遏。河東行省胥鼎〔二四〕，遣潞州元帥左監軍必蘭阿魯帶以軍一萬，孟州經略使徒單百家以軍五千，由便道濟河趣關、陝，自將平陽精兵援京師。命樞府督軍應之。辛未，置官領招賢所事。命內外官採訪有才識勇略能區畫防城者具以聞，得實超任，仍賞舉主。內負長才不爲人所知者，聽赴招賢所自陳。壬申，以龍虎衛上將軍裴滿羊哥知歸德府事，行樞密院事。癸酉，詔罷遣有司所拘民間輸稅車牛以運軍士衣糧者。甲戌，諭附京民盡徙其芻糧入城，官儲併運之。丙子，行樞密院知河南府事完顔合打以徽兵失應，坐誅。户部郎中魏琦以没王事，官其子。己卯，議禁京師糜穀，近侍以寶券方行，恐滯其用，不果。吏部令史韓希祖陳言，曾以戰功致身者盡拘京師備用，從之。

十一月庚辰朔，增定守禦官及軍人遷賞格。辛巳，詔止附京農民自撤其廬舍。壬午，河東行省胥鼎入援京師，用其言以知平陽府王質權元帥左監軍，同知完顏僧家奴權右監軍，代鎮河東。拜鼎爲尚書左丞兼樞密副使，知歸德府完顏伯嘉簽樞密院事。以完顏合打伏誅，詔中外。乙酉，元帥右都監完顏賽不來獻其提控石盞合喜、楊斡烈等大敗夏人于定西之捷，命行省視其功賞之。大元兵至澠池〔二五〕，右副元帥蒲察阿里不孫軍潰而逃，失其所佩虎符。丙戌，前臨潢府推官權元帥右監軍完顏合達率官軍老幼自北歸國，升鎮南軍節度使，進官三階。詔出公帑綿絹付有司償所括民服以衣軍者。是夕，月暈木星，木在奎，月在壁。己丑，定毀防城器具法。辛卯，詔立功五品以上官賜饌御前，六品以下官賜饌近侍局。癸巳，上諭皇太子：「京城提控官有以文資充者，彼豈知兵？其速易之。」甲午，放免諸職官傔從及諸司局射糧兵卒嘗選充軍者。戊戌，勑諸州縣簽籍軍民，以備土寇。華州元帥府復潼關。庚子，罷在京防城民軍。遣御史陳規等充河南宣差安撫捕盜官。河南路統軍使紇石烈掃合以發兵後期，坐誅。甲辰，以尚書工部侍郎和尚等充賀宋正旦使。丙午，河南行樞密院從坦言，其族人道哥願隸行伍以自效。上嘉其忠，許之。內族承立進所獲馬駞。上曰：「此軍士所得，即以予之可也，朕安用哉。」因徧諭諸道將帥，後勿復如是。

十二月辛亥，平章政事朮虎高琪加崇進、尚書右丞相。參知政事李革罷。癸亥，大元兵攻平陽。丙寅，皇太子議伐西夏。大元兵徇大名府。壬申，大元兵進自代州神仙橫城及平定承天鎮諸隘，攻太原府。宣撫使烏古論禮遣人間道齎礬書至京師告急。詔發潞州元帥府，平陽、河中、絳、孟宣撫司兵援之。乙亥，高琪請修南京裏城。上曰：「民力已困，此役一興，病滋甚矣。城雖完固，朕亦何能獨安此乎。」

校勘記

〔一〕九月甲辰　「九月」二字原在下文「乙巳」上。按，本書卷一三衞紹王紀云，「九月甲辰，宣宗即位」。今據以移此。

〔二〕乙巳　原作「九月乙巳朔」。按，「九月」二字已移在上文「甲辰」前。參見前條校勘記。又下文閏九月戊辰朔、十月丁酉朔，則九月決非乙巳朔，今删「朔」字。

〔三〕授尚書左丞相徒單鎰中都路迭魯猛安　「猛安」，本書卷九九徒單鎰傳載，宣宗即位後授徒單鎰「中都路迭魯都世襲猛安蒲魯吉必剌謀克」，所授係「謀克」而非「猛安」，所記與此異。

〔四〕甲寅張行信上封事　「甲寅」二字原脱。按，本書卷一三二逆臣紇石烈執中傳，「甲寅，左諫議大夫張行信上封事」，即此事。今據補。

〔五〕罷按察司　按，本書卷五七百官志三，按察司，「貞祐三年罷」。卷一〇四郭俣傳，「貞祐三年，罷按察司，仍充本路轉運使，行六部尚書」。卷一〇四移剌福僧傳，「貞祐三年，遷山東西路按察轉運使。是歲按察司罷，仍充轉運使」。

〔六〕以都元帥承暉爲右丞相　「右丞相」，原作「平章政事」。按，上文貞祐元年十二月丁酉朔，「尚書右丞承暉進都元帥兼平章政事」，此不應重出。本書卷一〇一承暉傳，「宣宗遷汴，進拜右丞相」。今據改。

〔七〕以按察轉運使高汝礪爲參知政事　「按察轉運使」，疑當作「户部尚書」。按，本書卷一〇七高汝礪傳，泰和「二年正月，爲北京臨潢府路按察使。四年二月，遷河北西路轉運使。十一月，進中都路都轉運使。六年六月，拜户部尚書」。「貞祐二年六月，宣宗南遷，次邯鄲，拜汝礪爲參知政事」。

〔八〕遣真定行元帥府事永錫等援中都　據前文，此事當發生於貞祐二年十二月戊戌。本書卷一〇一承暉傳載貞祐「三年二月，詔元帥左監軍永錫將中山、真定兵」，繫年與此異。

〔九〕乙卯登州刺史耿格伏誅　本書卷一〇二僕散安貞傳載「辛亥，耿格伏誅」，繫日與此異。

〔一〇〕武清縣巡檢梁佐柳口巡檢李咬住以誅糺賊張暉劉永昌等功進官有差皆賜姓完顏　據前文，此事當在貞祐三年。本書卷一〇三完顏佐傳記此事發生於貞祐二年。

〔一一〕勸農使李革言　「勸農使」，原作「勸農事」。殿本考證：「按百官志勸農使正三品，卷前已有勸農使王晦之文。」今據改。「李革」，原作「李華」。本書除此處外，無李華事迹。然卷九九李革傳，「宣宗遷汴，行河北西路六部事，遷知開封府事，河南勸農使」。今據改。

〔一二〕丙申河南路蝗遣官分捕　據前文，時當貞祐三年四月丙申。本書卷二三五行志作貞祐三年「五月，河南大蝗」，繫月與此異。

〔一三〕戊寅月入畢宿中戊夜犯畢大星　按，本書卷二〇天文志，貞祐三年七月「己卯，月入畢」，較此晚一日。劉次沅考證據天文計算顯示，當在己卯。

〔一四〕遏土寇　「遏」，原作「遇」，今據文義改。

〔一五〕特遷三官升正五品職置山東西路總管府于歸德府及徐亳二州　「特遷三官升正五品職」九字，原在「徐亳二州」下。今據文義乙正。

〔一六〕行尚書省于河北東西兩路　「尚書省」，原作「中書省」。按，本卷貞祐三年「十一月丙辰朔，河北行尚書省侯摯入見」；十二月「己丑，侯摯復行尚書省于河北」。本書卷一〇八侯摯傳，貞祐三年八月，「拜參知政事，行尚書省于河北」。今據改。

〔一七〕「命司屬令和尚等護治鞏國公按春第」至「按春尋以不法」　三處「按春」，南監本、北監本、殿本並同，局本作「安春」。按，本書卷八五世宗諸子永蹈傳，按春是鄭王永蹈子，明昌三年已賜死。泰和七年，詔「以衞王永濟子按辰爲永蹈後，奉其祭祀」。事亦見卷一三衞紹王紀（作「按陳」）、卷九三衞紹王子傳。疑「按春」爲「按辰」之誤。

〔一八〕畫像在啓慶宮　「啓慶宮」，原作「衍慶宮」。按，衍慶宮在中都，是年五月已爲蒙古所破。本卷上下文皆記南遷後畫像置於啓慶宫。本書卷一六宣宗紀下，「世宗忌日，謁奠于啓慶宫」，知「衍慶宫」當是「啓慶宫」之訛。今據改。

〔一九〕翰林侍讀學士權參知政事烏古論德升出爲集慶軍節度使兼亳州管内觀察使　「集慶軍」，原作「集義軍」，據南監本、北監本、殿本、局本改。按，本書卷一二二忠義傳二烏古論德升傳，「宣宗遷汴，（中略）以翰林侍讀權參知政事，（中略）無何，出爲集慶軍節度使」。又卷二五地理志中，「亳州，（中略）貞祐三年升爲節鎮，軍名集慶」。殿本考證：「按德升本傳作集慶，地理志止有集慶軍，隸揚州，别無集義之名。」

〔二〇〕上與尚書右丞汝礪商略遣官括田賜軍之利害　「右丞」，原作「左丞」。按，本書卷一〇七高汝礪傳，貞祐「三年五月，（中略）尋遷尚書右丞。（中略）四年正月，拜尚書左丞」。又高汝礪官職上文已兩見，皆是右丞，進左丞見下文四年正月己巳，此時尚爲右丞。今據改。

〔二一〕夏人入安塞堡元帥左監軍烏古論慶壽遣軍敗之　本書卷一〇一烏古論慶壽傳載，貞祐四年「遷元帥右監軍兼陝西統軍使」，與此異。

〔二二〕大元兵攻坊州　「坊州」，原作「防州」。按，本書卷二六地理志下鄜延路有坊州。今據改。

〔二三〕以中衛尉完顏奴婢等充賀宋生日使　「中衛尉」，原作「中尉衛」。按，本書卷六二交聘表下，貞祐四年「九月乙未，以榮禄大夫中衛尉完顏奴婢、太子少詹事納坦謀嘉爲賀宋生日使」。又卷五六百官志二，衛尉司有「中衛尉，從三品」。今據改。又此上疑脱「乙未」。

〔一四〕河東行省胥鼎　「河東」，原作「河南」。按，本書卷一〇八胥鼎傳，貞祐四年「二月，拜樞密副使，權尚書左丞，行省于平陽」。平陽爲河東南路首府，本卷上文亦載此事同。今據改。

〔一五〕大元兵至澠池　「澠池」，原作「沔池」。按，本書卷九六李愈傳、卷一一四白華傳等作「澠池」。今據改。參見本書卷二五校勘記〔一六〕。

金史卷十五

本紀第十五

宣宗中

興定元年春正月己卯朔，宋遣使來賀。癸未，宋使朝辭。上謂宰臣曰：「聞息州南境有盜，此乃彼界飢民沿淮爲亂耳。宋人何故攻我。」高琪請伐之，以廣疆土。上曰：「朕意不然，但能守祖宗所付足矣，安事外討。」乙未，詔中都、西京、北京等路策論進士及武舉人權試于南京、東平、婆速、上京等四路。丙申，東平行省言：「調兵以來，吏卒因勞進爵多至五品，例獲封贈，及民年七十並該覃恩。若人往自陳，公私俱費。請令本路爲製誥勅，類赴朝廷，以求印署。使受命者量輸諸物而給之。人力不勞，兵食少濟。」從之。皇子平章政事濮王守純授世襲東平府路三屯猛安。尚書左丞胥鼎進平章政事，封莘國公。癸卯，議減庶官冗員。乙巳，大元兵攻觀州。

二月戊申朔，初用「貞祐通寶」，凡一貫當「貞祐寶券」千貫。己酉，命樞密院汰罷軟軍士。諭尚書省，用官馬給驛傳以紓民力。庚戌，皇后生辰，詔百官免賀，仍諭旨曰：「時方多難，將來長春節亦免賀禮。」辛亥，以崇進、元帥右都監完顏賽不簽樞密院事。癸丑，罷招賢所。乙卯，皇孫生，宣徽請稱賀，詔無用樂。己未，大元兵徇忻、代。詔定州、縣官雖積階至三品，坐乏軍儲者，聽行部決遣。壬戌，尚書省以軍儲不繼，請罷州府學生廩給。上曰：「自古文武並用，向在中都，設學養士猶未嘗廢，況今日乎？其令仍舊給之。」丙子，議置莊獻太子廟。

三月戊寅，勑事關刑名，當面議之，勿聽轉奏。以絳陽軍節度使李革知平陽府，兼河東南路兵馬都總管，權參知政事，行尚書省。壬午，定民間收潰軍亡馬之法，及以馬送官酬直之格。乙酉，上宮中見蝗，遣官分道督捕，仍戒其勿以苛暴擾民。庚寅，長春節，宋遣使來賀。辛卯，詔罷平陽、河中元帥。乙未，先徵山東兵接應苗道潤共復中都，而石海據真定叛，慮爲所梗，乃集粘割貞、郭文振、武仙所部精鋭與東平軍爲掎角之勢，圖之。己亥，大元兵攻新城。庚子，攻霸州。甲辰，威州刺史武仙率兵斬石海及其黨二百餘人，降葛仲、趙林、張立等軍，盡獲海僭擬之物。尋進仙權知真定府事。

夏四月丁未朔，以宋歲幣不至，命烏古論慶壽、完顏賽不等經略南邊。戊申，孟州經略司萬户宋子玉率所部叛，斬關而出，經略使從坦等追敗之。庚戌，花帽軍作亂于滕州，詔山東行省討之。南陽五朵山盜發，衆至千餘人，節度副使移剌羊哥出討，遇之方城，招之不從，乃進擊之，殺其衆殆盡。癸丑，以安化軍節度使完顏寓權元帥左都監，行元帥府事，督經略使苗道潤進復都城，且令和輯河間招撫使移剌鐵哥等軍。鐵哥與道潤不協，互言其有異志，故命重臣臨鎮之。戊午，單州雨雹傷稼，詔遣官勸諭農民改蒔秋田，官給其種。平定州賊閻德用之黨閻顯殺德用，以其衆降。己未，以權參知政事遼東路行省完顏阿里不孫爲參知政事，行尚書省、元帥府于婆速路。以權遼東路宣撫使蒲察五斤權參知政事，行尚書省、元帥府于上京。庚申，李革請罷義軍總領使副，以畀州縣。尚書省以秋防在邇，改法非便，姑如舊制，州縣各司察之。甲子，元帥完顏賽不破宋兵于信陽，使來奏捷。乙丑，濟南、泰安、滕、兗等州賊並起，侯摯遣棣州防禦使完顏霆討平之，降其壯士二萬人、老幼五萬人。完顏賽不復奏，敗宋軍于隴山等處，俘馘甚衆。戊辰，太白晝見于井。辛未，權孟州經略使從坦追賊宋子玉至輝州境上，其黨邢福殺子玉，以衆來歸。壬申，以萬奴叛逆未殄，詔諭遼東諸將。完顏賽不軍渡淮破光州兩關，獲軍實分給將士。

五月戊寅，陝西行省破夏人于大北岔，是日捷至。丁亥，民苑汝濟上書陳利害，上以示宰臣曰：「卑賤小人，猶能盡言如此，有可采者即行之。」己丑，賊宋子玉餘黨家屬悉放歸農。尚書右丞蒲察移剌都棄官擅赴京師，降知河南府事，行樞密院兼行六部事。壬辰，延州原武縣雨雹傷稼，詔官貸民種改蒔。癸巳，宋人攻潁州，焚掠而去。戊戌，行樞密院兵敗宋人於泥河灣，又敗之樊城縣。山東行帥府事蒙古綱擅械轉運使李秉鈞，法當決，秉鈞返詈綱，應論贖，詔兩釋之。宋人取漣水縣。癸卯，蘭州水軍千户李平等苦提控蒲察燕京貪暴，殺之。構夏人以叛，脅其徒張㞠俱行，㞠以計盡獲之。陝西行省便宜遷㞠官四階，授同知蘭州事，賞士卒有差，以其事上聞。甲辰，大元兵下汚城縣〔一〕，軍官任福死之。丙午，定河北求仕官渡河之法，曾經總兵者白樞密院，餘驗據聽渡。行樞密院事烏古論慶壽南伐還，奏不以實，詔鞫之。

六月己酉，苗道潤表歸國人李琛復以衆叛，琛亦表道潤異謀，詔山東行省察之。修潼關，遣中使持詔及暑藥勞夫匠。權參知政事張行信進參知政事。庚戌，詔捕治遼東受僞署官家屬，得按察使高禮妻子，皆戮之。壬子，制鄜、坊、丹州四品以下州縣官視環、慶例，以二十月終更。甲寅，招撫使惟宏言彰德府守臣擅徙民山砦避兵，上曰：「難保之城，守之何益，徒傷吾民耳。勿治。」乙卯，顯宗忌日，謁奠于啓慶宮。丙辰，詔樞密院遣經歷官分諭行院，嚴兵利器以守衝要，仍禁飲宴，違以軍律論。宋人合土寇攻東海境。戊午，以宋遣兵數犯境，及歲幣不至，詔諭沿邊罪宋。己未，詔凡上書人其言已采用者，上其姓名。辛酉，以進士朱蓋、草澤人李維嶽論議可取，詔給八貫石俸。乙丑，設潼關使、副，及三門、集津提舉官。尚書左丞相兼都元帥僕散端薨，輟朝。置南京流泉務。遼東行省遣使來上正月中敗契丹之捷。

秋七月丙子朔，日有食之。辛巳，宋人圍泗州。壬午，圍靈壁縣。癸未，陝州振威軍萬户馬寬逐其刺史李策，據城叛。遣使招之，乃降。已而復謀變，州吏擒戮之，夷其族。甲申，詔諭遼東諸路。乙酉，宋人襲破東海縣。丙申，置提舉倉場使、副。癸卯，太社壇產嘉禾，一莖十有五穗。甲辰，夏人犯黃鶴岔〔二〕，官軍敗之。乙巳，初置集賢院知院事、同知院事等官。宋人及土寇攻海州，經略使擊破其衆。夏人圍羊狼寨，帥府發諸鎮兵擊走之。

八月戊申，陝西行省報木波賊犯洮州敗績，遁去。木星晝見于昴，六十有七日乃伏。己酉，海州經略司表官軍與宋人戰石湫南，戰漣水縣，戰中土橋，宋兵敗績。壬子，削御史大夫永錫官爵，有司論失律當斬，上以近族，特貰其死。癸丑，宋人攻確山縣，爲官軍所敗，詔諭國内軍士，使知宋人渝盟之故，仍命大臣議其事。乙卯，集賢院諮議官朱蓋上書陳禦敵三策。壬戌，海州經略使阿不罕奴失剌敗宋人于其境。提控李元與宋人戰，屢捷，多所俘獲。徙欄通渡經略司於黄陵堈。乙丑，制增定擒捕逃軍賞格及居停人罪。丙寅，左司諫僕散毅夫乞更開封府號，賜美名，以尉氏縣爲刺郡，睢州爲防禦使，與鄭、延二州左右前後輔京師。上曰：「山陵在中都，朕豈樂久居此乎？」遂止。癸酉，太祖忌日，謁奠于啓慶宮。甲戌，元帥左都監承裔遣其部將納蘭記僧等〔三〕，合葩俄族都管尼厖古，以兵掩襲瓜黎餘族諸蕃帳，屢破之，斬馘士卒，禽其首領，俘獲人畜甚多，是日捷至。

九月丁丑，更定監察御史失察法。以元帥左監軍必蘭阿魯帶權參知政事，行省于益都。戊寅，夏人犯綏德之克戎寨，都統羅世暉逆擊，却之。己卯，蔡州帥府偵宋人將窺息州，以輕兵誘其進，別以鋭師邀擊之，虜其將沈俊。壬午，以改元興定，赦國内。甲申，罷規運所，設行六部。辛卯，大元兵徇隰州及汾西縣，癸巳，攻沁州。遼東行省完顏阿里不孫爲叛人伯德胡土所殺。月犯東井西扇北第二星。乙未，大元兵攻太原簸箕掌寨。丁酉，薄太原城，攻交城、清源。癸卯，立沿河冰墻鹿角。

冬十月丁未，以霖雨，詔寬農民輸税之限。庚戌，以將有事于宋，詔帥臣整厲師徒。辛亥，遣官括市民馬，紅賞格以示勸。甲寅，命高汝礪、張行簡同脩章宗實録〔四〕。息州帥府獻破宋人于中渡之捷。乙卯，大元兵徇中山府及新樂縣。丙辰，丹州進嘉禾，異畝同穎。辛酉，制定州府司縣官失覺姦細罪。壬戌，右司諫兼侍御史許古上疏，請先遣使與宋議和。乙丑，大元兵下磁州。丙寅，定職官不求仕及規避不赴任法。高汝礪上疏言，和議先發於我，恐自示弱，非便。戊辰，上命許古草通宋議和牒，既進以示宰臣，宰臣以其言有祈哀之意，徒示微弱，無足取者，議遂寢。辛未，罷流泉務。大元兵收鄒平、長山及淄州。壬申，改郇國號爲管，避上嫌名。高汝礪表致仕，不允。

十一月壬午〔五〕，從宜移剌買奴言：「五朵山賊魚張二等若悉誅之，屢詔免罪，恐乖恩信。且其親屬淪落宋境，近在均州，或相構亂。乞貸其死，徙之歸德、睢、陳、鈞、許間爲便。」詔許之。癸未，月暈木、火二星，木在胃，火在昴。丙戌，太白晝見，遣翰林侍講學士楊雲翼禜之。大元兵收山東濱、棣、博三州，己丑，下淄州。庚寅，下沂州。甲午，河西掬納、籛納等族千餘户來歸。丁酉，詔唐、鄧、蔡州行元帥府舉兵伐宋。戊戌，大元兵攻太原府。庚子，上謂宰臣曰：「朕聞百姓流亡，逋賦皆配見户，人何以堪？又添徵軍須錢太多，亡者詎肯復業。其并議除之。」宰臣請命行部官閲實蠲貸，已代納者給以恩例，或除他役，或減本户雜征四之一。上曰：「朕於此事未嘗去懷，其亟行之。」

十二月甲辰朔，大元兵攻潞州，都統馬甫死之。戊申，即墨移風砦於大舶中得日本國太宰府民七十二人，因糴遇風，飄至中國。有司覆驗無他，詔給以糧，俾還本國。庚戌，元帥左監軍蒲察五斤進右副元帥，權參知政事，充遼東行省。是日，大元兵平益都府。辛亥，陝西行省胥鼎諫伐宋，不報。甲寅，海州經略使報提控韓璧敗宋人于鹽倉。己未，大元兵復攻沂州，官民棄城遁，辛酉，下密州，節度使完顏寓死之。壬戌，侯摯兼三司使。庚午，免逃户復業者差賦。

二年春正月乙亥，詔議賑恤。辛巳，勑南征將帥所至毋縱殺掠。壬午，宋人攻淮北，唐州元帥府擊敗之，獲統領李雄韜、陳皋以歸。癸未，近侍局副使訛可遣使報南師之捷。乙酉，陝西行省獲歸國人，言大元兵圍夏王城，李遵頊命其子居守而出走西涼。詔諭諸帥府明斥候，嚴守備。戊子，唐、鄧元帥完顏賽不報連破宋人之捷。宋人攻泗州，又戰卻之。

二月癸卯，宋人侵青口，行樞密院遣兵敗之。甲辰，免中京、嵩、汝等州逋租。諭胥鼎，克宋散關，可保則保，不可保則焚毁而還。定奴婢拺主法。丙午，訛可敗宋人于防山。紇石烈桓端亦遣使來上光州、信陽之捷。庚戌，海州經略敗宋兵于朐山，表請繼其軍儲，督東平帥府發兵護送資糧以應之。許州長社縣何冕等謀反，伏誅。辛亥，張行信出爲彰化軍節度使兼涇州管内觀察使。壬子，御史以北兵退，請汰各處行樞密院、元帥府冗官。尚書以爲非便，上從尚書言，仍舊制。完顏賽不報棗陽之捷。癸丑，完顏阿鄰報皂郊堡之捷。丁巳，壽州行樞密院破宋人高柳橋水砦，夷其砦而還。壬戌，詔可遣兵拔宋栅碁盤嶺，又破其衆於裴家莊、寒山嶺、龍門關等處，得粟二千餘石。乙丑，諭樞密曰：「中京、商、號諸州軍人願耕屯田，比括地授之。聞徐、宿軍獨不願受，意謂予田必絕其廩給也。朕肯爾耶。其以朕意曉之。」丙寅，諭尚書省曰：「聞中都納粟官多爲吏部缴駁，殊不思方闕乏時，利害爲如何。又立功戰陣人，必責保官，若輩皆義軍白丁，豈識職官，苟文牒可信，即當與之。至若在都時，規運薪炭入城者，朕嘗植恩授以官。此豈容僞，而間亦爲所沮格。其悉諭之，勿復若是。」紇石烈牙吾塔破宋人于盱眙軍，上俘獲之數。己巳，以侯摯行省河北，兼行三司安撫司事。

三月庚辰，尚書集文資官雜議進士之選，詔依泰和例行之。癸未，詔可敗宋人于光化軍。甲申，長春節。戊子，諭宰臣曰：「舊制，廷試進士日晡後出宫。近欲復舊，恐能文而思遲者，不得盡其才，其令日没乃出。」以御史中丞把胡魯爲參知政事。陝西行六部尚書楊貞削五官，累杖一百七十，解職。詔可表言，官軍自桐柏入宋境，所向多克捷。癸巳，宋人爭皂郊堡，擊官軍，軍潰，主將完顔阿鄰戰没。丙申，更定京城捕告强盗官賞制。辛丑，上京行省蒲察五斤表，左監軍哥不靄誣坊州宣撫副使紇石烈按敦將叛而殺之〔六〕。事下尚書省，宰臣以爲按敦之死徐議卹典，哥不靄亦姑牢籠使之，上勉從其言。

夏四月壬寅朔，蒲察五斤表，遼東便宜阿里不孫貸糧高麗不應，輒以兵掠其境。上命五斤遣人以詔往諭高麗，使知興兵非上國意。乙巳，詔河南路行總管府節鎮以上官，充宣差捕盜使，以防禦刺史以上長貳官，及世襲猛安之才武者爲之副，又命濮王府尉完顏毛良虎爲宣差提控，以巡督之。是日，曲赦遼東等路。以户部尚書夾谷必蘭爲翰林學士承旨，權參知政事，行省于遼東。丁未，承裔敗宋人于皂郊堡。庚戌，御史劾集賢院諮議官李維嶽本中山府無極縣進士趙孝選家奴，乞正其事。上曰：「國家用人，奚擇貴賤。」命以官銀五十兩贖放爲良，任使仍舊。壬子，遣侍御史完顏素蘭、近侍局副使訛可同赴遼東，察訪叛賊萬奴事體。行省侯摯督兵復密州。提控朱琛復高密縣。癸丑，完顏素蘭請宣諭高麗復開互市，從之。乙卯，特賜武舉温迪罕繳住以下一百四十人及第。丁巳，陝西行省兵破宋雞公山，取和州、成州〔七〕，至河池縣黑谷關，守者皆遁，前後獲糧九萬斛，錢數千萬，軍實不可勝計。戊午，紅襖賊犯徐、邳，行樞密院兵大破之。己未，阿里不孫自潼關之敗，失其所在，變姓名匿居柘城，爲御史覺察，繫其家屬，將窮治之，乃遣子上書詣吏待罪。臺臣力請誅之，以懲不忠。上卒赦其罪，諭以自效。癸亥，遣重臣審理京師冤獄。丁卯，河南諸郡蝗。臨洮路報敗宋人之捷。東平行省敗黑旗賊，拔膠西縣，渠賊李全來援，併破之。戊辰，河北行省敗紅襖賊，進至密州，降僞將校數十人，士卒七百人，悉復其業。

五月辛未朔，鳳翔元帥完顏閭山破宋人步落堝、香爐堡諸屯。甲戌，招撫副使黃摑阿魯荅襲破李全于莒州及日照縣之南，三道擊之，追奔四十里。丙子，夏人自葭州入鄜延，元帥承立遣兵敗之馬吉峯，是日捷至。詔遣官督捕河南諸路蝗。辛巳，策論詞賦經義進士及武舉人入見，賜告命章服。萊州民曲貴殺節度經略使内族轉奴，自稱元帥，構宋人據城叛。山東招撫司遣提控王庭玉、招撫副使黃摑阿魯荅等討平之，斬僞統制白珍及牙校數十人，生禽貴及僞節度使吕忠等十餘人，誅之。乃命庭玉保萊，朱琛保密，阿魯荅保寧海，以安輯其民。丙戌，陝西行省言：「四月中，鞏州行元帥承裔遣提控烏古論長壽、納蘭記僧分道伐宋。長壽出鹽川鎮，記僧出鐵城堡，皆克捷而還。」辛卯，壽州行樞密院南城軍攻辛城鎮，一軍趣史河，與宋人戰，勝之。壬辰，河北行省復黃縣。乙未，第鳳翔、秦、鞏三道南征將士功，各遷其官。丙申，增隨朝官及諸承應人俸。戊戌，陝西行省連報承裔等入宋境之捷。己亥，大元兵徇錦州，元帥劉仲亨死之。庚子，陝州羣狼傷百餘人，立賞募人捕殺。

六月甲辰，樞密院言：「諸道表稱大元集兵應州、飛狐，將分道南下，觀其意不在河北，而在陝西。河東各路義士、土兵、蕃漢弓箭手，宜於農隙教閱，以備緩急。東平、單州衝要，豫徙其農民糧畜，置可守之城，修近城水砦，因以爲固。潼谷遠連商、虢，宜令兩帥府選官按視阨塞。」又言「賈瑀等刺殺苗道潤，乞治瑀等專殺之罪。餘州郡各以正職授頭目，使分治一方。」上諭之曰：「道潤之衆亟收集之，瑀等是非未明，姑置勿問。諸頭目各制一方，利害至重，更審處之。」石州賊馮天羽衆數千，據臨泉縣爲亂。帥府命將討捕之，爲賊所敗，旁郡縣將謀應之。州刺史紇石烈公順赴以兵，天羽等數十人迎降，公順殺之。餘賊走保積翠山，遣將王九思攻之，不下。詔國史院編修官馬季良持告勑金幣往招之。比至，九思先破柵，殺賊二千人，餘復走險。已而，其黨安國用等詣季良降者五千餘人，就署國用同知孟州防禦使事，以次遷擢有差。分其衆于絳、霍間。丁未，以參知政事把胡魯權左副元帥，與平章政事胥鼎協力防秋。己酉，苗道潤所部軍請隸潞州元帥府，詔河北行省審處之。壬子，紅襖賊犯沂州，官軍敗之，追至白里港，都提控齊信沒於陣，詔有司議贈卹〔八〕。丙辰，遣監察御史粘割梭失往河中、絳、解等郡，同守土官商度可保城池。丁巳，上以久旱，諭宰臣治京獄冤。因及京城小民，中納石炭，既給其價，御史劾以過請官錢，並繫之獄，有論至極刑者，欲悉從寬宥，何如？高琪對不然，遂止。壬戌，御史言户部員外郎臧伯昇供億息州，偶遇官軍戰勝，亦冒遷一官，乞論其罪。上曰：「軍前如此者，何止伯昇，今遽見罪，餘皆不安。且詰所從來，勢連及帥府。多故之秋，豈爲一官，遂忘大計，但令釐正之。」癸亥，遣高汝礪、徒單思忠禱雨。

秋七月庚午朔，日有食之。辛未，詔賞南伐將士有差。夏人犯龕谷，提控夾谷瑞及其副趙防擊走之。甲戌，以旱災，詔中外。己卯，遣官望祀嶽鎮海瀆于北郊，享太廟，祭太社、太稷，祭九宮貴神于東郊，以禱雨。遣太子太保阿不罕德剛、禮部尚書楊雲翼分道審理冤獄。癸未，大雨。太子、親王、百官表請御正殿，復常膳。庚寅，擇明幹官提控銓選無違失者與升擢，令譯史不任事者，驗已歷俸月放滿，别選能者。甲午，夏人復犯龕谷，夾谷瑞大破之。用點檢承玄言，遣官詣諸道選寄居守闕丁憂官及親軍入仕才堪總兵者，得一百六人，付樞密任使。

八月庚子朔，河北行省以苗道潤軍隸涿州刺史李瘸驢〔九〕，副以張甫、張柔。戊申，勑親軍百户以下授職待闕者給本俸，仍充役，俟當赴任遣之。己酉，詔河北行省完顏霆進軍援山東招撫使田琢，自今將士立功聽琢先賞以聞。大元遣木華里等帥步騎數萬自太和嶺徇河東。乙卯，大元兵收代州。辛酉，棣州提控紇石烈醜漢討賊張聚，大破其衆，復濱、棣二州。姦人李宜伏誅。復禁北歸民渡河。戊辰，大元兵收隰州。

九月乙亥，下太原府，元帥左監軍兼知樞府事烏古論德升死之。丙戌，諭皇太子曰：「軍務之速，動關機會，悉從中覆，則或稽緩。自今有當亟行者，先行後聞。」以户部尚書納合蒲刺都爲元帥右監軍，行元帥府事于潞州。戊子，置秦關等處九守禦使，命完顏蒲察等分戍諸阨。議遷海州，侯摯言不便，止。大元兵徇汾州，節度使兀顔訛出虎死之。庚寅，李全破密州，執招撫副使黄摑阿魯答、同知節度使夾谷寺家奴。辛卯，大元兵下孝義縣。乙未，設隨處行六部官，以京府節鎮長官充尚書，次侍郎、郎中、員外郎；防刺長官侍郎，次郎中、員外郎、主事；勾當官聽所屬任使。州府官並充勸農事，防刺長官及京府節鎮同知以下充副使。丙申，李全破壽光縣。

冬十月甲辰，李全破鄒平縣，戊申，破臨朐縣。己酉，大元兵徇絳、潞。壬子，攻平陽，提控郭用死之。癸丑，下平陽，知府事、權參知政事、行尚書省李革及從坦死之。甲寅，權平定州刺史范鐸以棄城，伏誅。詔諸郡録囚官，凡坐軍期者皆奏讞。山東路轉運副使兼同知沂州防禦使程戩及邳州副提控王汝霖等通宋人爲變，伏誅。宋人攻漣水縣，提控劉瑛敗之。丁巳，大元兵攻澤州。戊午，尚書省言獲姦細叛亡，率多僧道。詔沿邊諸州，惟本處受度聽依舊居止，來自河北、山東遣入内郡，譏其出入。己未，李全據安丘，提控王政屯昌樂，侯王庭玉兵同進討。宣差太府少監伯德玩擅率政兵攻全，爲全所敗，提控王顯死焉。田琢上言乞正玩罪。癸亥，月犯軒轅左角之少民星〔一〇〕。甲子，詔河東北路忻、代、寧化、東勝諸州並受嵐州帥府節制。

十一月庚午，大赦。庚辰，御登賢門召致政舊臣賜食，訪以時政得失。辛巳，以行元帥府紇石烈桓端權簽樞密院事，行院于徐州，權右都監訛可行元帥府事于息州。甲申，詔河東南路隰、吉等州聽絳州元帥府節制〔一一〕。大元兵收潞州，元帥右監軍納合蒲剌都、參議官修起居注王良臣死之。戊子，龕谷提控夾谷瑞敗夏人于質孤堡。河北行省報海州之捷。壬辰，定經兵州縣職官子孫非本貫理蔭及過期不蔭等格。丙申，大元兵下太原之韓村砦。定京師失火法。

十二月己亥朔，以御史中丞完顏伯嘉權參知政事、元帥左監軍，行河中府尚書省元帥府，控制河東南、北路便宜從事。升絳州爲晉安府，總管河東南路兵，降平陽爲散府。辛丑，簽樞密院事蒲察移剌都伏誅。壬寅，前山東西路轉運使致仕移剌福僧上章言時事。癸卯，詔大理卿温迪罕達權同簽樞密院事，行院于許州。甲辰，以誅移剌都，詔中外。乙巳，命徒單思忠祈雪，已而，大雪。甲寅，以開封府治中呂子羽等使宋講和。紅襖賊攻彭城之胡材寨〔一二〕，徐州兵討敗之。乙卯，以禮部侍郎抹撚胡魯剌爲汾陽軍節度使，權元帥右監軍，與嵐州元帥古里甲石倫完復河東〔一三〕。丁巳，籍瀕河埽兵。癸亥，尚書省言：「樞密掌天下兵，皇太子撫軍，而諸道又設行院。其有功及失律者，須白院，啓東宮，至於奏可，然後誅賞，有司但奉行而已。自今軍中號令關賞罰者，皆明注詔旨、教令，毋容軍司售其姦欺。」上從之。以樞密副使駙馬都尉僕散安貞爲左副元帥，權參知政事，行尚書省元帥府事，伐宋。甲子，上諭旨有司：「京師丐食死於祁寒，朕甚憫之。給以後苑竹木，令居獲燠所。」

三年春正月庚午，呂子羽至淮，宋人不納而還。詔伐宋。丙子，稅民種地畝，議行均輸。戊寅，勑和市邊城軍需，無至配民。定鎮戍征行軍官減資歷月日格。壬午，大雪。上聞東掖有撤瓦聲，問左右，知爲丁夫葺器物庫廡舍，上惻然，諭主者曰：「雪寒役人不休，可乎？姑止之。」丙戌，紇石烈牙吾塔上濠州香山村之捷。丁亥，諭宣徽，皇后生日免百官賀。壬辰，以大元兵已定太原，河北事勢非復向日，集百官議備禦長久之計。伐宋捷至，上謂侍臣曰：「此事豈得已哉。近日遣使實欲講和，彼既不從，安得不用兵也？」免單丁民户月輸軍需錢。甲午，有司請立價以買南征軍士所獲馬，上恐失衆心，因至敗事，不聽。乙未，勑尚書省，自今六部稟議常事，但可再送，不得趣召辨正。餘應入法寺定斷而再送，猶未當者具以聞，下吏治之。辛相執政以下皆不得召部寺官，部寺官亦不得詣省，犯者論違制。丁酉，鄧州元帥府提控婁室有罪，減死削爵。

二月庚子，上與太子謀南征帥，不得其人，歎曰：「天下之廣，緩急無可使者，朕安得不憂？」紇石烈牙吾塔敗宋人于滁。甲辰，胥鼎言：「軍中誅賞，近制須聞朝廷。賞由中出，示恩有歸，可。部分失律，主將不得即治其罪，不可。」詔尚書樞密雜議。宰臣請城守野戰將校有罪，從七品以下許便宜決罰，餘悉奏裁。上曰：「七品以下財令治之，將權太輕，或至誤事。自今四品以下聽決。」乙巳，攻宋光山縣，俘其統制蔡從定等，光州以兵來援，復敗之。丙午，上謂宰臣：「江淮之人，號稱選愞，然官軍攻蔓菁嶋，其衆困甚，脅之使降，無一肯從者。我家河朔州郡，一遇北警，往往出降，此何理也？」丁未，勑凡立功將士有居喪者特起復遷授。戊申，拔宋小江寨，殺其統制王大蓬。己酉，取宋武休關。庚戌，元帥左都監承立〔一四〕，以綏德、保安之境，各獲夏人統軍司文移來上，其辭雖涉不遜，而皆有保境息民之言，詔尚書省議之。宰臣言：「鎮戎、靈平等鎮近耗，夏人數犯疆埸。此文正緩我耳，宜嚴備禦，以破姦計。」上然其言。又曰：「頃近侍還自陝西，謂白撒已得鳳州，如得武休關，將遂取蜀。朕意殊不然，假令得之，亦何可守？此舉蓋爲宋人渝盟，初豈貪其土地耶？朕重惜生靈，惟和議早成爲佳耳。」高汝礪乞致事，優詔不允。甲寅，詔陝西行省，從七品以下官許注擬，有罪許決罰，丁憂待闕隨宜任使。軍官徒以上罪及軍事怠慢者，巡按御史治之。己未，行省安貞入宋境，破梁縣等軍，擒統制李申之。右副元帥完顏賽不、左都監牙吾塔，白石關、平山砦之捷俱至。

三月丁卯朔，陝西兵破宋虎頭關，取興元、洋州。捷至，上大悅。庚午，破宋人于七口倉。甲戌，高麗先請朝貢，因遣使撫諭之，使還，表言道路不通，俟平定後議通款。命行省姑示羈縻，勿絶其好。戊寅，蔡州行元帥府右都監完顏合達破宋人于梅林關〔一五〕，擒統制張時。己卯，長春節，免朝賀。提控奥屯吾里不敗宋人于上津縣，軍還至濠州，宋人來拒，牙吾塔擊走之。乙酉，河南路節鎮以上立軍器庫，設使、副各一員，防刺郡設都監、同監各一員。完顏合達敗宋人于馬嶺堡。丙戌，行省安貞破宋人于石堌山。己丑，追賜皇后父太尉汴國公彦昌姓温敦。庚寅，攻宋麻城縣，拔之，獲其令張倜等。辛卯，行省安貞破宋兵于塗山。壬辰，賽不敗宋兵于老口鎮，又敗宋人于石鶻崖。甲午，録用罪廢官副元帥蒲察阿里不孫、御史大夫永錫等七十人。詔太原等路，州縣闕正授官，令民推其所愛爲長，從行省量與職任。及運解鹽入陝西，以濟調度，命胥鼎兼領其事。

閏三月丙申朔。申明屠宰牛罪律。以雄、霸以東付權中都經略李瘸驢，易州以西付權中都西路經略靖安民治之。遥授金安軍節度使完顏和尚、故行軍副提控夾古吾典皆除名。庚子，皇子平章政事濮王守純進封英王。壬寅，叛賊王公喜構宋人取沂州。甲辰，以沂國公主薨，輟朝。丙午，給空名宣勑及金銀符，付嵐州帥古里甲石倫，許便宜遷注，以招脅從。丁未，諭樞密院議晉安、東平、河中諸郡備兵之策。庚戌，行省左副元帥僕散安貞至自軍前，入見于仁安殿。辛亥，少府少監粘割梭失言利害七事。甲寅，以南伐師還，罷南邊州郡籍民爲兵者。戊午，夏人破葭州之通秦砦〔一六〕，刺史紇石烈王家奴戰没。壬戌，治書侍御史蒲魯虎上書，請選太子師傅。甲子，胥鼎等各遷官，賞南伐之功。

夏四月丙寅朔，裕、宿等州置元帥府，選陝西步騎精鋭六千人實京兆。戊辰，選精鋭六萬分屯平涼、涇、邠、乾、耀等州。庚午，以秦州防禦使女奚烈古里間行元帥府于平涼。罷募民運解鹽。築京師裏城，命侯摯董役，高琪總監之。甲戌，以知臨洮府事石盞合喜爲元帥左都監，行元帥府事于鞏州。壬午，遣近侍四人巡視築城丁夫，時其飲食，聽其更休，督吏慘酷悉禁止之。癸未，陝西黑風晝起，有聲如雷，地大震。甲申，詔河北州縣官止令土著推其所愛者充，朝廷已授者别議任使。乙酉，夏人據通秦寨，提控納合買住擊敗之。己丑，林州都統霍成以疑貳誣殺降人，論罪當死，元帥惟良不欲以殺敵人誅邊將，請寬其罰，仍請立護送降民賞格，以杜後患。上爲之赦成，而命有司班賞格焉：護送十人以上至者遷一官，不及者每名賞錢二百緡，五十人以上兩官，百人以上兩官雜班任使。庚寅，以時暑，詔朝臣四日一奏事。高汝礪請備防秋之糧，宜及年豐於河南州郡驗直立式，募民入粟。上與議定其法而行之。同提舉榷貨司王三錫請榷油，歲可入銀數萬兩，高琪主之，衆以爲不便，遂止。辛卯，夏人犯通秦砦，元帥完顔合達出兵安塞堡以擣其巢。至隆州，夏人逆戰，官軍擊之，衆潰，進薄城，俄陷其西南隅，會日暮，還。壬辰，以同知平陽府事胡天作充便宜招撫使。

五月乙未朔，鳳翔元帥府遣兵敗宋人于黄牛等堡。壬子，太白晝見于參。

六月甲子朔，時暑，給修城夫病者藥餌。遣諭元帥合達曰：「以卿幹局，故有唐、鄧之委。或有侵軼，戰退不宜遠追，第固吾圉。」以驃騎上將軍河南路統軍使石盞女魯歡爲元帥右都監，行平涼元帥府事。詔赴遼東等處行省金銀符及空名宣勑〔一七〕，聽便宜處置。壬申，制沿河戍兵逃亡罪並同征行軍人例。詔御史中丞完顏伯嘉行樞密院于許州。甲戌，定防秋將校擊毬飲燕之罰。李全寇日照、博興，紇石烈萬奴敗之；寇即墨，完顏僧壽又敗之，復萊州。戊寅，詔陝西簽軍如河南例，曲赦河東南、北路。丁亥，命防禦使徒單福定等帥所部義軍，與沂州民老幼盡徙于邳。戊子，遼州總領提控唐括狗兒帥師復太原府。平涼等處地震，詔右司諫郭著撫諭其軍民。

秋七月丁酉，籍邳、海等州義軍及脅從歸國而充軍者，人給地三十畝，有力者五十畝，仍蠲差税，日支糧二升，號「決勝軍」。戊戌，上進樞密臣僚諭之曰：「裏城久未畢功，尚書欲增調民，朕慮妨農。況糧儲不繼，將若之何，盍改圖之。」樞臣言：「是役之興，實爲大計，今功已過半，偶值霖潦，成功差遲。尚書議增丁夫，勢必驗口，不令妨業。比及防秋，當告成矣。」上曰：「卿等善爲計畫，無貽朕憂。」庚子，以地震，曲赦陝西路。甲辰，置京東、西、南三路行三司〔一八〕。乙卯，曲赦山東西路。丁巳，遣徒單思忠以地震祭地祇于上清宮。

八月丙寅，補闕許古等削官解職。丁卯，木星犯輿鬼東南星。戊辰，遣禮部尚書楊雲翼祭社稷，翰林侍讀學士趙秉文祭后土于河中府。京西行三司李復亨言汝、鄧冶鐵，河南、北食鹽之利〔一九〕。木星晝見于柳，百有九日乃滅。壬申，上勅臺臣：「朕處分尚書事，或至數日不奉行，及再問則巧飾次第以對。大臣容有遺忘，左右司玩弛，臺臣當糾。今後復爾，併罪卿等。」乃定御史上下半月勾檢省中制勅文字。大元兵下武州，軍事判官郭秀死之。丁丑，緩在京差傜。中山治中王善殺權知府事李仲等以叛。大元兵下合河縣，縣令喬天翼等死之。乙酉，命樞密遣官簡嶺外諸軍之武健者，養之彰德、邢、洺、衛、濬、懷、孟等城，弱者罷遣。戊子，勅侯摯諭三司行部官勸民種麥，無種粒者貸之。

九月甲午，詔單州經略使完顏仲元屯宿州〔二〇〕，與右都監紇石烈德同行帥府事。丙申，唐州從宜夾谷天成敗宋人于桐栢。丁酉，尚書省請申命侯摯廣營積貯，上不許，曰：「儆斂已多。今更規畫，不過復取於民耳。防秋稍緩，當量減戍兵，用度幸足。何至是耶。」甲辰，大元兵徇東勝州，節度使伯德窊哥死之。庚戌，命行省胥鼎領兵赴河中。壬子，真定招撫使武仙請給金銀符賞有功，從之。沿河造戰艦，付行院帥府。

冬十月癸亥朔，定保舉縣令能否升黜舉主制。乙丑，用蒙古綱言，招集義軍各置都統、副統等官，如貞祐三年制。平涼府先以地震被命醮祭，方行事，慶雲見，以圖來上。遣官覆驗得實，是日，百官奉表稱賀。丁卯，以完顏開權元帥左都監，郭文振權右都監，並行元帥府事，謀復太原。壬申，定贓吏計罪以銀爲則。癸酉，以慶雲遣官告太廟。甲戌，以慶雲詔國内。己卯，大元兵次單州境，詔諸路民應遷避兵而不欲者，亟遣人以利害曉之。癸未，裏城畢工，百官稱賀。宴宰臣便殿。遷右丞摯官一階，賜右丞相琪、左丞汝礪、參知政事思忠金鼎各一，重幣三。是役，上慮擾民，募人能致甓五十萬者遷一官，百萬仍升一等。平陽判官完顏阿剌、左廂譏察霍定和發宋蔡京故居，得二百萬有奇，准格遷賞。甲申，宰臣請以裏城之功建碑會朝門，從之。丁亥，大元兵屯綿上。壬辰，命有司葺閒舍，給薪米，以濟貧民，期明年二月罷，俟時平則贍之以爲常。

十一月癸巳朔，前嵐州倉使張祐自夏國來歸。以樞密副使僕散安貞、同簽院事訛可行院事于河北。乙未，以官驢借朝士之無馬者乘之，仍給芻豆。己亥，大元兵徇彰德府。辛丑，詔朝官七品、外路六品以上官，二歲舉縣令一人。户部令史蘇唐催租封丘，期限迫促，民有生刈禾輸租者。上聞之，遣吏按問，杖唐五十，縣令高希隆減二等。尚書以希隆罰輕，上曰：「使臣至外路，自非至剛者孰能不從。其依前詔。」甲寅，徐州總領納合六哥大破紅襖賊于狄山。禮部郎中抹撚胡魯剌上疏言時事。丁巳，右丞相高琪下獄。泰安軍副使張天翼爲賊張林所執以歸宋，縶之楚州。至是逃歸，授睢州刺史，超兩官，進職一等。戊午，大元兵平晉安府，行元帥府事、工部尚書粘割貞死之。

十二月，誅高琪。

校勘記

〔一〕大元兵下沔城縣　按，本書地理志無「沔城縣」，疑有誤字。

〔二〕夏人犯黄鶴岔　「黄鶴岔」，原作「黄鶴坌」。按，本書卷一三四外國傳上西夏傳，興定元年「右都監完顔閭山敗夏兵于黄鶴岔」。今據改。

〔三〕元帥左都監承裔遣其部將納蘭記僧等　「左都監」，原作「右都監」。按，本書卷一一三白撒傳，「内族白撒名承裔」，「興定元年，爲元帥左都監，行帥府事於鳳翔」。卷一三四外國傳上西夏傳，「右都監完顔閭山敗夏兵于黄鶴岔」、「左都監白撒發定西鋭兵」。卷一二三忠義傳三楊沃衍傳，興定元年冬亦稱「元帥左都監内族白撒」。卷一〇一僕散端傳同。今據改。

〔四〕命高汝礪張行簡同脩章宗實録　「張行簡」，疑當作「張行信」。按，據本書卷一〇六張暐傳附張行簡傳、卷一〇七張行信傳，張行簡卒於貞祐三年，與高汝礪同脩章宗實録者當爲其弟張行信。

〔五〕十一月壬午　「十一月」三字原脱。按，下文「十二月甲辰朔」，壬午當在十一月。今據補。

〔六〕左監軍哥不靄誣坊州宣撫副使紇石烈按敦將叛而殺之　「坊州」，原作「防州」。按，本書地理志無「防州」，卷二六地理志下鄜延路有坊州。今據改。

〔七〕取和州成州　「和州」，疑當作「西和州」。按，本書卷一一三白撒傳載，興定元年，「詔陝西行省伐宋。（中略）二年四月，復敗宋兵，至雞公山，遂拔西和州，毀其諸隘營屯」。宋史卷八九地理志五亦作「西和州」。劉時舉續宋中興編年資治通鑑卷一五，嘉定十一年（金興定二年）三月、四月詳記此事，皆作「西和州」。

〔八〕詔有司議贈卹　「詔」字原脱。按，金史詳校卷二：「有司議贈卹，此上當加『詔』。」今據補。

〔九〕河北行省以苗道潤軍隸涿州刺史李瘸驢　「河北」，原作「江北」。按，上文六月「己酉，苗道潤所部軍請隸潞州元帥府，詔河北行省審處之」。又下文「己酉，詔河北行省」。皆作「河北」。今據改。

〔一〇〕癸亥月犯軒轅左角之少民星　「癸亥」，本書卷二〇天文志，興定二年「十月庚申，月犯軒轅左角之少民星」。劉次沅考證據天文計算顯示，庚申正確，癸亥誤。

〔一一〕詔河東南路隰吉等州聽絳州元帥府節制　「詔」字原脱。按，金史詳校卷二：「『河』上當加『詔』。」今據補。

〔一二〕紅襖賊攻彭城之胡材寨　「胡材寨」，南監本、北監本、殿本、局本作「胡村寨」。按，讀史方輿紀要卷二九南直一一徐州：「又州境有胡村、十八里等砦。金興定二年紅襖賊攻徐州之胡村寨，元光初又襲十八里寨，即此。」

〔一三〕與嵐州元帥古里甲石倫完復河東　「石倫」原脱。按，本書卷一一一古里甲石倫傳，興定元年「十一月，遷鎮西軍節度使、兼嵐州管内觀察使、行元帥府事」。今據補。下同。

〔一四〕元帥左都監承立　「左都監」，原作「右都監」。按，本書卷一六宣宗紀下，興定四年四月戊辰，「元帥左都監承立爲右監軍權參知政事」。卷一一六承立傳，貞祐三年「爲元帥右都監」，興定元年「以功進元帥左都監」。今據改。

〔一五〕蔡州行元帥府右都監完顔合達破宋人于梅林關　「梅林關」，原作「海林關」。按，本書卷一一二完顔合達傳，興定三年「三月，破宋兵於梅林關，擒統領張時」。又卷一〇二僕散安貞傳、卷一二四忠義傳四畢資倫傳亦見梅林關。今據改。

〔一六〕夏人破葭州之通秦砦　「通秦砦」，原作「通泰砦」。按，本卷下文四月「乙酉，夏人據通秦寨」、「辛卯，夏人犯通秦砦」。宋史卷八六地理志二，河東路晉寧軍有通秦砦、通秦堡。今據改。

〔一七〕詔赴遼東等處行省金銀符及空名宣勅　「金銀符」，北監本、殿本、局本並作「給銀符」。又，金史詳校卷二：「『赴』當作『付』。」

〔一八〕置京東西南三路行三司　「京」字原脱。按，本書卷一〇八侯摯傳，興定「三年七月，設汴京東、西、南三路行三司，詔摯居中總其事焉」。卷一〇〇李復亨傳，興定三年「七月，置京東、京西、京南三路行三司」。今據補。

〔一九〕京西行三司李復亨言汝鄧治鐵河南北食鹽之利　「京西」，原作「西京」。按，本書卷一〇〇李復亨傳云，「置京東、京西、京南三路行三司」，「復亨攝西路，治中京」。今據乙正。

〔二〇〕詔單州經略使完顏仲元屯宿州　「完顏仲元」，原作「完顏仲」。按，完顏仲係世宗大定間人，與此時間不合。本書卷一〇三完顏仲元傳，「興定元年，復爲單州經略使」；三年，「詔屯宿州，與右都監紇石烈德同行帥府事」。又卷一二八循吏紇石烈德傳，興定三年，「以節度權元帥右都監，與左都監單州經略使完顏仲元俱行元帥府于宿州」。今據改。

金史卷十六

本紀第十六

宣宗下

四年春正月壬辰朔，詔免朝。丙申，金安軍節度使行元帥府事古里甲石倫除名。丁酉，大元兵下好義堡，霍州刺史移剌阿里合等死之。詔贈官有差。庚戌，宋步騎十餘萬圍鄧州，聞援軍至，夜焚營去，招撫副使朮虎移剌答追及之，奪其俘還。壬子，晝晦，有頃大雷雹，雨以風。癸丑，户部侍郎張師魯上書，請遣騎兵數千，及春，淮、蜀並進，以撓宋。丙辰，以武仙遥領中京留守，進官一階。

三月辛丑，議遷睢州，治書侍御史蒲魯虎奉詔相視京東城池，還言勿遷便，乃止。癸卯，長春節，詔免朝。乙巳，林州元帥惟良擒叛人單仲、李俊，誅之，降其黨盧廣。己酉，以吏部尚書李復亨參知政事，南京兵馬使朮甲賽也行懷、孟帥府事。辛亥，進平章政事高汝礪爲尚書右丞相，監修國史，封壽國公。參知政事李復亨兼修國史。平章政事、陝西行尚書省胥鼎進封温國公，致仕。壬子，紅襖賊于忙兒襲據海州，經略使完顏陳兒以兵擊敗忙兒，復取之。甲寅，木星犯鬼宿積尸氣。

夏四月庚申朔，詔御史中丞完顏伯嘉提控防城事。癸亥，安武節度使柴茂破紅襖賊于棗強、祁州。經略使段增順破叛賊甄全于唐縣。夏人犯邊，元帥石盞合喜破之。乙丑，以彰德、衞、輝、滑、濬諸州隸河南路轉運司。以河南路轉運司爲都轉運，視中都，增置官吏。戊辰，禘于太廟。大元遣趙瑞以兵攻孟州。提控魯德、王安復大名府。以參知政事把胡魯權尚書右丞、左副元帥，元帥左都監承立爲右監軍權參知政事，同行尚書省、元帥府于京兆。庚辰，東平元帥府總領提控蒲察山兒破紅襖賊于聊城。壬午，命六部檢法以法狀親白部官，聽其面議，大理寺如之。

五月壬辰，定二品至三品立功遷官格。癸巳，紅襖賊寇樂陵、鹽山〔一〕，横海節度使王福連擊敗之，張聚來寇，又敗之。甲午，上擊鞠于臨武殿。丙申，以時暑，免常朝，四日一奏事。丁酉，諭工部暑月停工役。癸卯，大元兵徇陝州。丙辰，大元兵徇兗州，泰定軍節度使兀顏畏可死之。

六月丙寅，遣人招張柔。丁卯，詔減監察御史四員。戊辰，山東民僑居者募壯士五百人，益東莒公燕寧軍。月犯土星。己巳，太白晝見于張，百八十有四日乃伏。甲戌，制諸倉場庫院巡護軍，受提舉倉場司及監支納官彈壓。京畿不雨，勑有司閲獄，雜犯死罪以下皆釋之。丁丑，大元遣楊在攻下大名，又攻開州及東明、長垣等縣。己卯，祈雨。庚辰，宋人方子忻來歸，有司處之鄭州。上曰：「吾民奔宋者，彼例衣食之。彼來歸者，不善視之，或復逃歸，漏泄機事。」命增子忻廩給，有司優遇之。元帥右監軍、權參知政事承立上封事。

秋七月辛卯，宋人及紅襖賊犯河朔，諸郡皆降，獨滄州經略使王福固守。會益都賊張林來攻，福乃叛降林，帥府請討之。是日，雨。癸丑，林州行元帥府遣總領嚴禄等討紅襖賊于彰德府，生擒僞安撫使王九詔。參知政事李復亨爲宣慰使，御史中丞完顔伯嘉副之，循行郡縣劭農。以烏古論仲端等使大元〔二〕。

八月戊午朔，嚴實、成江、王贇據濟南，山東招撫高居實遣人招嚴實于青崖砦，獲其款以聞。李全犯東平府，監軍王庭玉敗之，擒其僞安化軍節度使張林。庚申，高陽公張甫請增兵守冀州。上諭樞密，潁州民渡淮爲宋軍者凡十村，可追索主者，懲一二以誡其餘。庚午，勑掌兵官不聽舉縣令。夏人陷會州，刺史烏古論世顯降。甲戌，陝西行省報龕谷敗夏人之捷。乙亥，上諭宰臣，河南水蝗，唐、鄧尤甚。其被蝗州縣，已除其租。餘順成之方，止責正供，和糴、雜徵並免。仍自今歲九月始，停周歲桑皮故紙折輸。流民佃荒田者如上優免。丙子，陝西行省與夏人議和。戊寅，定選補親軍法。己卯，罷葭州招撫司。壬午，陝西路行省承裔報定西州之捷。丙戌，以隨路諸軍户徙河南、京東、西、南路，各設檢察使、副。恒山公武仙降大元。

九月戊子，詔遣官于河南、陝西選親軍。辛卯，進章宗實録。戊戌，大元木華里屯軍真定。置總領元帥府于歸德，以壽州、陳留兩鎮兵屬之。庚子，夏人入定西州。壬寅，宋人屯皂郊堡，行軍提控完顏益都擊敗之。大元遣塔忽等來。癸卯，夏人來侵。甲辰，滕州招捕提控夏義勇討紅襖賊，敗之。乙巳，詔參知政事李復亨提控芻糧事。己酉，夏人陷西寧州，尚書省都事僕散奴失不坐誅〔三〕，駙馬都尉徒單壽春奪官一階，杖六十。癸丑，更定安泊逃亡出征軍人罪及捕獲賞格。甲寅，宋人出秦州，及夏人來侵。丙辰，鞏州行元帥府事石盞合喜報定西州之捷。

冬十月壬戌，大元遣蒙古塔忽、訛里剌等來。己卯，陝西東路行省報綏德州之捷。泗州元帥府言，紅襖賊一月四入寇，掠人畜而去。庚辰，上擊鞠于臨武殿。辛巳，授紅襖賊時青滕陽公、本處兵馬總領、元帥兼宣撫。癸未，京西山寨各設守禦使、副，令本路帥府總之。諭陝西行省圖復會州。上擊鞠于臨武殿。

十一月丁亥朔，免越王永功朔望朝參。易水公靖安民爲其下所殺。戊子，黄陵堈經略使烏古論石虎等以戰陣失律，伏誅。壬辰，木星晝見于翼，積六十有七日伏，夜又犯靈臺北第一星〔四〕。甲午，河南水，遣官勸課。更浮山縣名忠孝。戊戌，詔復衛紹王王爵，仍加開府儀同三司。壬寅，山東東路軍户徙許州，命行東平總管府治之，判官一人分司臨潁。乙巳，詔柴茂權元帥左都監，蓋仁貴攝右都監，同行元帥府于真定。是月，大元木華里國王以兵圍東平。

十二月甲戌，祈雪。禮部郎中權左司諫抹撚胡魯剌上封事。戊寅，詔軍官許月擊鞠者三次，以習武事。庚辰，臘，享于太廟。乙酉，鎮南軍節度使温迪罕思敬上書言錢幣、税賦二事。

五年春正月丙戌朔，免朝。丁亥，世宗忌日，謁奠于啓慶宫。戊子，括南京諸州逋户舊耕官田，給軍户。壬辰，議禦西夏及征南事。諭皇太子以東平禦敵方略。甲午，諭樞密院，南伐事重，當詳議其便。撰故衛王事跡，如海陵庶人例。丁酉，大元兵攻天井關。戊戌，宋人襲泗州西城，提控王禄死之〔五〕。辛丑，太白晝見于牛，二百三十有二日伏。乙巳，詔諸道兵集蔡州。己酉，伐宋。庚戌，山東行省報東平之捷。

二月丙辰朔，置招撫司于單州。曲赦東平府。庚申，下詔伐宋。以內族惟弼權同簽樞密院事，行院于中京；斡勒合打權元帥府右都監，行元帥府于蔡、息；納合降福權簽樞密院事，行院于宿州；孛术魯達阿權元帥右都監，完顏訛論副右都監，行元帥府于唐、鄧。戊辰，罷懷州行元帥府，復置招撫司，與孟州經略司並受中京行樞密院節制。辛未，僕散安貞以兵出息州，破宋人于淨居山寺，拔黃土關。癸酉，以旱災，曲赦河南路。丙子，禁京城兵器。元帥紇石烈牙吾塔破宋兵，復泗州。進逼濠州，至渦口，乏糧而還西城〔六〕。癸未，以旱災，詔中外〔七〕。

三月丙戌朔，上御仁安殿，祈雨，仍望祭于北郊。庚寅，宋人圍唐、鄧，行元帥府事完顏訛論力戰却之。前鄧州千户孛术魯毛良虎自拔歸國，訛論便宜遷其官三階，授同知唐州事，乞正授以示信，從之。乙未，罷河南路行三司。丙申，參知政事徒單思忠進尚書右丞、兼修國史，以太子詹事僕散毅夫爲參知政事。諭宰臣曰：「今奉御、奉職多不留心采訪外事。聞章宗時近侍人秩滿，以所采事定升降。今亦宜預爲攷覈之法〔八〕，以激勸之。」戊戌，長春節，免朝。己亥，夏因叛人竇趙兒之招，入據來羌城，孛术魯合住以重賞誘脅從人爲內應，督兵急攻城，拔之。省試經義進士，考官於常額外多放喬松等十餘人。有司奏請駁放，上已允，尋復遣諭松等曰：「汝等中選而復黜，不能無動于心。方今久旱，恐傷和氣，今特恩放汝矣。」庚子，賜林州行元帥府經歷官康琚進士及第。琚以武階乞赴廷試，故有是命。丙午，以旱築壇祀雷雨師。壬子，雨。

四月己未，山東行省蒙古綱言：「東莒公燕寧戰敗而死。寧所居天勝砦據險，寧亡，衆無所歸，變在朝夕。權署其提控孫邦佐爲招撫使，黄摑兀也爲總領，以撫其衆。」遣使請命，勑有司議之。辛酉，禱雨于太廟。丙寅，僕散安貞破宋黄、蘄等州。壬申，俘宋宗室男女七十餘口獻于京師。癸酉，詔親軍中武舉第而授職需次者，仍執舊役，廩給循常，闕至發遣。辛巳，監察御史劉從益以彈劾失當，奪官一階，罷之。詔定進士中下甲及監官散階至明威者舉充縣令法。

五月甲申朔，日有食之。戊戌，宋人據楚丘，官軍復之。庚子，納蘭記僧伏誅，告人趙鋭升職四等。壬寅，陝西元帥完顔賽不遣使來獻晉安、平陽之捷，方議其賞，御史烏古論胡魯劾其縱將士鹵掠，不副主上除亂救民之意，乞正其罪。上以賽不有功，詔勿問，賞議亦寢。癸卯，唐州守將訛論爲元帥賽不猶子，與宋人戰唐州境上，爲宋人所敗，死者七百餘人，匿之而以捷聞。御史納蘭發其事。上以賽不故，亦不之罪，而以是意諭之。乃稱納蘭敢言，録其功付有司，秩滿考最。癸丑，東平内徙，命蒙古綱行省于邳州，王庭玉行帥府于黄陵堈。

六月甲寅朔，尚書省奏駙馬都尉安貞反狀，上閱奏慮其不實，謂平章政事英王守純曰：「國家誅一大臣，必合天下後世公議。其令覆按之。」乙丑，遣使諭晉陽公郭文振、上黨公完顔開各守疆土，同心濟難，毋以細故啓釁端，誤國事。戊寅，僕散安貞坐謀反，并其三子，皆伏誅〔九〕。己卯，越王永功薨。庚辰，輟朝。壬午，上親奠于殯所。

秋七月己亥，義勇軍叛，據碭山縣。庚子，詔增給徐州、清口等處戍兵衣糧。己酉，碭山賊夜襲永城縣，行軍副總領高琬敗之，命蒙古綱併力討捕。辛亥，單州招撫劉瓊乞移河南糧濟其軍，詔給之。

八月壬子朔，罷黄陵堈招撫司。上諭尚書省，碭山叛軍家屬囚歸德，旬餘不給糧，恐傷其生。宰臣奏，已給之矣。又諭樞密，河北艱食，民欲南來者日益多，速令渡之，毋致殍死。癸亥，林、懷帥府邀擊紅襖賊于伏恩村，敗之。甲子，詔南征潰軍復歸而能力戰者，依出界立功格賞之。乙丑，宋人掠沈丘，殺縣令。甲戌，命有司除逋户負租，毋徵見户。

九月甲申，以京東歲饑多盜，遣御史大夫紇石烈胡失門爲宣慰使，往撫安之。更定監察御史違犯的決法。丁亥，詔州府及軍官捕盜慢職，四品以下宣慰使決之，三品以上奏裁。戊子，增授隰州招撫使軒成官，改受陝西省節制〔一〇〕。乙巳，崇進、駙馬都尉定國公徒單公弼薨。庚戌，歲星犯左執法。右丞相高汝礪表乞致仕，詔温留之。

冬十月癸丑，進汝礪官榮禄大夫。命僕散毅夫行尚書省于京東，督諸軍芻糧。乙卯，太醫侯濟、張子英治皇孫疾，用藥瞑眩，皇孫不能任，遂不療，罪當死。上曰：「濟等所犯誠宜死，然在諸叔及弟兄之子，便應准法行之，以朕孫故殺人，所不忍也。」命杖七十，除名。尚書省言：「司、縣官貪暴不法，部民逃亡，既有決罰，他縣停匿亦宜定罪。隨處土民久困徭役，客户販鬻坐獲厚利，官無所斂，亦宜稍及客户，以寬土民。行院帥府幕職，雖無部衆，亦嘗贊畫戎功，而推賞止進官一階，宜聽主將保奏，第功行賞。」上皆從其請。戊午，遣親軍討河南羣盜。辛酉，大元兵攻綏德州。壬戌，夏人復侵龕谷。甲子，勑監察所彈事，同列不可預聞，著爲令。丁卯，夏人犯定西、積石之境。戊寅，分京畿戍卒萬二千，河中民兵八千，以許州元帥紇石烈鶴壽將之，屯潼關西。

十一月癸未，陝西東路行省報安塞堡敗夏人之捷。甲申，諭太府減損食品。庚寅，募民興南陽水田。壬辰，太子、親王、百官表賀安塞堡之捷，却之。乙未，夏人攻龕谷。宋人攻蘄縣。紅襖賊掠宿州。辛丑，詔蠲徐、邳、宿、泗等州逋租，官民有能墾闢閒田，除來年科徵。歸德、亳、壽、潁停閣逋户租外，仍蠲三之一。逋户田廬有司募民承業，禁其毀損，以俟來復。蒲城縣民李文秀等謀反，伏誅。壬寅，宋人焚潁州，執防禦判官而去。是日，相國寺火。大元兵攻延安。

十二月辛亥朔，以大元兵下潼關、京兆，詔省院議之。壬子，罷辟舉縣令法。丁巳，禮部侍郎烏古孫仲端、翰林待制安庭珍使北還〔一二〕，各遷一階。庚申，罷河南義軍。丁卯，詔罷新簽民軍，減樞密院掌兵官及京城戍兵，仍諭行院帥府，毋擅增設補簽。辛未，罷行總管府及招討統軍檢察等司。定宋人來歸賞格及詐誘征防軍人逃亡罪法。癸酉，元帥合達、買住及其將士以延安功特賞賚之，仍下詔獎諭。

閏月辛巳朔，大元兵徇鄜州，保大軍節度使完顏六斤、權元帥左都監紇石烈鶴壽、右都監蒲察婁室、遙授金安軍節度使女奚烈資祿皆死之。乙酉，提控术甲咬住破沈丘賊于陳瓦。丙戌，頒詔撫諭河南土寇。戊子，熒惑犯軒轅。己丑，孫瑀及捕盜官吾古出招降泰和縣賊二千人，詔斬其首惡，餘皆釋之。同知保靜軍節度使郭澍以徵糧失期，誣殺平民，坐誅。辛卯，官軍復葭州。癸巳，通遠軍節度使孛术魯合住削官。甲午，月犯熒惑。丙申，紅襖賊夜入蒙城縣，縣官失其符印，軍民死者甚衆，賊大掠而去。戊戌，鎮星晝見于軫。己亥，發兵捕京東盜。太白晝見于室。壬寅，發上林署粟賑貧民。陳、亳等州，鹿邑、城父諸縣，盜蠭起，趣樞府遣官討之。捕盜軍所過殘民，遣御史一人按視。軍所獲牛，有司以官錢收贖。戊申，詔定招捕土寇官賞格。己酉，更造「興定寶泉」，每一貫當「通寶」

四百貫。

元光元年春正月庚戌朔，免朝。辛亥，世宗忌辰，謁奠于啓慶宫。元帥惟弼破紅襖賊于張鶱店。壬子，遣官墾種京東、西、南三路水田。甲寅，禁非邊關急速事無馳傳，即濫乘者州縣徑白省部，四方館從御史臺，外路從分按御史治之。詔陝西西路行省徙京兆者，兵退還治平涼。坊州刺史把移失剌以棄城〔一二〕，伏誅。鄭州防禦使裴滿羊哥，同知防禦使古里甲石倫除名。平西節度使把古咬住奪官一階。丁卯，詔撫諭京東百姓。

二月壬午〔一三〕，詔徙中京、唐、鄧、商、虢、許、陝等州屯軍及諸軍家屬赴京兆、同、華就糧屯。乙酉〔一四〕，陝西西路行省請以厚賞募河西諸蕃部族寺僧，圖復大通城，命行省樞密院籌之。癸巳，上諭宰臣，宋人以重兵攻平輿、褒信，我師力戰却之，又偵知其事狀之詳。若俟帥府上功推賞，豈急於勸獎之道。其遣清望官，齎空名宣勑，覈實給之。乙未，詔諭河南、陝西。大元兵屯葭州。壬寅，權定行省、樞府、元帥府輒杖左右司、經歷司官罪法。甲辰，上念鄜、延被兵，又延安受圍，嘗發民粟給軍。詔除延安、鄜、坊、丹、葭、綏德税租，仍令有司償其粟直，不足者許補官。戊申，恒州軍變，萬户呼延棫等千餘人殺掠城中，焚廬舍而去。己酉，遣元帥左監軍訛可行元帥府事，節制三路軍馬伐宋，同簽樞密院事時全行院事，副之。

三月辛酉，宋人掠確山縣之劉村。丙寅，歲星犯太微左執法。戊辰，樞密院委差官賈天安上書言利害。壬申，尚書右丞徒單思忠以病馬輸官，冒取高價，御史劾之，有司以監主自盜論死，上顧惜大體，降授陳州防禦使。癸酉，提控李師林敗夏人于永木嶺。郭文振表，近得俘者言，南北合兵將攻河南、陝西。詔樞密備禦。

夏四月辛巳，以金吾衞上將軍、勸農使訛可簽樞密院事。置大司農司，設大司農卿、少卿、丞，京東、西、南三路置行司，並兼採訪事。壬午，大元兵攻陵川縣。丁酉，林懷路行元帥府事惟良削官兩階〔一五〕，罷之。更定辟舉縣令之法，而復行之。戊戌，籍丁憂、待闕、追殿等官，備防秋。丁未，行樞密院報淮南之捷。

五月戊申朔，大元兵屯隰、吉、翼等州。壬戌，訛可、時全軍大敗。甲子，訛可以敗績當死，上面數而責之，勉其後效命，朘官兩階。丁卯，召致政胥鼎等赴省議利害。壬申，時全伏誅。

六月戊寅朔，造舟運陝西糧，由大慶關渡抵湖城。癸未，大赦。陳州防禦使呂子羽坐乏軍興，自盡。制諸監官及八品以下職事，丁憂、待闕、任滿、遥授者，試補侍衞親軍。命各路司農司設捕盜方略。丁酉，紅襖賊掠柳子鎮，驅百姓及驛馬而去，提控張瑀追擊，奪所掠還。僞監軍王二據黎陽縣，提控王泉討之，復其城。

秋七月庚戌，大元將按察兒以其衆屯晉安、冀州之境。丙辰，上黨公完顏開復澤州。己未，歸德行樞密院王庭玉報曹州破紅襖賊之捷。庚申，定監當官選法。河北羣盜犯封丘、開封界，令樞密院禦捕。甲子，京東總帥紇石烈牙吾塔請自今行院帥府幕職，有過得自決之。不允。戊辰，紅襖賊襲徐州之十八里砦，又襲古城、桃園，官軍破之。乙亥，太白晝見經天，與日爭光。

八月丁丑，定西征將士官賞有差。己卯，彗星見西方。甲申，增定藏匿逃亡親軍罪及告捕賞格。積石州蕃族叛附于夏，鞏州提控尼厖古三郎討之，獲羊千口，進尚膳，詔却之。以彗星見，改元，大赦。諭旨宰臣曰：「赦書已頒，時刻之間人命所係。其令將命者速往，計期而至。」以大司農把胡魯爲參知政事。癸巳，河間公移剌衆家奴、高陽公張甫兵復河間府，是日，報捷者始達。上以道途梗塞，報者艱虞，命厚賞之。夏人入德順。壬寅，祈雨。

九月丙午朔，以左右警巡使兼彈壓。諭陝西行省備邊。壬子，牙吾塔請以兵由壽州渡淮，擣宋人巢穴，不從。乙卯，議經略淮南。己巳，宋人掠遂平縣之石砦店，復侵南陽、唐州，提控夾谷九住敗之。

冬十月丁丑，夏人掠德順之神林堡。壬午，宋張惠攻雩子鎮，爲斡魯朵所敗，虜其裨將二人。河中府萬户孫仲威執其安撫使阿不罕胡魯剌據城叛，陝西行省遣將討平之。癸未，復曹州。甲申，上獵于近郊，詔免百官送迎，且勿令治道，以勞百姓。庚寅，徙彰德招撫使杜先軍於衛州。乙未，大元兵下滎州之胡壁堡及臨晉。庚子，詔所司巡護避兵民資産。甲辰，以京兆官民避兵南山者多至百萬，詔兼同知府事完顏霆等安撫其衆。

十一月丁未，大元兵徇同州，定國軍節度使李復亨、同知定國軍節度使訛可皆自盡。甲寅，京東總帥牙吾塔報臨淮破宋兵之捷。戊辰，大元蒙古蒲花攻鳳翔府。

十二月乙亥朔，上謂皇太子曰：「吾嘗夜思天下事，必索燭以記，明而即行，汝亦當然。」以河中治中侯小叔權元帥右都監便宜行事〔一六〕。乙酉，遷同知平陽府事史詠龍虎衛上將軍，賜號「守節忠臣」，權行平陽公府事。丁亥，疊州總管青宜可卒，特命其子角襲職。詔諭近侍局官曰：「奉御、奉職皆少年，不知書。朕憶曩時置説書人，日爲講論自古君臣父子之教，使知所以事上者，其復置。」己丑，蘭州提控唐括昉敗夏人于質孤堡。大元以大軍攻鳳翔。

二年春正月甲辰朔，詔免朝賀。乙巳，世宗忌日，謁奠于啓慶宫。右丞相汝礪乞致政，上面諭使留。大元兵下河中府，權元帥右都監侯小叔復之。壬子，壽州防禦使完顏乃刺奪官四階。甲寅，上諭宰臣曰：「向有人言便宜事，卿等屢奏乞作中旨行之。帝王從諫足矣，豈可掠人之美以爲己出哉。」戊午，四方館使李瘸驢以罪罷，宰臣請以散地羈縻之，上曰：「此輩豪傑，正須誠待，若以術制，適使自疑。但不畀軍政，外補何害？」授瘸驢恒州刺史。又謂：「鬻爵恩例有丁憂官得起復者，是教人以不孝也，何爲著此令哉？」丁卯，大元兵復下河中府。

二月甲戌朔，皇后生辰，詔免賀禮。己卯，丞相汝礪朝會，免拜，設榻殿下，久立賜休。壬午，詔軍官犯罪，舊制更不任用，今多故之秋，人才難得，朕欲除大罪外，徒刑追配有武藝善掌兵者，量才復用。其令尚書省議以聞。丁亥，大赦。己亥，鳳翔圍解。石盞合喜加金紫光祿大夫，升左監軍，特授大名府海谷忽申猛安，完顏仲元加光祿大夫，升右監軍，特授河北東路洮委必刺猛安，各賜金鞶帶有差。

三月甲辰朔，宋人襲汝陽。壬子，誡諭平章英王守純崇飲。癸丑，以河中府推官籍阿外權元帥右都監，代領侯小叔軍。甲寅，上謂宰臣：「人有才堪任事，其心不正者，終不足貴。」丞相汝礪對曰：「其心不正而濟之以才，所謂虎而翼者也，雖古聖人亦未易知。」上以爲然。丙辰，長春節，免朝。以户部尚書石盞畏忻爲參知政事，兼修國史。辛酉，禁荼。

壬戌，詔以鳳翔戰功及頒賞等級徧諭諸郡。甲子，以完顏伯嘉權參知政事，行尚書省于河中府。辛未，詔職官犯罪非死罪除名，遇赦幸免，有才幹者中外並用。

夏四月癸酉朔，復霍州汾西縣，詔給空名宣勑，遷賞將士之有功者。丙子，設京兆南山安撫司。丁丑，故鳳翔萬户完顏醜和以死節贈懷遠大將軍，授刺史職。其父恕除以功例賞外，遷兩官，升職二等。己卯，遣官閱河南帥府見兵，籍閑官豪右親丁及遼東、河北客户爲軍。庚子，募西山獵户爲軍。

五月癸卯朔，始造「元光重寶」。丙午，復河中府及榮州，遣人持檄招前恒山公武仙。乙卯，權平陽公史詠復霍州及洪洞縣。丁巳，始造「元光珍貨」，同銀行用。戊午，以檄招東平嚴實。己未，參知政事毅夫言：「脅從人號『忠孝軍』，而置沿淮者所爲多不法，請防閑之。」上曰：「人心無常，顧馭之何如耳。馭之有術，遠方猶且聽命，況此輩乎？不然，雖左右亦難防閑。正在廓開大度而已。若是而不能致太平者，命也。」庚申，簽河南路寄居官民充軍。辛酉，徙晉陽公郭文振兵于孟州。甲子，徙權平陽公史詠兵于解州、河中府。

六月乙亥，京東總帥報淮南之捷〔一七〕。丁亥，罷行省所置監察御史兼彈壓之職。戊子，議遣人招李全、嚴實、張林。甲午，詔罷河中行省，置元帥府。辛丑，遥授靜難軍節度使顏盞蝦蟆等以保鳳翔功進官。

秋七月壬寅朔，夏人犯積石州，羌界寺族多陷没，惟桑逋寺僧看逋、昭逋、廝没，及答那寺僧奔鞠等拒而不從。詔賞諸僧鈐轄正將等官，而給以廩禄。乙巳，遣兵守衞解州鹽池。庚戌，以空名宣勑遷賞諸部降人。壬子，除市易用銀及銀與寶泉私相易之禁。癸丑，勑諸御史曰：「瑣細事非人主所宜詰，然凡涉姦弊靡不有關國政者。比聞朝官及承應人月給俸糧，多雜糠土，有司所收曷嘗有是物哉。至于出納斗斛亦小大不一。此皆理所不容者，而臺官初不問。事事須朕言之，安用汝曹也。」乙卯，丹鳳門壞。丁巳，陰坡族之骨鞠門等叛歸夏，元帥夾谷瑞發兵討之，以捷聞。御史中丞師安石言制敵二事。戊午，宰臣方對次，有司奏前奉御温敦太平卒。上大駭曰：「朕屢欲授太平一職，每以事阻，今僅授之未數日而亡，豈非天耶！」因謂宰臣曰：「海陵時有護衞二人私語，一曰富貴在天，一曰由君所賜。海陵竊聞之，詔授言由君所賜者以五品職，意謂誠由己也，而其人以疾竟不及授。章宗秋還〔一八〕，聞平章張萬公薨，歎曰：『朕迴將拜萬公丞相，而遂不起，命也。』」乙丑，詔籍陝西路僑居官民爲軍。

八月辛未朔，邳州從宜經略使納合六哥等率都統金山顏俊以沂州百餘人，晨入省署，殺行尚書省蒙古綱，據州反。壬申，詔賞京兆路官軍保全南山諸谷之功，以所全人數多寡爲等第，千人以上官一階，三千人以上兩階，五千人以上三階，仍升職一等，能以力戰護之者又增一階，戰没者就以贈之。甲戌，遣官持空名宣敕，諭以重賞招納合六哥，拒命，即命牙吾塔合行院兵討滅之。乙亥，火星入鬼宿中，掩積尸氣。乙酉，詔能捕獲反賊六哥者，除見定官外，仍與世襲謀克。丙戌，遣官分行蔡、息、陳、亳、唐、鄧、裕諸州，洎司農司州縣吏同議，凡民丁相聚立砦避兵，與各巡檢軍相依者，五十户以上置砦長一員，百户增副一員，仍先遷一官，能安民弭盜勸農者論功注授。

九月庚子朔，日有食之。宋人入壽州，女奚烈蒲乃力戰却之。壬寅，樞密院奏提控朮甲剉只罕破宋人之功。甲辰，宋人攻南陽。丙午，牙吾塔報桃園、淮陽之捷，并以納合六哥結搆李全之狀來告。戊申，降人孫邦佐自李全軍中歸，遥授知東平府兼山東西路兵馬都總管。官軍與宋人力戰于胡陂而却之，提控朮虎春兒爲所殺。癸丑，納合六哥所署僞都統烏古論賽漢、夾谷留住等來歸。己未，贈朮虎春兒銀青榮禄大夫。丙寅，扎也胡魯等拔邳州南城。丁卯，權御史中丞師安石等劾英王守純不實〔一九〕，付有司鞫治，尋詔免罪，而猶責諭之。

冬十月癸酉，徙晉陽公郭文振等兵于衛州。乙亥，制行樞密院及元帥府，農隙之月分番巡徼校獵，月不過三次。丁丑，上獵于近郊。己卯，祫于太廟。壬午，火星犯靈臺。乙西，上獵于近郊。辛卯，詔石壕店、澠池〔三〇〕、永寧縣各屯兵千人。壬辰，滕州人時明謀反，伏誅。戊戌，唐、鄧行元帥報淮南之捷。

十一月己亥，紅襖賊僞監軍徐福等來降。詔進牙吾塔官一階，賜金幣有差。辛丑，總帥牙吾塔報邳州之捷，函叛人六哥首以獻。開封縣境有虎咥人，詔親軍百人射殺之，賞射獲者銀二十兩，而以內府藥賜傷者。丙午，邳州紅襖賊三千來降，初擬置諸陳、許之間，上以爲若輩雖降，家屬尚在河朔，餘黨必殺之，所得者寡而被害者衆，亦復安忍？不若命使撫諭，加以官賞而遣之還。果忠於我，雖處河朔豈負我耶？且餘衆感恩，將有效順者矣。戊午，以上黨公完顏開之請，諭開及郭文振、史詠、王遇、張道、盧芝等各與所鄰帥府相視可耕土田，及瀕河北岸之地，分界而種之，以給軍餉。辛酉，鞏州行元帥府報會州破夏人之捷。

十二月己巳朔，徙沿淮巡檢邊軍于內地。癸酉，以空名宣命金銀符給完顏開賞功。辛巳，詔延安土人充司縣官義軍使者選人代之，量免其民差稅。邳州民丁死戰陣者各贈官一階。歸德、徐、邳、宿、泗、永、亳、潁、壽等州復業及新地民，免差稅二年，見户一年，嘗供給邳州者復免一年之半，睢州、陳留、杞縣免三之一。

丁亥，上不豫，免朝。戊子，皇太子率百官及王妃、公主入問起居。己丑，復入問起居。庚寅，上崩于寧德殿，壽六十有一。上疾大漸，暮夜，近臣皆出，惟前朝資明夫人鄭氏年老侍側，上知其可託，詔之曰：「速召皇太子主後事。」言絶而崩。夫人秘之。是夜，皇后及貴妃龐氏問安寢閤。龐氏陰狡機慧，常以其子守純年長不得立，心鞅鞅。夫人恐其爲變，即紿之曰：「上方更衣，后妃可少休他室。」伺其入，遽鑰之，急召大臣，傳遺詔立皇太子，始啓户出后妃，發喪。皇太子方入宮，英王守純已先入，皇太子知之，分遣樞密院官及東宮親衛軍官移剌蒲阿集軍三萬餘于東華門街。部署既定，命護衛四人監守純於近侍局，乃即皇帝位於柩前。壬辰，宣遺詔。是日，詔赦中外。明年正月戊戌朔，改元正大，謚大行曰繼天興統述道勤仁英武聖孝皇帝，廟號宣宗。三月庚申，葬德陵。

贊曰：宣宗當金源末運，雖乏撥亂反正之材，而有勵精圖治之志。迹其勤政憂民，中興之業蓋可期也，然而卒無成功者何哉？良由性本猜忌，崇信暬御，奬用吏胥，苛刻成風，舉措失當故也。執中元惡，此豈可相者乎，顧乃懷其援立之私，自除廉陛之分，悖禮甚矣。高琪之誅執中，雖云除惡，律以春秋之法，豈逃趙鞅晉陽之責，既不能罪而遂相之，失之又失者也。遷汴之後，北顧有道之朝日益隆盛，智識之士孰不先知。方且狃於餘威，牽制羣議，南開宋釁，西啓夏侮，兵力既分，功不補患。曾未數年，昔也日闢國百里，今也日蹙國百里，其能濟乎。再遷遂至失國，豈不重可歎哉。

校勘記

〔一〕五月壬辰定二品至三品立功遷官格癸巳紅襖賊寇樂陵鹽山　「鹽山」，原作「監山」。按，本書卷一一八王福傳載，興定四年「四月，紅襖賊李二太尉寇樂陵，（中略）復寇鹽山」。另，兩處記載時間略異。

〔二〕以烏古論仲端等使大元　「烏古論仲端」，疑當作「烏古孫仲端」。按，本卷下文興定五年十二月丁巳，「禮部侍郎烏古孫仲端、翰林待制安庭珍使北還」。本書卷一二四忠義傳四烏古孫仲端傳亦記，仲端與安延珍奉使乞和於蒙古，「自興定四年七月啓行，明年十二月還至」。

〔三〕尚書省都事僕散奴失不坐誅　本書卷九三宣宗三子守純傳，興定四年九月，「及高琪伏誅，守純劾三人者泄密事，奴失不處死，除名，石魯剌、胡魯各杖七十，勒停」，與此異。

〔四〕壬辰木星晝見于翼積六十有七日伏夜又犯靈臺北第一星　「北」字原脱。按，本書卷二〇天文志，興定四年「十一月壬辰，歲星晝見于翼，六十有七日，夜又犯靈臺北第一星」。歲星即木星。今據補。

〔五〕戊戌宋人襲泗州西城提控王禄死之　「戊戌」爲正月十三日。按，本書卷一一七時青傳載，「興定五年正月二十五日夜，青襲破泗州西城，提控王禄遇害」，與此繫日異。

〔六〕元帥紇石烈牙吾塔破宋兵復泗州進逼濠州至渦口乏糧而還西城　按，此處記此事發生於興定五年二月丙子。是月丙辰朔，丙子當爲二十一日。本書卷一一七時青傳載，興定五年「二月二十六日夜，青拔衆走，遂復西城」，與此繫日異。

〔七〕「癸酉以旱災曲赦河南路」至「癸未以旱災詔中外」　「癸酉」，當在興定五年二月。本書卷二三五行志載，「五年三月，以久旱，詔中外」，繫月與此異。

〔八〕今亦宜預爲斂覈之法　「今」，原作「令」，據南監本、北監本、殿本、局本改。

〔九〕并其三子皆伏誅　本書卷一〇二僕散安貞傳載，興定五年六月，「并其二子殺之」。

〔一〇〕改受陝西省節制　「陝」字原脱。按，本書卷一一八胡天作傳，「初，軒成本隸程琢麾下，琢死，成率衆保隰州，（中略）是時，隰州方用兵，未可制」。又據同卷郭文振傳，知當時河東等地「武夫悍卒因緣而起（中略）朝廷因而撫之，假權傳授，（中略）陝西行省總爲節制」。今據補。

〔一一〕翰林待制安庭珍使北還　「安庭珍」，本書卷一二四忠義傳四烏古孫仲端傳，記烏古孫仲端「與翰林待制安延珍奉使乞和于大元」，作「安延珍」，與此異。

〔一二〕坊州刺史把移失剌以棄城　「坊州」，原作「防州」，據本書卷二六地理志下改。參見本書卷一五校勘記〔六〕。

〔一三〕二月壬午　「二月」二字原在下文「乙酉」上。按，「正月庚戌朔」，壬午當在二月。今據移。

〔一四〕乙酉　原作「二月乙酉」，今將「二月」二字移於上文「壬午」之上。參見前條校勘記。

〔一五〕林懷路行元帥府事惟良削官兩階　「兩階」，原作「西階」，據南監本、北監本、殿本、局本改。

〔一六〕以河中治中侯小叔權元帥右都監便宜行事　「元帥」二字原重，據本書卷一二二忠義傳二侯小叔傳及本卷下文元光二年正月乙巳條「權元帥右都監侯小叔」刪重文。

〔一七〕京東總帥報淮南之捷　本書卷一一一紇石烈牙吾塔傳，「元光元年五月，以京東便宜總帥兼行户、工部事」；二年四月，「還遇宋兵數百，陣淮南岸，擊殺其半，尋有兵千餘自東南來追，復大敗之」。則京東總帥應爲紇石烈牙吾塔。

〔一八〕章宗秋還　「還」原作一字空格，據南監本、北監本、殿本、局本補。按，本書卷九五張萬公傳，「泰和七年，薨」。平章政事壽國張文貞公神道碑，「（泰和）七年冬十月，寢疾。（中略）上聞之震悼，輟視朝」。卷一二章宗紀四，泰和七年秋九月「丙戌，獵于近郊。壬辰，還宮」。萬公之卒蓋在此時，與此處所敘合。

〔一九〕權御史中丞師安石　按，本卷上文同年七月丁巳作「御史中丞師安石」。另，本書卷一〇八師安石傳，「元光二年，累遷御史中丞」。無「權」字。

〔二〇〕詔石壕店澠池　「石壕店」，局本作「石濠店」。「澠池」，原作「沔池」。按，本書卷九六李愈傳、卷一一四白華傳等作「澠池」。今據改。參見本書卷二五校勘記〔一六〕。

金史卷十七

本紀第十七

哀宗上

哀宗諱守緒，初諱守禮，又諱寧甲速，宣宗第三子。母曰明惠皇后王氏，賜姓温敦氏，仁聖皇后之女兄也。承安三年八月二十三日生於翼邸，仁聖無子，養爲己子。泰和中，授金紫光禄大夫。宣宗登極，進封遂王，授祕書監，改樞密使。貞祐初，莊獻太子守忠薨，立皇孫鏗爲皇太孫，尋又薨。四年正月己卯，立守禮爲皇太子，仍控制樞密院事，詔略曰：「子以母貴，遂王守禮地鄰冢嫡，慶集元妃，立爲皇太子。其典禮，有司條具以聞。」四月甲午，用太子少保張行信言，更賜名守緒。元光二年十二月庚寅，宣宗崩。辛卯，奉遺詔即皇帝位于柩前。壬辰，詔大赦，略曰：「朕述先帝之遺意，有便於時欲行而未及者，悉奉而行之。國家已有定制，有司往往以情破法，使人罔遭刑憲，今後有本條而不遵者，以故入人罪罪之。草澤士庶，許令直言軍國利害，雖涉譏諷無可采取者，並不坐罪。」

正大元年春正月戊戌朔，詔改元正大。庚子，上居廬，百官始奏事。祕書監、權吏部侍郎蒲察合住改恒州刺史，左司員外郎泥厖古華山同知楨州軍州事，逐二姦臣，大夫士相賀。邠州節度使移剌术納阿卜貢白兔，詔曰：「得賢臣輔佐，年穀豐登，此上瑞也，焉事此爲。令有司給道里費，縱之本土。禮部其偏諭四方，使知朕意。」丁巳，詔朝臣議脩復河中府。禮部尚書趙秉文、太常卿楊雲翼等言，陝西民方疲敝，未堪力役。遂止。戊午，上始視朝。大司農、守汝州防禦使李蹊爲太常卿，權參知政事。平章政事荆王守純罷，判睦親府。參知政事僕散五斤罷，充大行山陵使。尊皇后温敦氏、元妃温敦氏皆爲皇太后，號其宮一曰仁聖，一曰慈聖。百官入賀于隆德殿。是日，大風飄端門瓦。赤盞合喜權樞密副使。有男子服麻衣，望承天門且笑且哭。詰之，則曰：「吾笑，笑將相無人。吾哭，哭金國將亡。」羣臣請寘重典，上持不可，曰：「近詔草澤諸人直言，雖涉譏訕不坐。」法司唯以君門非笑哭之所，重杖而遣之。南陽民布陳謀反，伏誅。

三月，熒惑犯左執法。戊申，奉安宣宗御容于孝嚴寺。辛亥，丞相高汝礪薨。癸丑，葬宣宗于德陵。甲寅，起復邠州節度使致仕張行信爲尚書左丞。以延安帥臣完顏合達戰禦有功，授金虎符，權參知政事，行尚書省事于京兆，兼統河東兩路。

夏四月癸酉，宣宗祔廟，大赦中外。熒惑犯右執法。

五月戊戌，平章政事把胡魯薨〔一〕。癸卯，樞密副使完顏賽不爲平章政事，權參知政事石盞尉忻爲尚書右丞〔二〕，太常卿李蹊爲翰林承旨，仍權參政。甲辰，賜策論進士孛术論長河以下十餘人及第，經義進士張介以下五人及第。戊申，賜詞賦進士王鶚以下五十人及第。詔刑部，登聞檢、鼓院，毋鎖閉防護，聽有冤者陳訴。

六月甲戌，宰執請擊鞠，上以心喪不許。辛卯，立妃徒單氏爲皇后。遣樞密判官移剌蒲阿率兵至光州，榜諭宋界軍民更不南伐。

秋七月己亥，詔諭百官各勤乃職。癸卯，補修大樂。

九月，樞密判官移剌蒲阿復澤、潞，獲馬千疋。

冬十月戊午，夏國遣使來修好〔三〕。

十二月乙巳，恒州刺史蒲察合住有罪〔四〕，伏誅。甲寅，宣宗小祥，燒飯于德陵。改定辟舉縣令法，以六事課縣令。京東、西、南，陝西設大司農司，兼採訪公事，京師大司農總之。左丞張行信言：「先帝詔國内，刑不上大夫，治以廉恥。丞相高琪所定職官犯罪的決百餘條，乞改依舊制。」上欲彰先帝之美〔五〕，略施行之。

二年春正月甲申，有黄黑之祲。

夏四月辛卯朔，恒山公武仙自真定府來奔〔六〕。起復平章政事致仕莘國公胥鼎爲平章政事〔七〕，行省事于衞州，進封英國公。甲午，以京畿旱，遣使慮囚。鈞、許州大雨雹。丁酉，宿、鄭州雨傷麥。

五月丁丑，以旱甚責己，避正殿，減常膳，赦罪。蘇椿自大名來奔，詔置椿許州〔八〕。

秋七月，都水蒲察毛花輦殺人，免死除名。

八月，鞏州元帥田瑞反，行省軍圍之，其母弟十哥殺瑞出降，赦其罪，以爲涇州節度使，世襲猛安。

九月，夏國和議定，以兄事金，各用本國年號，遣使來聘，奉國書稱弟。

冬十月，以夏國修好，詔中外。新軍政改總領爲都尉。己酉，以誅田瑞詔中外。癸亥，遣禮部尚書奧敦良弼、大理卿裴滿欽甫、侍御史烏古孫弘毅爲夏國報成使，國書稱兄。乙亥，面諭臺諫完顏素蘭、陳規曰：「宋人輕犯邊界，我以輕騎襲之，冀其懲創通好，以息吾民耳。夏人從來臣屬我朝，今稱弟以和〔九〕，我尚不以爲辱。果得和好，以安吾民，尚欲用兵乎。卿等宜悉朕意。」移剌蒲阿及宋人戰于光州，獲馬數千，殺人千餘而還。内族王家奴故殺鮮于主簿，權貴多救之者，上曰：「英王朕兄，敢妄撻一人乎？朕爲人主，敢以無罪害一人乎？國家衰弱之際，生靈有幾何，而族子恃勢殺一主簿，吾民無主矣。」特命斬之。詔有司爲死節士十有三人立褒忠廟。禁宿、泗、青口巡邊官兵，毋復擅殺過淮紅衲軍。詔趙秉文、楊雲翼作龜鏡萬年録。

三年春正月丁巳朔，夏國遣使來賀。

三月，陜西旱。平章政事胥鼎復請致仕，不許。詔尚書省議省減用度。

夏四月辛卯，親享于太廟。郕國夫人車經御路，過廟前，馭者乘馬，二婢坐車中，俱不下，詔繫獄杖之。辛丑，以旱，遣官禱于濟瀆。癸卯，祈于太廟。禁繖扇。河南大雨雹。己酉，遣使慮囚，遣使捕蝗。

五月己未，大雨。宋兵掠壽州境。癸亥，永州桃園軍失利，死者四百人。乙丑，大雨。壬申，詔諭陜州趙甫等，能以土地來歸，當任使之。

六月辛卯，京東大雨雹，蝗盡死。壬子，詔諭高麗及遼東行省葛不靄，討反賊萬奴〔一〇〕，赦脅從者。

秋七月庚午，平章政事英國公胥鼎薨。

八月，移剌蒲阿復曲沃及晉安。辛卯，詔設益政院于内廷，以禮部尚書楊雲翼等爲益政院説書官，日二人直，備顧問。

冬十月丁酉，夏使來報哀。

十一月庚申，議與宋修好。戊辰，又議之。己巳，宋忠義軍夏全自楚州來歸，楚州王義深、張惠、范成進以城降，封四人爲郡王。辛未，改楚州爲平淮府，以夏全等來降，赦諸路從宋及淮、楚官吏軍民，并其家屬。甲戌，遣使夏國賀正旦。丙子，夏以兵事方殷來報，各停使聘。大元兵征西夏，平中興府。召陝西行省及陝州總帥完顔訛可、靈寶總帥紇石烈牙吾塔赴汴議兵事。詔諭陝西兩省，凡戎事三品以下官聽以功過賞罰之，銀二十五萬兩從其給賞。遣中大夫完顔履信爲弔祭夏國使〔一一〕。

四年春正月辛亥朔。壬戌，增築中京城，浚汴城外濠。

二月，蒲阿、牙吾塔復平陽，執知府李七斤，獲馬八千〔一二〕。

三月，簽勞效官充軍，有怨言，不果用。以銀贖平陽虜獲男女，分賜官軍者聽自便。大元兵平德順府〔一三〕，節度使愛申、攝府判馬肩龍死之。大元兵復下平陽。己巳，徵夏税二倍。

夏五月丁丑，議乞和于大元。大元兵平臨洮府，總管陁滿胡土門死之。陝西行省進三策：上策自將出戰，中策幸陝州，下策棄秦保潼關。不從。

六月戊申朔，遣前御史大夫完顔合周爲議和使。丙辰，地震。太白入井。賜詞賦經義盧亞以下進士第。

秋七月，大元兵自鳳翔徇京兆。關中大震。工部尚書師安石爲尚書右丞。壬辰，以中丞烏古孫卜吉、祭酒裴滿阿虎帶兼司農卿，簽民軍，勸率富民入保城聚，兼督秋稅，令百姓知避遷之計。丁酉，赦陝西東、西兩路，賜民今年租。

八月庚戌，詔有司罷遣防備丁壯、修城民夫，軍須差發應不急者權停。己巳，萬年節，同知集賢院史公奕進大定遺訓〔一四〕，待制吕造進尚書要略。是日，大風落左掖門鴟尾，壞丹鳳門扉。隕霜，禾盡損。李全自益都復入楚州據之，遣總帥完顔訛可、元帥慶山奴守盱眙，與全戰于龜山，敗績。

冬十月辛酉，右拾遺李大節、右司諫陳規劾同判睦親府事撒合輦姦贓，不報。壬戌，外臺監察御史諫獵，上怒，以邀名賣直責之。詔贈德順府死事愛申、馬肩龍等官。以淮南王爵招李全。

十一月乙未，未時，日上有二白虹貫之。丁酉，獵于近郊。

十二月，真授李蹊參知政事。大元兵下商州。壬子，遣使安撫陝西，以牛千頭賜貧民。

五年春正月丁丑，親祭三廟。庚辰，遣知開封府事完顏麻斤出如大元弔慰。丙戌，議擊盱眙。辛卯，以龜山之敗，降元帥慶山奴爲定國軍節度使。

二月乙巳朔，大寒，雷，雨雪，木之華者盡死。癸丑，詔有司以臨洮總管陁滿胡土門塑像入褒忠廟。書死節子孫于御屏，量材官使之。

三月甲戌朔，羣臣請依祖宗故事，樞密院聽尚書省節制，不從。乙酉，監察御史烏古論不魯剌劾近侍張文壽、張仁壽、李麟之受饋遺〔一五〕，曲赦其罪而出之。

夏四月甲辰朔，以御史言三姦不已，凡四日不視朝。八日，議放還西夏人口。丙寅，右丞師安石薨。

五月癸巳，定國軍節度使慶山奴以受賂，奪一官。親衞軍王咬兒酗酒殺其孫，大理寺當以徒刑，特命斬之。

六月壬戌，以旱，赦雜犯死罪已下。

秋七月戊子，同判睦親府事撒合輦出爲中京留守，行樞密院事。

八月乙卯，以旱，遣使禱于上清宫。甲子，參知政事白撒爲尚書右丞，太常卿顔盞世魯權參知政事。增築歸德行樞密院，擬工役數百萬，詔遣權樞密院判官白華喻以農夫勞苦，減其工三之二〔一六〕。以節制不一，併衛州帥府於恒山公府，命白華往經畫之。

九月庚寅，雨足，始種麥。

冬十一月辛巳，進宣宗實録。

十二月庚子朔，日有食之。完顔麻斤出以奉使不職，免死除名。壬子，完顔訥申改侍講學士，充國信使。以陝西大寒，賜軍士柴炭銀有差。京兆、鳳翔府司竹監進竹〔一七〕，令分給之。

六年春二月丙辰，樞密院判官移剌蒲阿權樞密副使。耀州刺史李興有戰功，詔賜玉兔鶻帶、金器。以丞相完顔賽不行尚書省事于關中〔一八〕，召平章政事完顔合達還朝。移剌蒲阿率忠孝軍總領完顔陳和尚忠孝軍一千騎駐邠州。遣白華馳喻蒲阿以用兵之意。詔樞密更給忠孝軍馬疋，以漸調發都尉司步卒及忠孝馬軍屯京西。以白華專備軍須。

三月乙亥，忠孝軍總領陳和尚有戰功，授定遠大將軍、平涼府判官，世襲謀克。

夏五月，隴州防禦使石抹冬兒進黄鸚鵡，詔曰：「外方獻珍禽異獸，違物性，損人力，令勿復進。」

秋七月，罷陝西行省軍中浮費。

八月丙申，移剌蒲阿再復澤、潞〔一九〕。

九月，洮、河、蘭、會元帥顏盞蝦蟆進西馬二疋，詔曰：「卿武藝超絶，此馬可充戰用，朕乘此豈能盡其力。既入進，即尚廄物也，今以賜卿，其悉朕意。」

冬十月，移剌蒲阿東還〔二〇〕，令陳和尚率陝西歸順馬軍屯鈞、許。大元兵駐慶陽界。詔陝西行省遣使奉羊酒幣帛乞緩師請和。

十一月，遣使鈞、許選試陝西歸順人，得軍二千，以藝優者充忠孝軍，次充合里合軍。

十二月乙未，詔副樞蒲阿、總帥紇石烈牙吾塔、權簽樞密院事完顏訛可救慶陽〔二一〕。罷附京獵地百里，聽民耕稼。

七年春正月，副樞蒲阿、總帥牙吾塔、權簽院事訛可解慶陽之圍。以訛可屯邠州，蒲阿、牙吾塔還京兆。

夏五月，詔釋清口宋敗軍三千人，願留者五百人，以屯許州，餘悉縱遣之。賜經義詞賦李瑭以下進士第。

秋七月，以平章政事合達權樞密副使。

八月，賜陝西死事之孤鹽引及絹，仍量材任使。大元兵圍武仙于舊衞州。

冬十月，平章合達、副樞蒲阿引兵救衞州〔三二〕。衞州圍解，上登承天門犒軍，合達、蒲阿並世襲謀克。移剌蒲阿權參知政事，同合達行省事于閿鄉，以備潼關。

八年春正月，大元兵圍鳳翔府。遣樞密院判官白華、右司郎中夾谷八里門諭閿鄉行省進兵，合達、蒲阿以未見機會不行。復遣白華諭合達、蒲阿將兵出關以解鳳翔之圍，又不行。

夏四月丁巳朔，赦。全免京西路軍需錢一年。旱災州縣，差稅從實減貸。大元兵平鳳翔府。兩行省棄京兆，遷居民於河南，留慶山奴守之。

五月，李全妻楊妙真以全陷没于宋，構浮梁楚州北，欲復宋讎。遣合達、蒲阿屯桃源界溆河口，以備侵軼。宋八里莊人拒其主將，納合達、蒲阿。詔改八里莊爲鎮淮府。

秋七月，宋將焚浮梁。

九月丙申，慈聖宮皇太后温敦氏崩，遺誥園陵制度務從儉約。大元兵駐河中府。慶山奴棄京兆東還。召合達、蒲阿赴汴，議引兵趨河中府，懼不敢行，還陝州，出師至冷水谷而歸。大元兵攻河中府，合達、蒲阿遣元帥王敢率兵萬人救之。

冬十月，右丞相賽不致仕。

十一月丁未，大元進兵嶢峯關〔三〕，由金州而東。省院議以逸待勞，未可與戰。上諭之曰：「南渡二十年，所在之民，破田宅，鬻妻子，竭肝腦以養軍。今兵至不能逆戰，止以自護，京城縱存，何以爲國，天下其謂我何。朕思之熟矣，存與亡有天命，惟不負吾民可也。」乃詔諸將屯軍襄、鄧。

十二月己未，葬明惠皇后。河中府破，權簽樞密院事草火訛可死之，元帥板子訛可提敗卒三千走閿鄉。詔赦將佐以下，杖訛可二百以死。合達、蒲阿率諸軍入鄧州，楊沃衍、陳和尚、武仙皆引兵來會，出屯順陽。戊辰，大元兵渡漢江而北，丙子，畢渡。合達、蒲阿將兵禦于禹山之前。大元兵分道趨汴京，京師戒嚴。是夜二鼓，合達、蒲阿引軍還鄧州。大元兵躡其後，盡獲其輜重。

天興元年是年本正大九年，正月改元開興，四月又改元天興。春正月壬午朔，日有兩珥。大元兵道唐州，元帥完顏兩婁室與戰襄城之汝墳，敗績。兩婁室走汴京。遣完顏麻斤出等部民丁萬人，決河水衛京城。癸未，置尚書省、樞密院于宮中，以便召問。起前元帥古里甲石倫權昌武軍節度使，行元帥府事。合達、蒲阿引軍自鄧州赴汴京。乙酉，以點檢夾谷撒合爲總帥，將步騎三萬巡河渡，權近侍局使徒單長樂監其軍。起近京諸色軍家屬五十萬口入京。丙戌，大元兵既定河中，由河清縣白坡渡河。丁亥，長樂、撒合引兵至封丘而還。戊子，左司郎中斜卯愛實上書請斬長樂、撒合以肅軍政，不從。都尉烏林荅胡土一軍自潼關入援，至偃師聞大元兵渡河，遂走登封少室山。壬辰，衛州節度使完顏斜捻阿不棄城走汴。甲午，修京城樓櫓及守禦備。大元兵薄鄭州，與白坡兵合，屯軍元帥馬伯堅以城降，防禦使烏林荅咬住死之。乙未，大元游騎至汴城。丁酉，大雪。大元兵及兩省軍戰鈞州之三峯山，兩省軍大潰，合達、陳和尚、楊沃衍走鈞州，城破皆死之。樞密副使蒲阿就執，尋亦死。武仙走密縣。自是，兵不復振。己亥，徐州行省完顏慶山奴引兵入援，義勝軍校侯進、杜正、張興率所部北降，慶山奴入睢州。庚子，御端門肆赦，改元開興。辛丑，潼關守將李平以關降大元。壬寅，扶溝民錢大亨、李鈞叛，殺縣令王浩及其簿尉。庚戌，許州軍變，殺元帥古里甲石倫、粘合仝周、蘇椿等，以城降大元。

二月壬子朔，慶山奴謀走歸德，至陽驛店遇大元兵〔二四〕，徐帥完顏兀里力戰而死，慶山奴被擒，使招京城，不從。睢州刺史張文壽棄城從慶山奴，皆死之。甲寅，大元兵徇臨渙，攝縣令張若愚死之。戊午，次盧氏。關、陝行省總帥兩軍及秦、藍帥府軍棄潼關而東，與之遇，天又大雪，未戰而潰。行省徒單兀典，總帥納合合閏敗死，完顔重喜降，斬于馬前。都尉鄭倜殺都尉苗英亦降。秦、藍總帥府經歷商衡死之。大元兵下睢州。庚申，翰林待制馮延登使北來歸。乙丑，大元兵攻歸德。庚午，起復右丞相致仕賽不爲左丞相。括京師民軍二十萬分隸諸帥，人月給粟一石有五斗。

三月丁亥，大元軍平中京，留守撒合輦投水死。甲午，命平章政事白撒宿上清宫，樞密副使合喜宿大佛寺，以備緩急。大元遣使自鄭州來諭降，使者立出國書以授譯史，譯史以授宰相，宰相跪進，上起立受之，以付有司。書索翰林學士趙秉文、衍聖公孔元措等二十七家，及歸順人家屬，蒲阿妻子，繡女、弓匠、鷹人又數十人。庚子，封荆王子訛可爲曹王，議以爲質。密國公璹以曹王幼，請代行，上慰遣之，不聽其代。壬寅，尚書左丞李蹊送曹王出質，諫議大夫裴滿阿虎帶、太府監國世榮爲講和使。户部侍郎楊慥權參知政事。分軍防守四城。大元兵攻汴城，上出承天門撫西面將士。千户劉壽語不遜，詔釋勿問。癸卯，上復出撫東面將士，親傅戰傷者藥于南薰門下，仍賜卮酒。出内府金帛器皿以賞戰士。乙巳，鳳翔府砲軍萬户王阿驢、樊喬來歸。己酉，造革車三千兩，已而不用。置局養無家俘民。

夏四月癸丑，兵士李新有功，擢四方舘使。元帥劉益叱其子戰死。丁巳，遣户部侍郎楊居仁奉金帛詣大元兵乞和〔二五〕。戊午，又以珍異往謝許和。癸亥，明惠皇后陵被發，失柩所在，遣中官往視之，至是始得。以兵護宮女十人出迎朔門奉柩至城下，設御幄安置，是夜復葬之。戮鄭倜妻子。甲子，御端門肆赦，改元天興。詔内外，官民能完復州郡者功賞有差。出金帛酒炙犒飫軍士。減御膳，罷冗員，放宮女。上書不得稱聖，改聖旨爲制旨。釋鎬厲王、衞紹王二族禁錮，聽自便。乙丑，百官初起居于隆德殿前。丙寅，以尚書省兼樞密院事。丁卯，放宮女，聽以衣裝自隨，金珠留犒士卒。汴京解嚴，步軍始出封丘門采薪蔬。己巳，建威都尉完顔兀論同大元使没忒入城。庚午，見使臣於隆德殿。放宮女如前。辛未，開鄭門聽百姓男子出入。甲戌，御承天門大饗將士，聞有聲屈者乃還宮。乙亥，有詔止奏事。許州進櫻桃。

五月辛巳，遷民告出城者以萬數，賽不、白撒不聽。乙酉，以南陽郡王子思烈行尚書省于鄧州，召援兵。丙戌，拜天於大慶殿。詔白撒致仕。放京城四面軍，李辛不奉詔。丁亥，鑿洧川漕渠，尋罷之。馮延登以奉使有勞，授禮部侍郎。戊子，裕州鎮防軍將領賀都喜率西軍二千人入援。放遷民出京。辛卯，大寒如冬。密國公璹薨。汴京大疫，凡五十日，諸門出死者九十餘萬人，貧不能葬者不在是數。癸巳，楊春入據亳州，觀察判官劉均死之。辛丑，上御香閣，面責宰相。乙巳，將相受保城爵賞。

六月庚戌朔，詔百官舉大將，衆舉劉益，不能用。癸丑，飛虎軍二百人奪封丘門出奔。甲寅，以出師錮門禁。乙卯，白撒開渠於私第東。丙辰，閱官馬，擇瘠者殺以食。丁巳，封仙據徐州，徒單益都走宿州，推張興行省事。庚申，塞京城四門，以便守禦。壬戌，國用安入徐州〔二六〕，殺張興，推封仙爲元帥，以主州事。己巳，詔贈禦侮中郎將完顏陳和尚鎮南軍節度使。立褒忠廟碑。權參知政事楊慥罷。辛未，復修汴城。以疫後，園户、僧道、醫師、粥棺者擅厚利，命有司倍征之，以助其用。甲戌，宿州鎮防千户高臘哥、李宣殺節度使紇石烈阿虎父子，請行省徒單益都主帥事，益都不從，率其將吏西走，至穀熟遇大元軍，死之。乙亥，左丞李蹊送曹王與其子全俱還。丁丑，恒山公武仙殺士人李汾。

七月庚辰朔，兵刃有火。辛巳，軍士撾登聞鼓乞將劉益。癸未，尚書右丞顏盞世魯罷。吏部尚書完顏奴申爲參知政事。甲申，飛虎軍士申福、蔡元擅殺北使唐慶等三十餘人于館，詔貰其罪，和議遂絶。乙酉，都人揚言欲殺白撒，密詔遣衞士護其家。丙戌，軍士毁白撒別墅。斜捻阿不妄殺市人之過其門者，以靖亂。丁亥，拜天于承天門下，出内府及兩宫物賜軍士。戊子，下令招軍。辛卯，簽民爲兵。鞏昌民百二十人赴援。乙未，宿州帥衆僧奴稱國安用降，遣近侍直長因世英等持詔封安用爲兖王，行京東等路尚書省事，賜姓完顏，改名用安。新軍有撾登聞鼓者，杖殺之。乙巳，金、木、火、太陰會于軫、翼〔二七〕。丙午，參知政事完顏思烈、恒山公武仙、鞏昌總帥完顏忽斜虎率諸將兵自汝州入援，以合喜爲樞密使，將兵一萬應之，命左丞李蹊勸諭出師，乃行。

八月己酉朔，合喜屯杏花營，又益兵五千人，始進屯中牟故城。庚戌，發丁壯五千人運糧，餉合喜軍。辛亥，完顏思烈遇大元兵于京水，遂潰，武仙退保留山，思烈走御寨，壬子，中京元帥左監軍任守貞死之。合喜棄輜重奔至鄭門，聚兵乃入〔二八〕。甲寅，免合喜爲庶人，籍其家以賜軍士。降監軍長樂爲符寶郎。丁巳，釋奠孔子。戊午，括民間粟。己未，籍徒單兀典、完顏重喜、納合合閏家貲。前儀封令魏璠上言，鞏昌帥完顏仲德沉毅有遠謀，臣請奉命往召。不報。戊辰，免府試。起復前大司農侯摯爲平章政事，進封蕭國公，行京東路尚書省事。己巳，摯帥兵行至封丘，將士將潰，摯止之，乃與衆還汴。壬申，聽無軍家口戍京。甲戌，金、木星交。乙亥，賣官，及許買進士第。丙子，詔罷括粟，復以進獻取之。丁丑，京城民楊興入貲，授延州刺史。戊寅，劉仲温入貲，授許州刺史〔二九〕。

校勘記

〔一〕五月戊戌平章政事把胡魯薨　本書卷一〇八把胡魯傳稱「正大元年四月，薨」，時間與此異。

〔二〕權參知政事石盞尉忻爲尚書右丞　本書卷一一五赤盞尉忻傳，宣宗元光二年正月，「權參知政事」，「三月，拜參知政事」，官職與此異。

〔三〕冬十月戊午夏國遣使來修好　本書卷六二交聘表下稱「十一月，夏遣使議和」，時間與此異。

〔四〕恒州刺史蒲察合住有罪　「恒州」，原作「桓州」。按，上文正大元年正月庚子，「蒲察合住改恒州刺史」。本書卷一二九酷吏蒲察合住傳亦云「合住爲恒州刺史」。今據改。

〔五〕上欲彰先帝之美　「美」，原作「過」，據北監本、殿本、局本改。按，本卷上文稱「張行信言：『先帝詔國内，刑不上大夫，治以廉恥』」，應是表彰先帝美事。

〔六〕夏四月辛卯朔恒山公武仙自真定府來奔　本書卷一一四白華傳稱「二年九月，武仙以真定來歸」，時間與此異。

〔七〕起復平章政事致仕莘國公胥鼎爲平章政事　「莘國公」，疑當作「温國公」。按，本書卷一〇八胥鼎傳稱，胥鼎興定元年正月，「進拜平章政事，封莘國公」，「四年，進封温國公，致仕」。卷一六宣宗紀下記載，興定四年三月，「平章政事、陝西行尚書省胥鼎進封温國公，致仕」。中州集卷九胥莘公鼎亦謂「以温國公致政」。

〔八〕蘇椿自大名來奔詔置椿許州　本書卷一一一古里甲石倫傳附蘇椿傳稱，蘇椿「正大二年九月，自大名奔汴，詔置許州」，時間與此異。

〔九〕今稱弟以和　「弟」，原作「帝」，據北監本、殿本改。按，本卷上文「夏國和議定，以兄事金，（中略）奉國書稱弟」。

〔一〇〕討反賊萬奴　「萬奴」，原作「萬家奴」。按，本書卷一四宣宗紀上云，貞祐三年十月，「遼東賊蒲鮮萬奴僭號」。卷一五宣宗紀中亦云，興定元年四月「壬申，以萬奴叛逆未殄，詔諭遼東諸將」。今據改。

〔一一〕遣中大夫完顏履信爲弔祭夏國使　「中大夫」，本書卷三八禮志一一朝辭儀記載相同。卷六二交聘表下則作「中奉大夫」，與此異。

〔一二〕獲馬八千　本書卷一一一紇石烈牙吾塔傳作「獲馬三千」。

〔一三〕大元兵平德順府　「德順府」，疑當作「德順州」。按，元史卷一太祖紀稱，太祖二十二年（即金正大四年）「四月，帝次龍德，拔德順等州，德順節度使愛申、進士馬肩龍死焉」。本書卷一二三忠義傳三愛申傳云，「宣宗命馳赦之，以爲德順節度使、行元帥府事。正大四年春，大兵西來」。愛申爲德順節度使。卷二六地理志下謂，鳳翔路德順州貞祐四年十月「升爲節鎮」，知愛申官職爲「德順州節度使」。

〔一四〕同知集賢院史公奕進大定遺訓　「大定」，原作「之定」，據北監本、殿本、局本改。按，王鶚汝南遺事卷四稱「院官復編尚書要略、大定遺訓、萬年龜鏡録三書以進」。

〔一五〕監察御史烏古論不魯剌劾近侍張文壽張仁壽李麟之受饋遺　「烏古論不魯剌」，本書卷一一五完顏奴申傳作「烏古論石魯剌」。

〔一六〕減其工三之二　本書卷一一四白華傳記此事作「減工三之一」。

〔一七〕京兆鳳翔府司竹監進竹　「進」，原作「退」，據南監本、北監本、殿本、局本改。

〔一八〕以丞相完顔賽不行尚書省事于關中　本書卷一一三完顔賽不傳稱「五年，行尚書省于京兆」。卷一一四白華傳稱正大六年「五月，以丞相賽不行尚書省事於關中」。時間與此異。

〔一九〕八月丙申移剌蒲阿再復澤潞　「丙申」二字原脱，據局本補。按，本書卷一一二移剌蒲阿傳記此事作「八月丙申，蒲阿再復潞州」。

〔二〇〕冬十月移剌蒲阿東還　本書卷一一二移剌蒲阿傳「十月」後有「乙未朔」三字。

〔二一〕十二月乙未詔副樞蒲阿總帥紇石烈牙吾塔權簽樞密院事完顔訛可救慶陽　「乙未」二字原脱，據局本補。按，本書卷一一二移剌蒲阿傳有「乙未」二字。

〔二二〕冬十月平章合達副樞蒲阿引兵救衞州　本書卷一一二完顔合達傳「十月」後有「己未朔」三字。

〔二三〕大元進兵嶢峯關　「嶢峯」，本書卷一八哀宗紀下作「饒豐」，卷一一二完顔合達傳、卷一二四忠義傳四郭蝦蟆傳作「饒峯」，卷一一六徒單兀典傳作「饒風」。錢大昕十駕齋養新録卷八云：「嶢峯、饒豐即一地也。」錢説是。

〔二四〕慶山奴謀走歸德至陽驛店遇大元兵　「陽驛」，本書卷二三五行志作「陽邑」，卷一一六承立傳作「楊驛」。

〔二五〕遣户部侍郎楊居仁奉金帛詣大元兵乞和　「居」字原脱。按，本書卷一一三赤盞合喜傳，正大九年（即天興元年）四月，「遣户部侍郎楊居仁出宜秋門以酒炙犒師」。卷一二四忠義傳四烏古孫仲端傳，「楊居仁以奉使不職，尚書省具獄，有旨釋之備再使」。蓋即此人。今據補。

〔三六〕國用安入徐州　「國用安」，局本作「國安用」。按，下文七月「乙未，宿州帥衆僧奴稱國安用降，（中略）賜姓完顏，改名用安」。殿本考證：「按國用安本名安用，是年七月賜名用安，此六月事，尚應仍舊，且下文宿州帥受降亦書安用。」

〔三七〕乙巳金木火太陰會于軫翼　劉次沅考證：「元年七月廿六乙巳，天象不合。二年七月初三乙巳，金星在軫14度，火星在翼9度，木星在翼9度，月亮在翼15度，水星在翼15度，夕見西方低空。『二年』誤爲『元年』。水星脱。」

〔三八〕壬子中京元帥左監軍任守貞死之合喜棄輜重奔至鄭門聚兵乃入　「壬子」原脱，南監本、北監本、殿本補入「軍」字之下。按，上文稱「八月己酉朔」，「壬子」爲第四日。本書卷一一三赤盞合喜傳，「八月己酉朔，駐於近郊，候益兵乃進屯中牟古城。凡三日，聞思烈軍潰，即夜棄輜重馳還，黎明至鄭門，聚軍乃入」。知合喜「棄輜重奔至鄭門」的時間正好是第四日「壬子」。據此，「壬子」二字當補於「中京」上。又，「任守貞」，本書卷一一一强伸傳、思烈傳作「任守真」。

〔三九〕戊寅劉仲温入貲授許州刺史　按，戊寅爲九月朔，見下卷。此蓋因上文記「丁丑，京城民楊興入貲，授延州刺史」，故將次日同類事順記於此。

金史卷十八

本紀第十八

哀宗下

九月戊寅朔，詔減親衛軍。己丑，軍士殺鄭門守者出奔。壬辰，起上黨公張開及臨淄郡王王義深、廣平郡王范成進爲元帥〔一〕。以前御史大夫完顏合周權參知政事。乙未，以牓召民賣放下年軍需錢，上户田租如之。辛丑，夜大雷，工部尚書蒲乃速震死。

閏月戊申朔，遣使以鐵券一、虎符六、大信牌十、織金龍文御衣一、玉魚帶一、弓矢二，賜兗王用安〔二〕，其父母妻皆贈封之。又以世襲宣命十、郡王宣命十、玉兔鶻帶十，付用安，其同盟可賜者即賜之。辛亥，遣張開、温撒辛、劉益、高顯率步軍護陳留、通許糧道。罷貧民進獻糧。戊午，招鄉導。己未，有箭射入宮中，書姦臣姓名，兩日而再得之。辛酉，再括京城粟，以御史大夫合周、點檢徒單百家等主之。丙寅，括粟使者兵馬都總領完顏九住以粟有蓬稗，杖殺孝婦于省門。

十月，以前司農卿李涣飛語〔三〕，詔左丞李蹊、户部侍郎楊慥繫獄，將以軍儲失計坐罪。俄蹊、慥並除名，而止籍慥家貲。涣遂權户部尚書。尋赦殘欠糧，其應以糧事繫者皆釋之。詔徵諸道軍，期以十二月一日入援。

十一月丁未朔，賜貧民粥。平章政事侯摯致仕。左司郎中斜卯愛實以言事忤近侍，送有司，尋釋之。己酉，衛州軍校白晝取豐備倉米。壬子，京城人相食。癸丑，詔曹門、宋門放士民出就食。壬戌，召諸將相入議事。兗王用安率兵至徐州，元帥王德全閉城不納。會劉安國與宿帥衆僧奴引兵入援，至臨涣，用安使人劫殺之，攻徐州久不能下，退保漣水。制使因世英以用安不赴援，還至宿州西，遇大元兵，死之。丙寅，河、解元帥權興寶軍節度使趙偉襲據陝州以叛〔四〕，殺行省阿不罕奴十剌以下凡二十一人，誣阿不罕奴十剌等反狀以聞。上知其寃，不能直其事，就授偉元帥左監軍，兼西安軍節度使，行總帥府事。偉尋亦歸北。

十二月丙子朔，以事勢危急，遣近侍即白華問計〔五〕，華對以紀季以酅入齊之義，遂以爲右司郎中。甲申，詔議親出。乙酉，再議於大慶殿，上欲以官奴、高顯、劉益爲元帥，不果。是日，除拜扈從及留守京城官。以右丞相、樞密使兼左副元帥賽不，平章政事、權樞密使兼右副元帥白撒，右副元帥兼樞密副使權參知政事訛出，兵部尚書權尚書左丞李蹊，元帥左監軍行總帥府事徒單百家等率諸軍扈從。參知政事兼樞密院副使完顏奴申，樞密副使兼知開封府權參知政事習捏阿不，裏城四面都總領、戶部尚書完顏珠顆，外城東面元帥把撒合，南面元帥术甲咬住，西面元帥崔立，北面元帥孛术魯買奴等留守。除拜既定，以京城付之。擢魏璠爲翰林修撰，如鄧州招武仙入援。丁亥，上御端門，發府庫及兩府器皿宮人衣物賜將士。戊戌，官奴、阿里合謀立荆王不果，朝廷知其謀，置不問。庚子，上發南京，與太后、皇后、諸妃别，大慟。行次公主苑，太后遣中官持米肉徧犒軍士。辛丑，至開陽門外，麾百官退。詔諭戍兵曰：「社稷宗廟在此，汝等壯士也，毋以不預進發之數，便謂無功，若保守無虞，將來功賞顧豈在戰士下？」聞者皆灑泣。是日，鞏昌元帥完顏忽斜虎至自金昌，爲上言京西三百里之間無井竈，不可往。東行之議遂決〔六〕，以爲尚書右丞從行，遂次陳留。壬寅，次杞縣。癸卯，次黄城。丞相完顏賽不之子按春有罪，伏誅。甲辰，次黄陵岡。乙巳，諸將請幸河朔，從之。

二年正月丙午朔，濟河，北風大作，後軍不克濟。丁未，大元兵追擊于南岸，元帥完顏猪兒、賀都喜死之，建威都尉完顏兀論出降。己酉，上哭祭戰死士于河北岸，皆贈官，斬兀論出二弟以殉。赦河朔，招集兵糧議取衞州。元帥蒲察官奴將忠孝軍千人，東面元帥高顯、果毅都尉粘哥咬住領軍萬人爲前鋒，至蒲城。庚戌，上次漚麻岡，平章政事白撒，元帥和速嘉兀底不繼至。辛亥，白撒引兵攻衞州，不克。乙卯，聞大元兵自河南渡河，至衞之西南，遂退師。丁巳，戰于白公廟，白撒敗績，棄軍東遁。元帥劉益、上黨公張開亦遁，並爲民家所殺。益部曲王全降。戊午，上進次蒲城，復還魏樓村。李辛自汴京出奔，伏誅。己未，上以白撒謀，夜棄六軍渡河，與副元帥、合里合六七人走歸德。庚申，諸軍始知上已往，遂潰。辛酉，司農大卿蒲察世達、元帥完顏忽土出歸德西門，奉迎上入歸德。赦在府囚。軍民普覃一官。賜進士終場王輔以下十六人出身。遣奉御朮甲塔失不、后弟徒單四喜往汴京奉迎兩宮。白撒還自蒲城，聚兵于大橋不敢入。壬戌，遣使召白撒至，數其罪，下之獄，仍籍其家財以賜將士，曰：「汝輩宜竭忠力，毋如斯人誤國。」人予金一兩。七日，白撒及其子忽土鄰皆死獄中。右丞相賽不致仕。右丞完顏忽斜虎行省事于徐州。官奴再請率兵北渡，女魯懽不可。遣歸德知府行户部尚書蒲察世達、都轉運使張俊民如陳、蔡取糧，以元帥李琦、王璧護之。戊辰，安平都尉、京城西面元帥崔立，與其黨韓鐸、藥安國等舉兵爲亂，殺參知政事完顏奴申、樞密副使完顏斜捻阿不，勒兵入見太后，傳令召衞王子從恪爲梁王，監國。即自爲太師、軍馬都元帥、尚書令，尋自稱左丞相、都元帥、尚書令、鄭王。弟倚平章政事，侃殿前都點檢，其黨孛术魯長河御史中丞，韓鐸副元帥兼知開封府，折希顔、藥安國、張軍奴、完顔合荅並元帥，師肅左右司郎中，賈良兵部郎中兼右司都事，又署工部尚書温迪罕二十、吏部侍郎劉仲周並爲參知政事，宣徽使奥屯舜卿爲尚書左丞，户部侍郎張正倫爲尚書右丞，左右司都事張節爲左右司郎中，尚書省掾元好問爲左右司員外郎〔七〕，都轉運知事王天祺、懷州同知康瑭並爲左右司都事。開封判官李禹翼棄官去。户部主事鄭著召不起。是日，右副點檢温敦阿里，左右司員外郎聶天驥，御史大夫裴滿阿虎帶，諫議大夫、左右司郎中烏古孫奴申，左副點檢完顔阿散，奉御忙哥，講議蒲察琦並死之。遂送款大元軍前。癸酉，大元將碎不解進兵汴京。甲戌，立閲隨駕官屬軍民子女於省署，及禁民間嫁娶，括京城財。兩宫值變不果行，答失不以其父咬住、四喜以其妻奪門而出，庚午至歸德。上怒二人，皆斬於市〔八〕。乙亥，遣右宣徽提點近侍局事移剌粘古如徐州，相地形，察倉庫虛實。白華如鄧州召兵。

二月丙子朔。魚山張瓛殺元帥完顔忽土〔九〕，行省忽斜虎自率兵討之，會從宜嚴禄誅瓛，乃還。括城中糧。知歸德府事石盞女魯懽爲樞密副使、權參知政事。留元帥官奴忠孝軍四百五十人，都尉馬用軍二百八十餘人〔一〇〕，發餘軍赴宿、徐、陳三州就糧。

三月乙丑，石盞女魯懽乞盡散衞兵出城就食。官奴私與國用安謀，邀上幸海州，不從。蔡帥烏古論鎬以糧四百餘斛至歸德，表請臨幸，上遣學士烏古論蒲鮮以幸蔡之意諭其州人。戊辰，官奴以忠孝軍爲亂，攻殺馬用，遂殺尚書左丞李蹊、參知政事石盞女魯懽、點檢徒單長樂，從官右丞已下三百餘人。上赦官奴，暴女魯懽罪狀，以官奴爲樞密副使、權參知政事，左右司郎中張天綱爲户部侍郎〔一二〕、權參知政事。辛卯，官奴真授參知政事〔一三〕，兼左副元帥。官奴以上居照碧堂，禁近諸臣無一人敢奏對者。上日悲泣言曰：「自古無不亡之國、不死之主，但恨朕不知用人，致爲此奴所囚耳。」遂與内局令宋珪等謀誅官奴。

夏四月壬午，徐州行省完顏忽斜虎執王德全并其子誅之，及其黨王琳、楊瓚、斜卯延壽。召經歷商瑀用之。魚山從宜嚴禄叛歸漣水。庚寅，陳州都尉李順兒殺行省粘葛奴申及招撫使劉天起，送款于崔立。張俊民、李琦奔汴京。王璧還歸德。癸巳，崔立以梁王從恪、荆王守純及諸宗室男女五百餘人至青城，皆及於難。甲午，兩宫北遷。甲辰，鄧州節度使移剌瑗以其城叛，與白華俱亡入宋。

六月己卯，官奴及其黨阿里合、白進皆伏誅。上御雙門，赦忠孝軍，以安反側。遂決策遷蔡，詔蔡、息、陳、潁各以兵來迓。中京留守、權參政烏林荅胡土棄城奔蔡。壬午，中京破，留守兼便宜總帥强伸死之。戊子，召徐州行省完顏忽斜虎赴行在所，以抹撚兀典代行省事，郭恩爲總帥兼節度使。辛卯，上發歸德，留元帥王璧守之。壬辰，次亳州。癸巳，以亳州節度使王進、同知節度使王賓徵民丁運鐵甲糗糧，留權參政張天綱董之，就遷有功將士。臨淄郡王王義深據靈壁望口寨以叛〔一三〕，遣近侍直長女奚烈完出將徐、宿兵討之，義深敗走漣水，入宋。丙申，亳州鎮防軍崔復哥殺守臣王賓等，張天綱以便宜授復哥節度使，罷運鐵甲糗糧，州人乃安。己亥，上入蔡州。詔尚書省爲書召武仙會兵入援。徐州行省抹撚兀典赴蔡州。起復右丞相致仕賽不代行省事。

七月癸卯朔，曲赦蔡州管内雜犯死罪以下。官吏軍民普覃兩官，經應辦者更遷一官。弛門禁，通衆貨，蔡人便之。乙巳，以烏古論鎬爲御史大夫，總帥如故，張天綱爲御史中丞，仍權參政，完顏藥師爲鎮南軍節度使，兼蔡州管内觀察使。戊申，左右司郎中烏古論蒲鮮兼息州刺史，權元帥右都監〔一四〕，行帥府事。征行元帥權總帥婁室簽樞密院事。己酉，選室女備宫中使令，已得數人，以右丞忽斜虎諫，留識文義者一人，餘聽自便。乙卯，遣魏璠徵武仙兵。丁巳，護衛蒲鮮石魯負祖宗御容至自汴，勑有司奉安于乾元寺。前御史中丞蒲察世達〔一五〕、西面元帥把撒合自汴來歸。辛酉，武仙劫將士，謀取宋金州，至淅水，衆潰。行六部尚書盧芝、侍郎石玠謀歸蔡州，仙追芝不及，遂殺玠。丁卯，定進馬遷賞格，又定括馬罪格，以簽樞密院事權參政抹撚兀典領其事。遣使分詣諸道，選兵會于蔡。己巳，以蒲察世達爲吏部侍郎，權行六部尚書。

八月癸酉朔，以秦州元帥粘哥完展權參知政事，行省事於陜西。諭以蠟書，期九月中徵兵與上會于饒豐關，欲出宋不意，以取興元。甲戌，大元使王檝諭宋還，宋以軍護其行，青山招撫盧進得邏吏言以聞，上爲之懼。丁丑，上閱兵于見山亭。癸未，元帥楚玠復立壽州於蒙城，詔遷賞有差，州縣官皆令真授。乙酉，大元召宋兵攻唐州，元帥右監軍烏古論黑漢死于戰，主帥蒲察某爲部曲兵所食。城破，宋人求食人者盡戮之，餘無所犯。宋人駐兵息州南。丙戌，詔權參政抹撚兀典、簽樞密院事婁室行省、院于息州。丁亥，烏古論鎬權參知政事，兀林荅胡土爲殿前都點檢。庚寅，初設四隅機察官。壬辰，息州行省抹撚兀典以兵襲宋人于中渡店，斬獲甚衆。乙未，萬年節，州郡以表來賀二十餘所。辛丑，設四隅和糴官及惠民司，以太醫數人更直，病人官給以藥，仍擇年老進士二人爲醫藥官。

九月癸卯朔，假蔡州都軍致仕內族阿虎帶同僉大睦親府事，使宋借糧〔一六〕，入辭，上諭之曰：「宋人負朕深矣。朕自即位以來，戒飭邊將無犯南界。邊臣有自請征討者，未嘗不切責之。向得宋一州，隨即付與。近淮陰來歸，彼多以金幣爲贖，朕若受財，是貨之也，付之全城，秋毫無犯。清口臨陣生獲數千人，悉以資糧遣之。今乘我疲敝，據我壽州，誘我鄧州，又攻我唐州，彼爲謀亦淺矣。大元滅國四十，以及西夏，夏亡及於我，我亡必及於宋。唇亡齒寒，自然之理。若與我連和，所以爲我者亦爲彼也。卿其以此曉之。」至宋，宋不許。戊申，魯山元帥元志率兵入援，賜以大信牌，升爲總帥。庚戌，以重九拜天于節度使廳，羣臣陪從成禮，上面諭之曰：「國家自開創涵養汝等百有餘年。汝等或以先世立功，或以勞效起身，被堅執鋭，積有年矣。今當厄運，與朕同患，可謂忠矣。比聞北兵將至，正汝等立功報國之秋，縱死王事，不失爲忠孝之鬼。往者汝等立功，常慮不爲朝廷所知，今日臨敵，朕親見之矣，汝等勉之。」因賜巵酒。酒未竟，邏騎馳奏，敵兵數百突至城下。將士踴躍咸請一戰，上許之。是日，分軍防守四面及子城，以總帥孛术魯婁室守東面，内族承麟副之；參知政事烏古論鎬守南面，總帥元志副之；殿前都點檢兀林答胡土守西面，忠孝軍元帥蔡八兒副之；忠孝軍元帥、權殿前右副點檢王山兒守北面，元帥紇石烈柏壽副之；遥授西安軍節度使兼殿前右衛將軍、行元帥府事女奚烈完出守東南，元帥左都監夾谷當哥副之；殿前右衛將軍、權左副都點檢内族斜烈守子城，都尉王愛實副之。

辛亥，大元兵築長壘圍蔡城。己未，括蔡城粟。辛酉，禁公私釀酒。

十月戊寅，更造「天興寶會」〔一七〕。辛巳，縱飢民老稚羸疾者出城。癸未，徐州守臣郭恩殺逐官吏以叛，行省賽不死之。甲申，給飢民船，聽採城壕菱芡水草以食。戊子，徵諸道兵。辛卯，上閱射于子城，中者賞麥有差。丙申，殿前左副都點檢温敦昌孫戰殁。戊戌，賜義軍戰殁被創者麥。

十一月辛丑朔，以右副都點檢阿勒根移失剌爲宣差鎮撫都彈壓，别設彈壓四員副之，四隅機察亦隸焉。宋遣其將江海、孟珙帥兵萬人，獻糧三十萬石助大元兵攻蔡。

十二月甲戌，盡籍民丁防守，括婦人壯捷者假男子衣冠，運大石。上親出撫軍。丁丑，大元兵決練江，宋兵決柴潭入汝水。己卯，大元兵破外城，宿州副總帥高剌哥戰殁。辛巳，以總帥孛术魯婁室、殿前都點檢兀林荅胡土皆權參政，都尉完顏承麟爲東面元帥，權總帥。己丑，大元兵墮西城，上謂侍臣曰：「我爲金紫十年，太子十年，人主十年，自知無大過惡，死無恨矣。所恨者祖宗傳祚百年，至我而絶，與自古荒淫暴亂之君等爲亡國，獨此爲介介耳。」又曰：「古無不亡之國，亡國之君往往爲人囚縶，或爲俘獻，或辱於階庭，閉之空谷。朕必不至於此。卿等觀之，朕志決矣。」都尉王愛實戰殁。砲軍總帥王鋭殺元帥夾谷當哥，率三十人降大元。庚寅，以御用器皿賞戰士。甲午，上微服率兵夜出東城謀遁，及柵不果，戰而還。乙未，殺尚廄馬五十疋，官馬一百五十疋犒將士。

三年正月壬寅，册柴潭神爲護國靈應王。甲辰，以近侍分守四城。戊申，夜，上集百官，傳位于東面元帥承麟，承麟固讓。詔曰：「朕所以付卿者豈得已哉。以肌體肥重，不便鞍馬馳突。卿平日趫捷有將略，萬一得免，祚胤不絕，此朕志也。」己酉，承麟即皇帝位。百官稱賀，禮畢亟出捍敵，而南面已立宋幟。俄頃，四面呼聲震天地。南面守者棄門，大軍入，與城中軍巷戰，城中軍不能禦。帝自縊于幽蘭軒。末帝退保子城，聞帝崩，率羣臣入哭，謚曰哀宗〔一八〕。哭奠未畢，城潰，諸禁近舉火焚之，奉御絳山收哀宗骨瘞之汝水上。末帝爲亂兵所害，金亡。

贊曰：金之初興，天下莫彊焉。太祖、太宗威制中國，大概欲效遼初故事，立楚、立齊，委而去之，宋人不競，遂失故物。熙宗、海陵濟以虐政，中原觖望，金事幾去。天厭南北之兵，挺生世宗，以仁易暴，休息斯民。是故金祚百有餘年，由大定之政有以固結人心，乃克爾也。章宗志存潤色，而秕政日多，誅求無藝，民力浸竭，明昌、承安盛極衰始。至於衛紹，紀綱大壞，亡徵已見。宣宗南度，棄厥本根，外狃餘威，連兵宋、夏，内致困憊，自速土崩。哀宗之世無足爲者。皇元功德日盛，天人屬心，日出爝息，理勢必然。區區生聚，圖存於亡，力盡乃斃，可哀也矣。雖然，在禮「國君死社稷」，哀宗無愧焉。

校勘記

〔一〕壬辰起上黨公張開及臨淄郡王王義深廣平郡王范成進爲元帥　按，王義深、范成進等降金封王事，見本書卷一一四白華傳。該傳云，「張惠臨淄郡王，義深東平郡王，成進膠西郡王」。又卷一一二移剌蒲阿傳亦稱，「提控步軍臨淄郡王張惠」。明嘉靖山東通志卷一九陵墓、清嘉慶刻山左金石志卷二四元石、嘉慶七年刻寰宇訪碑録卷一一、卷一二謂山東濰縣有「膠西郡王范成進墓碑」稱「金賜爵膠西郡王」。足證白華傳記載可信。則此處當作東平郡王王義深、膠西郡王范成進爲是。

〔二〕遣使以鐵券一虎符六大信牌十織金龍文御衣一玉魚帶一弓矢二賜兗王用安　「御衣一」下原衍「越王」二字，據局本删。按，本書卷一一七國用安傳記此事略同，無「越王」二字。殿本考證：「按用安傳所載與紀略同，原文『御衣』下有『賜越王』三字，考十郡王封號，無『越王』，今依本傳增删。」

〔三〕以前司農卿李渙飛語　「李渙」，原作「李煥」。按，下文同一人，名字作「渙」。本書卷一二九酷吏蒲察合住傳作「李渙」，歸潛志卷四、卷七、卷一一及王鶚汝南遺事亦作「李渙」。今據改。

〔四〕河解元帥權興寶軍節度使趙偉襲據陝州以叛　按，本書卷一一六徒單兀典傳亦云「尋以偉權興寶軍節度使」。然金無「興寶軍」。卷二六地理志下，河東南路解州，「貞祐三年復升爲節鎮，軍名寶昌」。疑「興寶軍」或爲「寶昌軍」之誤。

〔五〕遣近侍即白華問計　「即」，原作「郎」，據北監本、局本改。

〔六〕鞏昌元帥完顔忽斜虎至自金昌爲上言京西三百里之間無井竈不可往東行之議遂決　按，本書卷一一九完顔仲德傳，忽斜虎「趨見上於宋門，問東幸之意。（中略）力諫云：『（中略）不若西幸，（下略）』上已與白撒議定，不從」。所記「不若西幸」與此主張「東行」有異。

〔七〕尚書省掾元好問爲左右司員外郎　本書卷一二六文藝傳下元德明傳附子元好問傳稱，「天興初，擢尚書省掾，頃之，除左司都事，轉行尚書省左司員外郎」。與此異。

〔八〕庚午至歸德上怒二人皆斬於市　局本無「庚午」二字。按，上書甲戌，下書乙亥，中間不應有庚午日。庚午在上文癸酉、甲戌之前，此蓋追敍其事，而斬以甲戌，故次於此。

〔九〕二月丙子朔魚山張瓛殺元帥完顔忽土　按，本書卷一一九完顔仲德傳，「忽土到，軍士不悦，二月辛卯夜，遂爲總領張瓛、崔振所害」。「二月辛卯」爲二月十六日，以下各事亦皆不在丙子朔日，蓋匯記於此，「丙子朔」在此處猶言「是月」。

〔一〇〕都尉馬用軍二百八十餘人　按，本書卷一一六石盞女魯歡傳記此事云，「時城中止有馬用一軍近七百人」。同卷蒲察官奴傳亦云「馬用軍七百人」。疑此處「二百」當是「六百」之誤。

〔一一〕左右司郎中張天綱爲户部侍郎　本書卷一一九張天綱傳稱「哀宗東幸，遷左右司郎中，扈從至歸德，改吏部侍郎」，與此異。

〔三〕辛卯官奴真授參知政事　按，是年三月乙巳朔，無辛卯。本書卷一一六蒲察官奴傳記官奴真授參知政事在五月。此干支有誤，亦不當繫於此月。

〔三〕臨淄郡王王義深據靈壁望口寨以叛　按，本書卷一一四白華傳，義深封東平郡王，非臨淄郡王。參見本卷校勘記〔一〕。

〔四〕戊申左右司郎中烏古論蒲鮮兼息州刺史權元帥右都監　「烏古論蒲鮮」，本書卷一一九完顏婁室傳作「烏古論忽魯」。「戊申」、「權元帥右都監」，王鶚汝南遺事卷一記此事作「己酉」、「權元帥左監軍」。與此異。

〔五〕前御史中丞蒲察世達　「御史中丞」，原作「御史大夫」。按，本書卷一一五崔立傳記此事作「御史中丞」。王鶚汝南遺事卷二作「正奉大夫御史中丞」。今據改。

〔六〕九月癸卯朔假蔡州都軍致仕内族阿虎帶同僉大睦親府事使宋借糧　按，阿虎帶使宋借糧一事，本書卷六二交聘表下記作天興二年八月己卯。王鶚汝南遺事卷二，「詔尚書省牒宋中書省借糧仍諭阿虎帶等」條作八月初七日己卯。與此「九月」有異。亦或交聘表和汝南遺事按派出使者時間記事，此處則按使者出使回來時間記事，待考。又「九月癸卯朔」，汝南遺事卷三作「九月壬寅朔」。本卷下文有「庚戌，以重九拜天」，與「九月壬寅朔」記載相合。「癸卯」，疑當作「壬寅」。

〔七〕十月戊寅更造天興寶會　「戊寅」，原作「戊辰」，據局本改。按，本書卷一一九完顏仲德傳載，是年十月壬申朔，無戊辰。王鶚汝南遺事卷三記此事作「戊寅，更造『天興寶會』」。

〔一八〕謚曰哀宗　本書卷四八食貨志三錢幣、卷五五百官志一稱哀宗爲「義宗」。卷一一九完顏婁室傳「謚哀宗曰昭宗」。歸潛志稱哀宗爲「末帝」。大金國志卷二六紀年義宗皇帝云「故官僑于宋者，私謚曰閔。或謂『哀』不足以盡謚，天下士夫咸以『義宗』謚，蓋取左氏君死社稷之義」。錢大昕考異卷八四謂「謚哀宗曰昭宗」爲「息州行省所謚」。

金史卷十九

本紀第十九

世紀補

景宣皇帝諱宗峻，本諱繩果，太祖第二子。母曰聖穆皇后唐括氏，太祖元妃。宗峻在諸子中最嫡。

天輔五年，忽魯勃極烈杲都統諸軍取中京，帝別領合扎猛安，受金牌，既克中京，遂與杲俱襲遼主于鴛鴦濼。遼主走陰山，耿守忠救西京，帝與宗翰等擊走之。西京城南有浮圖，敵先據之，下射，士卒多傷。帝曰：「先取是，則西京可下。」既而攻浮圖，克之，遂下西京。太祖崩，帝與兄宗幹率宗室羣臣立太宗。天會二年，薨。

熙宗即位，追上尊謚曰景宣皇帝，廟號徽宗，改葬興陵。海陵弑立，降熙宗爲東昏王，降帝爲豐王〔一〕。世宗復尊熙宗廟謚，尊帝爲景宣皇帝。子合剌、常勝、查剌。合剌是爲熙宗。

睿宗立德顯仁啓聖廣運文武簡肅皇帝諱宗堯，初諱宗輔，本諱訛里朵，大定上尊謚，追上今諱。魁偉尊嚴，人望而畏之。性寬恕，好施惠，尚誠實。太祖征伐四方，諸子皆總戎旅，帝常在帷幄。

天輔六年，太祖親征，太宗居守黄龍府，安福哥誘新降之民以叛，帝與烏古迺討平之。南路軍帥鶻實荅以贓敗〔二〕，帝往閱實之，咸稱平允。

天會五年，宗望薨，帝爲右副元帥，駐兵燕京。十一月，分遣諸將伐宋，帝發自河間，徇地淄、青。

六年正月，宋馬括兵二十萬至樂安〔三〕，帝率師擊破之。聞宋主在揚州，時東作方興，留大軍夾河屯田而還，軍山西。二月，移剌古破宋臺宗雋、宋忠軍五萬于大名，明日再破之，獲宗雋、忠而還。冀州人乘夜出兵襲照里營。照里擊敗之。宋主奉表請和，密書以誘契丹、漢人。詔伐宋，帝發自河北，降滑州，取開德府，攻大名府，克之，河北平。

初，伐宋，河北、河東諸將議不決，或欲先定河北，或欲先平陝西，太宗兩用其策。而宗翰來會于濮，既平河北，遂取東平及徐州，盡得宋人江淮運致金幣在徐州官庫者，分給諸軍，而劉豫遂以濟南降。使拔离速等襲宋主于揚州，而宋主聞之，比拔离速至揚州，前夕已渡江矣。宋主乃貶去帝號，再以書來請存社稷，語在宗翰傳中。既而宗弼追宋主，宋主渡江，入于杭州，復遯入海，宗弼乃還。

於是，婁室所下陝西城邑輒叛，宗翰等曰：「前討宋，故分西師合于東軍，而陝西五路兵力雄勁，當併力攻取。今撻懶撫定江北〔四〕，宗弼以精兵二萬先往洛陽，以八月往陝西，或使宗弼遂將以行，或宗輔、宗翰、希尹中以一人往。」上曰：「婁室往者所向輒辦，今專征陝右，豈倦于兵而自愛邪？卿等其戮力焉！」由是詔帝往。

是時，宋張浚兵取陝西，帝至洛水治兵，張浚騎兵六萬，步卒十二萬壁富平。帝至富平，婁室爲左翼，宗弼爲右翼，兩軍並進，自日中至于昏暮，凡六合戰，破之。耀州、鳳翔府皆來降。遂下涇、渭二州。敗宋經略使劉倪軍于瓦亭，原州降。撒离喝破德順軍靜邊寨，宋涇原路統制張中孚、知鎮戎軍李彦琦以城降。宋秦鳳路都統制吴玠軍于隴州境上，招討都監馬五擊走之，降一縣而還。帝進兵降甘泉等三堡，取保川城，破宋熙河路副總管軍三萬，獲馬千餘，拔安西等二寨，熙州降。分遣左翼都統阿盧補，右翼都統宗弼招撫城邑之未下者，遂得鞏、洮、河、樂、西寧、蘭、廓、積石等州，定遠、和政、甘峪、寧洮、安隴等城寨，及鎮堡蕃漢營部四十餘，於是涇原、熙河兩路皆平。撒离喝降慶陽府，慕洧以環州降。既定陝西五路，乃選騎兵六千，使撒离喝列屯衝要。於是班師，與宗翰俱朝京師，立熙宗爲諳版勃極烈，帝爲左副元帥。

十三年，行次嬀州薨，年四十，陪葬睿陵，追封潞王，謚襄穆。皇統六年，進冀國王。正隆二年，追贈太師、上柱國，改封許王。世宗即位，追上尊謚立德顯仁啓聖廣運文武簡肅皇帝，廟號睿宗。二年，改葬于大房山，號景陵。

顯宗體道弘仁英文睿德光孝皇帝，諱允恭，本諱胡土瓦，世宗第二子，母曰明德皇后烏林荅氏。皇統六年丙寅歲生。體貌雄偉，孝友謹厚。

大定元年十一月，世宗即位于東京。乙酉，封楚王，置官屬。十二月，從至中都。二年四月己卯，賜名允迪。五月壬寅，立爲皇太子，世宗謂之曰：「在禮貴嫡，所以立卿。卿友于兄弟，接百官以禮〔五〕，勿以儲位生驕慢〔六〕。日勉學問，非有召命，不須侍食。」帝上表謝。專心學問，與諸儒臣講議於承華殿。燕閑觀書，乙夜忘倦，翼日輒以疑字付儒臣校證。九月庚子，詔東宮三師對皇太子稱名，少師以降稱臣。十一月庚子，生辰，百官賀于承華殿。世宗賜以襲衣良馬，賜宴于仁政殿，皇族百官皆與。自後生辰，世宗或幸東宮，或宴内殿，歲以爲常。十二月辛卯，奏曰：「東宮賀禮，親王及一品皇族皆北面拜伏，臣但荅揖。伏望天慈聽臣荅拜，庶惇親親友愛之道。」世宗從之，以爲定制。

世宗聞儒者鄭松賢，松先爲同知博州防禦事致仕，起爲左諭德，詔免朝參，令輔太子讀書。松以友諭自處，帝嘗顧松使取服帶，松對曰：「臣忝諭德，不敢奉命。」帝改容稱善，自是益加禮遇。每出獵獲鹿，輒分賜之。

四年九月，納妃徒單氏，行親迎禮。故事，大駕鹵簿天子乘玉路，皇太子鹵簿乘金路。

六年，世宗行自西京還都，禮官不知皇太子自有鹵簿金路，乃請太子就乘大駕綴路，行在天子之前。上疑其非禮，詳閲舊典，禮官始覺其誤。於是禮部郎中李邦直、員外郎李山削一階，太常少卿武之才、太常丞張子羽、博士張檠削兩階。

頃之，禮官議受册謁謝太廟，服常朝服，乘馬，世宗曰：「此與外官禮上後謁諸神廟無異，海陵一時率意行之，何足爲法？大册與三歲祫享當用古禮爲是。孔子曰：『禮與其奢也寧儉。』不當輕易如此。」又曰：「右丞蘇保衡雖漢人不通經史，參政石琚通經史而不言，前日禮官既已削奪，猶不懼邪？其具前代典禮以聞，朕將擇而處之。」久之，將授太子册寶，儀注備儀仗告太廟。上曰：「朕受尊號謁謝，乃用故宋真宗故事，常朝服乘馬。皇太子乃用備禮，前後不稱，甚無謂也。」謂右丞相良弼、左丞守道曰：「此卿等不用心所致。」良弼等謝曰：「臣愚慮不及此。」上復曰：「此文臣因循故也。」是年十月甲申，祫享于太廟〔七〕，行亞獻禮。

七年，帝有疾，詔左丞守道侍湯藥，徙居瓊林苑、臨芳殿調治。

八年正月甲戌，改賜名允恭。庚辰，受皇太子册寶〔八〕，帝上表謝。

九年五月，世宗命避暑于草濼，隋王惟功從行〔九〕，其應從行者皆給道路費。帝奏曰：「遠去闕廷，獨就涼地，非臣子所安，願罷行。」世宗曰：「汝體羸弱，山後高涼，故命汝往。」丁丑，百官奉辭于都城之北，再拜，帝荅拜。是月，百官承詔具牋問起居。六月，百官問起居如前。八月乙酉，至自草濼，百官迎謁于都城之北，如送儀。丙戌，入見，世宗曰：「吾兒相別經夏，極甚思憶也。」九月，詔皇太子供膳勿月支，歲給五千萬。

十年八月，帝在承華殿經筵，太子太保壽王爽啓曰：「殿下頗未熟本朝語，何不屏去左右漢官，皆用女直人。」帝曰：「諭德、贊善及侍從官，曷敢輒去？」爽乃揖而退。帝曰：「宮官四員謂之諭德、贊善，義可見矣，而反欲去之，無學故也。」有使者自山東還，帝問民間何所苦，使者曰：「錢難最苦。官庫錢滿有露積者，而民間無錢，以此苦之。」帝曰：「貯之空室，雖多奚爲。」謂户部尚書張仲愈曰：「天子富藏天下，何必獨在府庫也。」因奏曰：

「錢在府庫，何異銅鑛在野。乞流轉，使公私俱利。」世宗嘉納，詔有司議行之。

十一年十一月丁亥〔一〇〕，有事於圓丘，帝行亞獻禮。

十二年五月，世宗聞德州防禦使胡刺謀叛，因曰：「朕於親親之道未嘗不篤，而輒敢如此。」帝徐奏曰：「叔胡刺性荒縱，耽娛樂，而無子嗣，忽如此狂謀，望更閔實之。」十月己未，祫享于太廟，帝攝行祀事。

十三年十月，承詔與趙王惟中、曹王惟功獵于保州、定州。十一月甲午，還京師。

十四年四月乙亥，世宗御垂拱殿，帝及諸王侍側。世宗論及兄弟妻子之際，世宗曰：「婦言是聽而兄弟相違，甚哉。」帝對曰：「思齊之詩曰：『刑于寡妻，至于兄弟，以御于家邦。』臣等愚昧，願相勵而修之。」因引常棣華蕚相承，脊令急難之義，爲文見意，以誡兄弟焉。

十五年，世宗詔五品職事官謝見皇太子。

十七年五月甲辰，侍宴于常武殿，典食令涅合進粥，帝將食，有蜘蛛在粥盌中，涅合恐懼失措，帝從容曰：「蜘蛛吐絲乘空，忽墮此中爾，豈汝罪哉。」十月己卯，祫享于太廟，攝行祀事。

十九年四月戊申，有事于太廟，攝行祀事。丁巳，詹事烏林荅愿入謝，帝命取幞頭腰帶，官屬請曰：「此見宰相師傅之禮也。」帝曰：「願事陛下久，以此加敬耳。」皆曰：「非臣等所及。」十一月，改葬明德皇后于坤厚陵，帝徒行輓靈車，遇大風雪，左右進雨具，帝却之〔一二〕，比至頓所，衣盡霑濕，觀者無不下淚。海陵雖貶黜爲庶人，宗幹尚稱明肅皇帝，議者以爲未盡，帝具表奏論。世宗嘉納之。於是宗幹削去帝號，降封遼王。

二十四年，世宗將幸上京，詔帝守國，作「守國之寶」以授之。其遣使、祭享、五品以上官及事利害重者遣使馳奏，六品以下官、其餘常事，並聽裁決。每三日一次於集賢殿受尚書省啓事。京朝官遇朔望具朝服問候。車駕在路，每二十日一遣使問起居。已達上京，每三十日一問起居。世宗曰：「今巡幸或能留一二年，以汝守國。譬之農家種田，商人營利，但能不墜父業，即爲克家子也。」帝對曰：「臣在東宮二十餘年，過失甚多，陛下以明德皇后之故未嘗見責。臣誠愚昧，不克負荷，乞備扈從。」世宗曰：「凡人養子皆望投老得力。朕留太尉、左右丞、參政輔汝，彼皆國家舊人，可與商議。且政事無難，但用心公正，無納讒邪，一月之後政事自熟。」帝流涕堅辭，左右爲之感動。三月，世宗如上京，帝守國留中都。初，帝在東宮，或携中侍步于芳苑。中侍出入禁中，未嘗限阻。此輩見帝守國，各爲得意，帝知之，謂諸中侍曰〔一三〕：「我向在東宮不親國政，日與汝輩語話。今既守國，汝等有召命然後得入。」五月，世宗至上京，賜勑書曰：「朕以前月八日到遼陽，此月二日達上京，翌日祀慶元廟。省方觀民，古之制也。汝守國任重，夏暑方熾，益當自愛，無貽朕憂。」帝謂徒單克寧曰：「車駕巡幸，以國事見屬。刑名最重，人之死生繫焉。凡有可議，當盡至公。比主上還都，勿有廢事。」自是，凡啓稟刑名，帝自披閱，召都事委曲折正，移晷忘倦，或賜之食。近侍報瑶池位蓮開，當設宴。帝曰：「聖上東巡，命我守國，何敢宴遊廢事？採致數花足矣。」七月，遣子金源郡王麻達葛奉表問起居，請世宗還都。十一月壬寅，帝冬獵。辛亥，還都。

二十五年正月乙酉朔，免羣臣賀禮〔一三〕。帝自守國，深懷謙抑，宫臣不庭拜，啓事時不侍立，免朔望禮。京朝朔望日當具公服問候，並停免。至是，羣臣當賀，亦不肯受。甲寅，帝如春水。二月庚申，還都。丁卯，遣子金源郡王麻達葛奉表賀萬春節。四月，久不雨，帝親禱，即日霑足。

六月甲寅，帝不豫。庚申，崩于承華殿。世宗自上京還，次天平山好水川，訃聞，爲位臨奠于行宫之南，大慟者久之。親王、百官、皇族、命婦及侍衞皆會哭，世宗號泣還宫。比至中都，爲位奠哭者凡七焉。世宗以豳王永成爲中都留守，來護喪，遣滕王府長史再興、御院通進阿里刺來保護金源郡王，遣左宣徽使唐括鼎來致祭，詔妃徒單氏及諸皇孫喪服並如漢制。帝在儲位久，恩德在人者深，每日三時哭臨，侍衞軍士皆爭入臨，伏哭于承華殿下，聲殷如雷。中都百姓市門巷端爲位慟哭。七月壬午朔，賜謚宣孝太子。九月庚寅，殯于南園熙春殿。己酉，世宗至自上京，未入國門，先至熙春殿致奠，慟哭久之。比葬，親臨者六。帝事世宗，凡巡幸西京、涼陘，及上陵、祭廟，謁衍慶宫，田獵觀稼，拜天射柳，未嘗去左右。上有事于圓丘，及親享于太廟，則行亞獻禮，不親祀則攝行祀事。國有大慶則率百官上表賀。正旦、萬春節則總班上壽。冬十月庚戌朔，宰相以下朝見于慶和殿，太尉完顏守道上壽，世宗追悼悽愴者久之。十一月甲申，靈駕發引，世宗路祭于都城之西。庚寅，葬于大房山。世宗欲加帝號，以問羣臣，翰林修撰趙可對曰：「唐高宗追謚太子弘爲孝敬皇帝。」左丞張汝弼曰：「此蓋出于武后。」遂止。乃建廟于衍慶宫後，祭用三獻，樂用登歌。

二十六年，立子璟爲皇太孫。二十九年，世宗崩。太孫即位，是爲章宗。五月甲午，追謚體道弘仁英文睿德光孝皇帝，廟號顯宗。丁酉，祔于太廟，陵曰裕陵。

帝天性仁厚，不忍刑殺。梁檀兒盜金銀葉，憐其母老，李福興盜段匹，值坤厚陵禮成，家令本把盜銀器，值萬春節，皆委曲全活之。亡失物者，責其償而不加罪。聞四方饑饉，輒先奏，加賑贍。因田獵出巡，所過問民間疾苦。敬禮大臣，友愛兄弟。葬明德皇后于坤厚陵，諸妃皆祔，自磐寧宫發引，趙王惟中以其母輀車先發，令張黄蓋者前行，帝呼執蓋者不應，少府監張僅言欲奏其事，帝止之。嘗作重光座銘，及刻左右銘于小玉碑，并刻其碑陰，皆深有理致。最善射而不彈物，嘗奉詔拜陵，先獵，射一鹿獲之，即命罷獵，曰：「足奉祀事，焉用多殺？」好生蓋其天性云。

贊曰：遼王杲取中京，宗翰、宗望皆從，景宣别領合扎猛安。合扎猛安者，太祖之猛安也。宗翰請立熙宗，宗翰不敢違〔一四〕，太宗不能拒，其義正，其理直矣。舊史稱睿宗寬恕好施惠，熙宗不終，海陵隕斃，自時厥後，得大位者皆其子孫，有以夫。顯宗孝友惇睦，在東宫二十五年，不聞有過。承意開導，四方陰受其賜。天不假之年，惜哉。

校勘記

〔一〕降帝爲豐王　按，集禮卷四雜録：「大定二十年三月有司奏請，景宣皇帝於閔宗時追謚，至（正）隆二年四月，海陵庶人批劄，贈太師、追封遼王。」本書卷五海陵紀：「追降景宣皇帝爲遼王。」同作「遼王」，與此異。

〔二〕南路軍帥鶻實荅以贓敗　本書卷三太宗紀，天會三年十月，「有司言權南路軍帥鶻實荅官吏貪縱，詔鞫之」。與此異。

〔三〕六年正月宋馬括兵二十萬至樂安　「六年正月」四字原脱。按，本書卷三太宗紀，「六年正月（中略）甲寅，宋將馬括兵次樂安，宗輔擊敗之」。今據補。

〔四〕令撻懶撫定江北　「令」，原作「今」，據南監本、北監本、殿本、局本改。按，本書卷七七劉豫傳記此事云，睿宗「使撻懶帥師至瓜洲而還」。

〔五〕接百官以禮　「接」，原作「按」，據局本改。

〔六〕勿以儲位生驕慢　「位」，原作「以」，據北監本、殿本、局本改。

〔七〕祫享于太廟　「祫享」，本書卷三一禮志四雜儀作「逮六年禘」，與此異。

〔八〕庚辰受皇太子册寶　「庚辰」，原作「庚戌」。按，大定八年正月甲子朔，無庚戌。本書卷六世宗紀上，八年正月「庚辰，行皇太子册禮」。今據改。

〔九〕隋王惟功從行　「惟功」，局本作「永功」。按，本書卷八五世宗諸子傳，世宗諸子命名排行「允」，章宗時避其父顯宗允恭諱，皆改「允」爲「永」。衛紹王名「永濟」，諱「永」，又改「永」爲「惟」。今本書僅本卷見「惟功」與下文「惟中」等名，他卷則否。蓋所據史料如此，今不復改。

〔一〇〕十一年十一月丁亥　「十一年」三字原脱。按，本書卷六世宗紀上，大定十一年十一月「丁亥，有事于圓丘」。今據補。

〔一一〕左右進雨具帝却之　「帝」，原作「上」，據北監本、殿本、局本改。按，景宣、睿宗、顯宗等，實未登基，皆追尊之號，故依文例，「上」作「帝」是。

〔二〕謂諸中侍曰　「中侍」，原作「侍中」。按，上文兩見皆作「中侍」，今乙正。

〔三〕二十五年正月乙酉朔免羣臣賀禮　「朔」字原脱，據本書卷八世宗紀下補。

〔四〕宗翰請立熙宗宗翰不敢違　前後兩處「宗翰」，必有一誤。

金史卷二十

志第一

天文

日薄食煇珥雲氣　月五星凌犯及星變

自伏羲仰觀俯察，黃帝迎日推策，重黎序天地，堯曆象日月星辰，舜齊七政，周武王訪箕子，陳洪範，協五紀，而觀天之道備矣。易曰：「天垂象見吉凶，聖人象之。」故孔子因魯史作春秋，於日星風雨霜雹雷霆皆書變而不書常，所以明天道、驗人事也。秦漢而下，治日患少，陰陽愆違，天象錯迕，無代無之。金百有十九年，而日食四十二，星辰風雨霜雹雷霆之變不知其幾。金九主，莫賢於世宗，二十九年之間，猶日食者十有一，日珥虹貫者四五。然終金之世，慶雲環日者三，皆見於世宗之世。

羲、和之後，漢有司馬，唐有袁、李，皆世掌天官，故其説詳。且六合爲一，推步之術不見異同。金、宋角立，兩國置曆，法有差殊，而日官之選亦有精粗之異。今奉詔作金史，於志天文，各因其舊，特以春秋爲準云。

日薄食煇珥雲氣

太祖天輔三年夏四月丙子朔，日食。　四年冬十月戊辰朔，日食。　六年春二月庚寅朔，日食。　七年秋八月辛巳朔，日食。

太宗天會七年三月己卯朔，日中有黑子。　九月丙午朔，日食。　十三年正月丙午朔，日食〔一〕。

熙宗天會十四年十一月丙寅，日中有黑子，斜角交行。

天眷三年七月癸卯朔，日食。

皇統三年十二月癸未朔，日食。　四年六月辛巳朔，日食。　五年六月乙亥朔，日食。　八年四月戊子朔，日食。　九年三月癸未朔，日食。

海陵庶人天德二年正月甲辰，日有暈珥，白虹貫之。　十一月丙戌，白虹貫日〔二〕。　十二月乙卯，慶雲見，狀如鸞鳳，五彩。　三年正月丁酉，白虹貫日。

貞元二年五月癸丑朔，日食。　三年四月丁丑朔，昏霧四塞，日無光，凡十有七日乃霽。五月丁未朔，日食。

正隆三年三月辛酉朔，司天奏日食，候之不見。海陵敕，自今日食皆面奏，不須頒告中外。　五年八月丙午朔，日食。庚午，日中有黑子，狀如人。　六年二月甲辰朔，日有暈珥，戴背。　十月丙午，慶雲見。

世宗大定二年正月戊辰朔，日食，伐鼓用幣，命壽王京代拜行禮。爲制，凡遇日月虧食，禁酒、樂，屠宰一日。　三年六月庚申朔，日食，上不視朝，命官代拜。有司不治務，過時乃罷。後爲常。　四年六月甲寅朔，日食。　七年四月戊辰朔，日食，上避正殿、減膳，伐鼓應天門內，百官各於本司庭立，明復乃止。閏七月己卯午刻，慶雲環日。八月辛亥午刻，慶雲環日。　九年八月甲申朔，有司奏日當食，以雨不見。爲近奉安太社，乃伐鼓于社，用幣于應天門內。　十三年五月壬辰朔，日食。　十四年十一月甲申朔，日食。　十六年三月丙午朔，日食。　十七年九月丁酉朔，日食。　二十三年十月己未，慶雲見於日側。十一月壬戌朔，日食。　二十八年八月甲子朔，日食。　二十九年正月乙卯巳初，日有暈，左右有珥，上有背氣兩重，其色青赤而厚。復有白虹貫之亘天，其東有戟氣長四尺餘，五刻而散。丁巳巳初，日有兩珥，上有背氣兩重，其色青赤而淡。頃之，背氣於日上爲冠，已而俱散。二月辛酉朔，日食。甲子辰刻，日上有重暈兩珥，抱而復背，背而復抱，凡二三次。乙丑，日暈兩珥，有負氣承氣，而白虹亘天，左右有戟氣。

章宗明昌三年十二月丙辰，北方微有赤氣〔三〕。四年九月癸未，日上有抱氣二，戴氣一，俱相連。左右有珥，其色鮮明。六年三月丙戌朔，日食。

承安三年正月己亥朔，日食，陰雲不見。五年十一月癸丑，日食。宋史作六月乙酉朔。

泰和二年五月甲辰朔，日食。三年十月戊戌，日將没，色赤如赭。甲辰，申酉間，天色赤，夜將旦復然。四年三月丁卯，日昏無光。五年九月戊子戌時，西北方黑雲間有赤氣如火，次及西南、正南、東南方皆赤，中有白氣貫徹，乍隱乍見。既而爲雨，隨作風。至二更初，黑雲間赤氣復起於西北方，及正西、正東、東北，往來遊曳，内有白氣數道，時復出没。其赤氣又滿中天，約四更皆散。六年正月，北京申，龍山縣西見有雲結成車牛行帳之狀，或如前後摧損之勢，晡時乃散。二月壬子朔，日食。七月癸巳，申刻，日上有背氣一，内赤外青，須臾散。九月乙酉，夜將曙，北方有赤白氣數道，歷王良下，徐行至北斗開陽、摇光之東而散。八年四月癸卯，巳刻，日暈二重，内黄外赤，移時而散。

衞紹王大安元年四月壬申，北方有黑氣如大道，東西竟天，至五更散。十二月辛酉朔，日食。　三年三月辛酉辰刻，北方有黑氣如堤，內有白氣三，似龍虎之狀。十月己卯，東北、西北每至初更如月將出之狀，明至夜半而滅，經月乃已。

宣宗貞祐元年十月丙午，夜有白氣三，衝紫微而不貫。十一月丙申〔四〕，白氣東西竟天，移時散。　二年九月壬戌朔，日食，大星皆見。　三年正月壬戌，日有左右珥，上有冠氣，移刻散。二月丁巳，日初出赤如血，將沒復然。六月戊申，夜有黑氣，廣如大路，自東南至于西北，其長竟天。　四年二月甲申朔，日食。閏七月壬午朔，日食。

興定元年七月丙子朔，日食。　二年七月庚午朔，日食。　三年七月庚申，五色雲見。十月乙丑，平涼府慶雲見，遣官驗實，以告太廟，詔國中。　五年正月，山東行省蒙古綱奏慶雲見，命圖以進。四月丙子，日正午，有黃暈四匝，其色鮮明。五月甲申朔，日食。六月戊寅，日將出，有氣如大道，經丑未，歷虛、危，東西不見首尾，移時沒。十二月己巳，北方有白氣，廣三尺餘，東西亘天。

元光元年十一月丁未，東北有赤雲如火。　二年五月辛未，日暈不匝而有背氣。九月庚子朔，日食。

哀宗正大二年正月甲申〔五〕，有黃黑祲。　三年三月庚午，省前有氣微黃〔六〕，自東北亘西南，其狀如虹，中有白物十餘，往來飛翔，又有光倏見如二星，移時方滅。　四年十一月乙未，日上有虹，背而向外者二，約長丈餘，兩旁俱有白虹貫之。是年六月丙辰，有白氣經天，或云太白入井。五年十二月庚子朔，日食。八年三月庚戌酉正，日忽白而失色，乍明乍暗，左右有氣似日而無光，與日相凌，而日光四出摇盪至没。

天興元年正月壬午朔，日有兩珥。三年正月己酉，日大赤無光，京、索之間雨血十餘里。是日，蔡城陷，金亡。

月五星凌犯及星變

太宗天會七年十一月甲寅，天旗明，河鼓直。十年閏四月丙申，熒惑入氐。八月辛亥，彗星出於文昌。十一年五月乙丑，月忽失行而南，頃之復故。七月己巳昏，有大星隕于東南，如散火。十二月丙戌，月食昴。

熙宗天會十三年十一月乙酉，月食，命有司用幣以救，著爲令。十四年正月辛巳，太白晝見，凡四十餘日伏。壬辰，熒惑入月。三月丁酉夜，中星摇。九月癸未，有星大如缶，起西南，流于正西。十一月己巳，狼星摇。十五年正月戊辰，歲星犯積尸氣。

天眷二年三月辛巳朔，歲星留逆在太微。五月戊子，太白晝見。八月丁丑，太白晝見。九月辛巳，犯軒轅左星；乙巳，犯左執法。十一月戊寅，入氐。三年七月壬戌，月犯畢。十二月壬午，月掩東井東轅南第一星。
皇統元年二月甲戌，月掩畢大星。二年十一月己酉，月犯軒轅大星。甲寅，月犯氐東北星。三年正月己丑，熒惑逆犯軒轅次北一星。二月乙丑，月犯畢大星。閏四月癸巳，月掩軒轅左角星。八月丙申，老人星見。九月丁丑，月犯軒轅大星。四年八月癸未，熒惑入輿鬼。五年四月丙申，彗星見於西北，長丈餘，至五月壬戌始滅。甲辰，熒惑犯左執法。六年九月戊寅，熒惑犯西垣上將。己丑，月犯軒轅第二星。七年正月辛未，彗星出東方，長丈餘，凡十五日滅。丁亥，太白經天。七月己巳，太白經天。庚辰，熒惑犯房第二星。十一月壬戌，歲星逆犯井東扇第二星。八年閏八月丙子，熒惑入太微垣。十月甲申，太白晝見。十一月壬辰，經天。十二月丙寅，太白晝見。九年二月癸亥，月掩軒轅第二星。七月甲辰，太白、辰星、歲星合于張。丁未，熒惑犯南斗第四星。八月壬子，又歷南斗第三星。
海陵天德元年十二月甲子，土犯東井東星。二年正月乙酉，月犯昴；壬辰，犯木；乙未，犯角。二月丙寅，犯心大星。九月乙亥，太白晝見，至明年正月辛卯後不見〔七〕。丁酉，月犯軒轅左角。十月乙丑，犯太微上將。十二月癸丑，犯昴。三年二月丙辰，月食。十月丁亥，月犯軒轅左角。四年正月癸卯，太白經天。二月乙亥，月掩鬼，犯鎮星。五月己亥，太白經天；丁巳，又經天。六月癸巳，太白犯井東第二星。八月辛未，太白犯軒轅大星。十一月甲辰，熒惑犯鈎鈐。丙午，月犯井北第一星。十二月乙卯朔，太白經天。丙子，月食。閏月己亥，太白經天〔八〕。

貞元元年正月辛丑〔九〕，月犯井東第一星。四月戊寅，有星如杯，自氐入於天市，其光燭地。十二月乙卯，太白經天。庚午，月食。閏月乙酉，太白經天。　二年正月庚申，太白經天。是夜，月掩昴。二月辛丑，犯心前星。三月辛巳，食〔一〇〕。七月癸丑，太白晝見，凡三十有三日伏。八月戊戌，熒惑入井，凡十一日而出。十一月甲子，月食。　三年八月乙酉，月犯牛。九月辛亥，犯建星。十一月戊午，掩井鉞星。

正隆二年正月庚辰，太白晝見，凡六十七日伏。　三年正月丁亥，有流星如杯，長二丈餘，其光燭地，出太微，没於梗河之北。二月乙卯〔一一〕，熒惑入鬼。辛巳，月食。甲午，月掩歲星〔一二〕；六月丁酉，犯氐。九月己未，太白經天，至明年正月二十一日不見。十二月戊申，月入氐。　四年九月壬寅，月掩軒轅右角。十一月壬辰，入畢，犯大星。十二月，太白晝見，凡七日。　五年正月，海陵問司天提點馬貴中曰：「朕欲自將伐宋，天道如何？」貴中對曰：「去年十月甲戌，熒惑順入太微，至屏星，留、退、西出。占書，熒惑常以十月入太微庭，受制出伺無道之國。又去年十二月，太白晝見經天，占爲兵喪、爲不臣、爲更主，又主有兵兵罷、無兵兵起。」甲午，月食。二月丁卯，太白晝見。四月甲戌，復見，凡百六十有九日乃伏。

六年七月乙酉，月食。九月丙申，太白晝見。先是，海陵問司天馬貴中曰：「近日天道何如？」貴中曰：「前年八月二十九日太白入太微右掖門，九月二日至端門，九日至左掖門出，並歷左右執法。太微爲天子南宮，太白兵將之象，其占：兵入天子之庭。」海陵曰：「今將征伐，而兵將出入太微，正其事也。」貴中又言：「當端門而出，其占爲受制，歷左右執法爲受事，此當有出使者，或爲兵，或爲賊。」海陵曰：「兵興之際，小賊固不能無也。」是歲，海陵南伐，遇弒。

世宗大定元年十月丙午，熒惑入太微垣，在上將東。丁巳，月犯井西扇北第二星。二年正月癸巳，太白晝見。閏二月戊寅，月掩軒轅大星；三月戊申，掩太微東藩南第一星；八月乙酉，犯井西扇北第二星；九月庚戌，犯畢距星。十月戊辰，有大星如太白，起室、壁間，没於羽林軍，尾跡長丈餘。

三年正月庚子，太白晝見，凡百有十日乃伏。五月辛丑，月入氐。七月庚戌，太白晝見，百二十有七日乃伏。八月丁未，月犯井距星。丙寅，太白晝見，經天。十月庚辰，月犯太微垣西上將星。十一月庚寅，太白晝見，經天。歲星入氐，凡二十四日伏。壬子，月入氐。

四年正月戊子，熒惑、歲星同居氐。己丑，熒惑出氐。二月壬午，歲星退入氐，凡二十九日。九月丙午，月犯軒轅大星北次星。十一月丙申，月食，既。十二月辛卯，太白晝見經天。癸卯，月掩房北第一星。　五年正月癸亥，月掩軒轅大星北次星。八月丁酉，犯井東扇第一星。十一月癸丑，熒惑入氐，凡二十一日。　六年二月丙申，月犯南斗東南第二星。三月己未，入氐。四月辛丑，太白晝見，八十有八日伏。六月，太白晝見；辛巳，經天〔一三〕。九月壬子，太白晝見，百有三日乃伏；丙辰，經天；十月壬辰，復晝見，經天。十一月辛亥，金入氐，凡七日。庚申，太白晝見，經天；十二月戊子，復見，經天。癸巳，月犯房北第二星。　七年十月乙巳，火入氐，凡四日。十一月壬申，太白晝見，九十有一日伏。丁丑，歲星晝見，二日。　八年正月癸未，月掩心大星。三月庚午，掩軒轅大星北一星。己丑，太白晝見，百五十有八日乃伏。五月丁卯，歲星晝見。八月甲午，太白犯軒轅大星。十月庚子，月掩熒惑。十一月庚午，犯昴。　九年正月戊寅，月掩心後星。四月庚子，掩心前星。八月癸卯，掩昴。十二月丙戌，犯土；丁酉，太白晝見，十有六日伏。　十年正月丙寅，月掩軒轅大星；七月庚子，犯五車東南星。八月戊申朔，木星掩熒惑，在參、畢間。　十一年二月壬戌，熒惑犯井東扇北第一星。八月癸卯，太白晝見。　十二年五月辛巳，月犯心後星；八月癸卯，犯心大星。辛亥，熒惑掩井東扇北第二星。九月丁亥〔一四〕，太白晝見，在日前，九十有八日伏。十月己酉，熒惑掩鬼西北星。歲星晝見，在日後，四十有七日伏。　十三年閏正月辛酉，太白晝見，四十有九日伏。二月己丑，熒惑犯鬼西北星。三月癸巳朔，入鬼；次日，犯積尸氣。六月辛未，月犯心前星。十月乙丑，歲星晝見於日後，五十有三日伏。十四年三月辛丑，太白、歲星晝見，十有八日伏；丙辰，二星經天，凡二日。六月己未，太白晝見，三十有九日。八月己卯，晝見，又百三十二日乃伏；庚辰，熒惑犯積尸氣。十月丙寅，歲星晝見，六日。十一月甲子，太白晝見〔一五〕，八十有六日伏。十二月乙丑，月掩井西扇北第一星。

十六年三月庚申，月食。五月甲寅，太白晝見，五十有四日伏；庚午，月掩太白。七月丁未，犯角宿距星；甲子，掩畢宿距星。八月丙子，太白犯軒轅大星。九月丁巳，月食。十月丁丑，熒惑入太微。十一月甲寅，月掩畢距星。戊辰，熒惑犯太微上將。十二月己丑，月掩太微左執法。

十七年春正月丙寅，熒惑犯太微西藩上相。九月庚戌，歲星、熒惑、太白聚於尾。十二月己巳，太白晝見，四十有四日伏。

十八年七月庚辰，土星犯井東扇北第二星。九月己丑，熒惑犯左執法。十二月甲午，鎮星掩井西扇北第一星，凡十日。

十九年正月甲戌，月食，既。三月甲戌，熒惑犯氐距星。四月丁巳，歲星晝見，凡七日。七月丙子，太白晝見，四十有五日伏。八月癸卯，犯軒轅御女；辛亥，熒惑掩南斗杓第二星。九月壬申，月掩畢大星。十一月辛未，熒惑掩歲星。十二月丁亥，月犯歲星。二十年二月己丑，月掩畢大星。三月丙辰，掩畢西第二星。

二十一年二月戊子，月犯鎮

星。戊戌，太白晝見。三月甲子，太白晝見。四月壬申，熒惑掩斗魁第二星，十有四日。六月甲戌，客星見于華蓋，凡百五十有六日滅。七月乙亥朔，熒惑順入斗魁中，五日。以下史闕。　二十二年五月甲申，太白晝見，六十有四日伏。七月戊子，歲星晝見，二日。八月戊辰，太白晝見，百二十有八日，其經天者六十四日。十一月辛未，熒惑行氐中。乙亥，太白入氐。辛巳夜，月食，既。癸未，熒惑、太白皆出氐中。十二月戊戌，熒惑犯鈎鈐。二十三年五月己卯，月食，既。九月甲申，歲星晝見，五十有五日伏。十月辛酉，太白晝見，百四十有九日乃伏。十一月丁卯，歲星晝見，三十有三日伏。閏十一月庚申，歲星晝見，九十日伏。　二十四年四月己未朔，太白晝見，百四十有五日乃伏。甲申，月掩太白。九月庚子，歲星犯軒轅太星，甲辰，晝見，凡五十二日伏。十月壬申，太白、辰星同度。二十五年三月乙酉，太白與月相犯。九月丁亥，月在斗魁中，犯西第五星。十一月庚辰朔，歲星晝見，在日後，凡七十四日。壬午，太白晝見，在日後，百十有一日乃伏。十二月己未，月犯熒惑。甲子，太白晝見經天。　二十六年三月丙戌，熒惑入井。鎮星犯太微東藩上相。壬辰，月食。四月丁丑，熒惑犯鬼西南星。七月丙申，月掩心前星。八月乙亥朔，日月五星會于軫。十二月乙未，月掩心前大星，又犯於後星。　二十七年五月壬子，月犯心太星。六月庚辰，太白晝見，百七十有三日乃伏。癸巳，月掩昴；七月丙午，犯房南第一星。是日，太白晝見經天。十月己丑，太白入氐。十二月丁丑，月掩昴〔一六〕。二十八年正月己未，歲星留於房；甲子，守房北第一星。十一月丙申，鎮星入氐。庚子，太白晝見，在日前，四十有九日伏。十二月壬申，月掩昴。二十九年正月丁酉，土星留氐中，三十有七日逆行，後七十九日出氐。五月庚寅朔，太白晝見，在日後。六月丙辰，月犯太白，月北星南，同在柳宿。十一月己未，熒惑守軒轅，至戊辰退行，其色稍怒。十二月辛丑，月食，既。

章宗明昌元年二月丁亥，太白晝見。六月丁酉，月食，既。十二月乙未，月食。二年六月壬辰，月食。十一月乙丑，金、木二星見在日前，十三日方伏而順行危宿，在羽林軍上、壘壁陣下〔一七〕，光芒明大。十二月戊子，木、金相犯，有光芒。三年三月戊戌，熒惑順行犯太微西藩上將〔一八〕。四月丁巳，月食；己未，熒惑掩右執法，色怒而稍赤。四年正月丙子，月有暈，白虹貫其中。八月己亥，卯初三刻，歲星見，未正二刻，太白見，俱在午位。其夜歲星留胃十三度，守天廩。十月戊申，月食〔一九〕。五年十月癸卯，月食。十一月癸丑，太白晝見，在日前，三十有三日伏。六年正月庚寅，太白晝見，在日前，百有二日乃伏。六月庚辰，復晝見，在日後，百六十七日，唯是日經天。

承安元年四月，司天奏河津星象事，上諭宰相曰：「天道不測，當預防之。」八月壬戌，月食。九月壬午，太白晝見，在日前，百有七日乃伏。二年二月丁巳，太白晝見，在日後，百九十有五日乃伏；己未，經天。是夜，月食，既。三年正月甲寅，月食。七月庚戌，月食。五年五月庚午，月食。六月庚戌，月掩太白。

泰和元年十一月辛酉，月食。二年五月己未，月食。三年三月癸未，月食。六月戊戌，太白晝見，在日後，百有十日乃伏。四年九月乙亥，月食。五年三月壬申，月食。閏八月己巳，月食〔二〇〕。六年五月甲申，太白晝見，在日前，七十有六日；庚戌，經天。六月辛未，歲星晝見，在日後。七月戊申，經天。八月癸卯，月暈圍太白、熒惑二星；辛亥，歲星辰見，至夜五更，與東井距星相去七寸內。癸丑，夜半有流星如太白，其色赤，起於婁宿。己未卯正初刻，太白晝見，在日前。其夜五更，熒惑與輿鬼、積尸氣相犯，在七寸內。庚申卯正初刻，太白晝見，在日後。其夜五更初，熒惑在輿鬼、積尸氣中。壬申，太白晝見，經天，在日後。十月丙午，歲星犯東井距星。十一月壬午，太白入氐。七年正月丙戌初更，月有暈圍歲、鎮二星，在參、畢間；辛卯，月食。三月癸丑，月掩軒轅大星。七月戊子，月食。九月己卯初更，月在南斗魁中。旦，歲星在輿鬼中。八年正月丙戌，月食。七月戊戌朔，太白晝見，在日後。八月壬戌，太白、歲星光芒相及，同在張一度。十一月庚子未刻，有流星如太白者二，光芒如炬，幾一丈，起東北沒東南。

衛紹王大安元年正月辛丑，有飛星如火，起天市垣，尾跡如赤龍之狀，移刻散。二月乙丑朔，太白晝見，經天。六月丁丑，月食。十月乙丑，月食熒惑。丙寅，歲星犯左執法。二年正月庚戌朔〔三二〕，日中有流星出，大如盆，其色碧，西行，漸如車輪，尾長數丈，没于濁中，至地復起，光散如火，移刻滅。二月，客星入紫微中，其光散如赤龍之狀。三年正月乙酉，熒惑入氐中，凡十有一日乃出。二月，熒惑犯房；閏月，犯鍵閉星；十月癸巳，犯壘壁陣。

崇慶元年春三月，日正午，日、月、太白皆相去咫尺。

宣宗貞祐元年十一月丙子，熒惑入壘壁陣。二年二月庚戌，月食。八月丁未，月食。九月丁亥，太白晝見於軫。十一月庚辰，鎮星犯太微東垣上相。辛巳，熒惑犯房、鈎鈐。三年七月庚申，有流星如太白，其色青白，有尾出紫微垣北極之旁，入貫索中。己卯，月入畢，至戌夜犯畢大星。八月辛丑，月食，既。十二月庚寅，太白晝見於危，八十有五日伏。四年正月乙卯夜，中天有流星大如日〔三三〕，色赤長丈餘，墜於西南，其聲如雷。二月己亥，月食。四月丁酉，太白晝見於奎，百九十有六日乃伏。六月丙申，歲星晝見於奎，百有一日乃伏。閏七月乙未，月食；辛丑，犯畢。十一月丙戌，月暈歲星，歲在奎，月在壁；己丑，犯畢大星。十二月戊午，復犯畢大星。

興定元年正月乙酉，月犯畢左股第二星。四月戊辰，太白晝見於井，百六十有二日乃伏。八月戊申，歲星晝見於昴，六十有七日伏。九月癸巳，月犯東井西扇第二星。十月癸丑，夜有流星大如杯，尾長丈餘，自軒轅起貫太微，没於角宿之上。十一月癸未，月暈歲星、熒惑二星，木在胃，火在昴。丙戌，太白晝見。十二月戊午，月食。二年六月乙卯，月食。八月壬戌，有流星大如杯，尾長丈餘，其光燭地，起建星没尾中。一云自東北至西北而墜，其光如塔狀[二三]，先有聲如風，後若雷者三，牕紙皆震。十月庚申，月犯軒轅左角之少民星。十二月壬子，月食，既[二四]。三年五月庚戌，月食，既。壬子，太白晝見於參，三十有六日經天，又百八十四日乃伏。七月壬寅初昏，有星自西南來，其光燭地，狀如月而稍不圓，色青白，有小星千百環之，若迸火然，墜於東北，少頃有聲如鼓。八月丁卯，歲星犯輿鬼東南星。己巳，歲星晝見於柳，百有九日乃伏。十一月乙巳，月食[二五]。癸丑，白虹二，夾月，尋復貫之。四年正月庚子，月犯東井。三月甲寅，歲星犯鬼、積尸氣。五月甲辰，月食。六月戊辰，犯鎮星；己巳，太白晝見於張，百八十有四日乃伏。十一月壬辰，歲星晝見于翼，六十有七日，夜又犯靈臺北第一星。五年正月辛丑，太白晝見於牛，二百三十有二日乃伏。司天夾谷德玉等奏以爲臣强之象，請致祭以禳之。宣宗曰：「斗、牛吳分，蓋宋境也。他國有災，吾禳之可乎。」九月庚戌，歲星犯左執法。閏十二月戊子，熒惑犯軒轅；甲午，月犯熒惑；戊戌，鎮星晝見于軫。己亥，太白晝見於室。　六年正月辛酉，月犯熒惑；壬戌，犯軒轅。三月壬子，月食太白；癸亥，月食；丙寅，歲星犯太微左執法[二六]。七月乙亥，太白經天，與日爭光。八月己卯，彗星出於亢宿右攝提、周鼎之間，指大角。太史奏：「除舊布新之象，宜改元修政以消天變。」於是，改是年爲元光元年。九月丁未，滅；壬申，月食歲星。

元光二年八月乙亥，熒惑入輿鬼，掩積尸氣。十月壬午，犯靈臺。十一月，又犯心大星。

哀宗正大元年正月丙午，月犯昴。三月癸丑，犯熒惑。是月，熒惑逆行犯左執法。四月癸酉，熒惑犯右執法；乙未，太白、辰星相犯。　三年十一月丙辰，月掩熒惑；丁巳，熒惑犯歲星；庚申，犯壘壁陣；癸酉，五星並見於西南。十二月，熒惑入月。　四年正月壬戌，熒惑犯太白。六月丙辰，太白入井。七月丁亥，熒惑犯斗從西第二星。　五年五月乙酉，月掩心大星。　七年十月己巳，月暈，至五更復有大連環貫之，絡北斗，內有戟氣。十二月庚寅，有星出天津下，大如鎮星而色不明，初犯輦道，二日見於東北，在織女南；乙未，入天市垣，戊申方出；癸丑，歷房北，復東南行，入積薪，凡二十五日而滅。

天興元年七月乙巳，太白、歲星、熒惑、太陰俱會於軫、翼，司天武亢極言天變，上惟歎息，竟亦不之罪也。八月甲戌，太白、歲星交。閏九月己酉，彗星見東方，色白，長丈餘，彎曲如象牙，出角、軫南行，至十二日長二丈，十六日月燭不見，二十七日五更復出東南，約長四丈餘，至十月一日始滅，凡四十有八日〔二七〕。司天奏其咎在北，哀宗曰：「我亦北人，今日之事我當滅也，何乃不先不後適丁此乎。」

校勘記

〔一〕十三年正月丙午朔日食　按，是年即宋紹興五年。宋史卷二八高宗紀五作「五年春正月乙巳朔，日有食之」，同書卷五二天文志五日食同。據劉次沅考證，作「乙巳」是。

〔二〕白虹貫日　「日」，原作「之」，據北監本、殿本、局本改。按，本書卷五海陵紀亦作是年十一月丙戌「白虹貫日」。

〔三〕北方微有赤氣　「微」，原作「徵」，據南監本、北監本、殿本、局本改。

〔四〕十一月丙申　「十一」，原作「十二」。按，殿本考證：「案原文作『十二月』。考宣宗本紀，是年十二月朔日丁酉，則丙申乃十一月之晦日，前此十月爲丁酉朔，後此正月爲丁卯朔，則十二月爲十一月之誤無疑。」今據改。

〔五〕哀宗正大二年正月甲申　「正月甲申」，原作「二月甲寅」。按，殿本考證：「案原本作『二月甲寅』。本紀、五行志俱作『正月甲申』。」今據改。

〔六〕省前有氣微黃　「省」字或是「日」字之誤。

〔七〕至明年正月辛卯後不見　「後不見」，永樂大典卷七八五六「庚」字韻下星「太白星」條引作「伏不見」，文義爲優。

〔八〕十二月乙卯朔太白經天丙子月食閏月己亥太白經天　以上二十二字與下年所記重複。按，天德四年十二月無乙卯，該年無閏月。此兩條太白經天似衍自下年。

〔九〕貞元元年正月辛丑　「元年」，原作「二年」，據北監本、殿本、局本改。按，下文有「二年」，故此處有誤。

〔一〇〕三月辛巳食　南監本、北監本、殿本、局本「辛巳」後並有「月」字。按，是月甲寅朔，辛巳是二十八日。「食」下疑脱被食星名。

〔一一〕二月乙卯　「乙卯」，原作「己卯」。按，正隆三年二月壬辰朔，無己卯。宋史卷五五天文志八熒惑，紹興「二十八年二月癸丑，順行犯輿鬼。乙卯，又如之」。今據改。

〔一二〕辛巳月食甲午月掩歲星　按，是年二月壬辰朔，無辛巳。三月辛酉朔，辛巳是二十一日，非月食之日。劉次沅考證據天文計算顯示，疑此處當繫於「二年三月」下。

〔一三〕六月太白晝見辛巳經天　按，本書卷六世宗紀上，大定六年「六月辛巳，太白晝見，經天」，疑此處「辛巳」應移至「六月」下，抑或「六月」下干支脱。

〔一四〕九月丁亥　「九月」二字原脱。按，本書卷七世宗紀中，大定十二年九月「丁亥，太白晝見，在日前」。今據補。

〔一五〕十一月甲子太白晝見　按，本書卷七世宗紀中，大定十四年十一月甲申朔，是月無甲子。劉次沅考證據天文計算顯示，作「甲申」或「甲午」是，疑此處「甲子」乃「甲申」或「甲午」之誤。

〔一六〕月掩昴　「昴」，原作「卯」，據北監本、殿本、局本改。

〔一七〕十三日方伏而順行危宿在羽林軍上壘壁陣下　據劉次沅考證，此句中「伏」當作「合」。

〔一八〕熒惑順行犯太微西藩上將　「太微」，原作「太徵」，據南監本、北監本、殿本、局本改。

〔一九〕十月戊申月食　「十月」，原作「九月」。按，本書卷一〇章宗紀二，是年九月甲子朔，無戊申。十月甲午朔，戊申是十五日。高麗史卷四八天文志，明宗二十三年十月「戊申，月食」。今據改。

〔二〇〕閏八月己巳月食　「閏」字原脱。按，是年八月丙戌朔，無己巳。本書卷一二章宗紀四，「閏月乙卯朔」，己巳是十五日。今據補。

〔二一〕二年正月庚戌朔　按，本書卷一三衛紹王紀同。然依長術是年正月庚寅朔，庚戌是二十一日。此事如在朔日，則「戌」字當改作「寅」；如在二十一日，又當删「朔」字。今無可考。

〔二二〕中天有流星大如日　「日」，原作「十」，據南監本、北監本、殿本、局本改。按，古代天象記録中，屢有記星體，甚至流星如日者。

〔二三〕一云自東北至西北而墜其光如塔狀　「西北」，南監本、北監本、殿本、局本並作「西南」；「光」，原作「先」，據北監本、殿本、局本改。

〔二四〕十二月壬子月食既　「十二」，原作「十一」。按，本書卷一五宣宗紀中，興定二年「十二月己亥朔」，壬子是十二月十四日。又宋史卷五二天文志五月食，嘉定十一年「十二月壬子，月食，既」。高麗史卷四八天文志，高宗五年「十二月壬子，月食」。今據改。

〔二五〕十一月乙巳月食　按，本書卷一五宣宗紀中，興定三年「十一月癸巳朔」，乙巳是十三日，非月食之日。宋史卷五二天文志五月食，嘉定十二年「十一月丙午，月食」。高麗史卷四八天文志，高宗六年「十一月丁未，月食」。蓋食在丙午夜半之後，本志誤先一日。

〔二六〕癸亥月食丙寅歲星犯太微左執法　「癸亥」上原有「四月」二字。按，是年四月己卯朔，無癸亥、丙寅。本書卷一六宣宗紀下，元光元年三月「丙寅，歲星犯太微左執法」。宋史卷五二天文志五月食，嘉定「十五年三月癸亥，月當食于氐，既，雲陰不見」。高麗史卷四八天文志，高宗九年三月「癸亥，月食。丙寅，歲星入太微，犯右執法」。今據删「四月」二字。

〔二七〕凡四十有八日　按，本書卷一八哀宗紀下，天興元年「九月戊寅朔」，「閏月戊申朔」，己酉是閏月二日，至十月一日丁丑凡二十八日。據此，「四」當是「二」字之誤。

金史卷二十一

志第二

曆上

步氣朔　步卦候　步日躔　步晷漏

昔者聖人因天道以授人時，釐百工以熙庶政，步推之法，其來尚矣。自漢太初迄于前宋，治曆者奚啻七十餘家，大概或百年或數十年，率一易焉。蓋日月五星盈縮進退，與夫天運，至不齊也，人方製器以求之，以俾其齊，積寡至多不能無爽故爾。

金有天下百餘年，曆惟一易。天會五年，司天楊級始造大明曆，十五年春正月朔，始頒行之。其法，以三億八千三百七十六萬八千六百五十七爲曆元，五千二百三十爲日法。然其所本，不能詳究，或曰因宋紀元曆而增損之也。正隆戊寅三月辛酉朔，司天言日當食，而不食。大定癸巳五月壬辰朔，日食，甲午十一月甲申朔，日食，加時皆先天。丁酉九月丁酉朔，食乃後天。由是占候漸差，乃命司天監趙知微重修大明曆，十一年曆成〔一〕。時翰林應奉耶律履亦造乙未曆。二十一年十一月望，太陰虧食，遂命尚書省委禮部員外郎任忠傑與司天曆官驗所食時刻分秒，比校知微、履及見行曆之親疎，以知微曆爲親，遂用之。明昌初，司天又改進新曆〔二〕，禮部郎中張行簡言：「請俟他日月食，覆校無差，然後用之。」事遂寢。是以終金之世，惟用知微曆，我朝初亦用之，後始改授時曆焉。今其書存乎太史，采而録之，以爲曆志。

步氣朔第一

演紀：上元甲子距今大定庚子，八千八百六十三萬九千六百五十六年。

日法：五千二百三十分。

歲實：一百九十一萬二百二十四分。

通餘：二萬七千四百二十四分。

朔實：一十五萬四千四百四十五分。

通閏：五萬六千八百八十四分。

歲策：三百六十五日，餘一千二百七十四分。
朔策：二十九日，餘二千七百七十五分。
氣策：一十五日，餘一千一百四十二分，六十秒。
望策：一十四日，餘四千二分，四十五秒。
象策：七日，餘二千一分〔三〕，二十二秒半。
没限：四千八十七分，三十秒。
朔虚分：二千四百五十五分。
旬周：三十一萬三千八百分。
紀法：六十。
秒母：九十。

求天正冬至

置上元甲子以來積年，歲實乘之，爲通積分。滿旬周去之，不盡以日法約之爲日，不盈爲餘。命甲子筭外，即所求天正冬至日大小餘。

求次氣

置天正冬至大小餘，以氣策累加之，秒盈秒母從分，分滿日法從日，即得次氣日及餘秒。

求天正經朔

以朔實去通積分，不盡爲閏餘，以減通積分爲朔積分〔四〕。滿旬周去之，不盡如日法而一爲日，不盈爲餘，即所求天正經朔大小餘也。

求弦望及次朔

置天正經朔大小餘，以象策累加之，即各得弦、望及次朔經日及餘秒也。

求没日

置有没之恒氣小餘，如没限已上，爲有没之氣。以秒母乘之，内其秒，用減四十七萬七千五百五十六，餘滿六千八百五十六而一，所得併恒氣大餘，命爲没日。

求滅日

置有滅之朔小餘，經朔小餘不滿朔虚分者。六因之，如四百九十一而一，所得併經朔大餘，命爲滅日。

步卦候第二

候策：五，餘三百八十，秒八十。

卦策：六，餘四百五十七，秒六。
貞策：三，餘二百二十八，秒四十八。
秒母：九十。
辰法：二千六百一十五〔五〕。
半辰法：一千三百七半。
刻法：三百一十三，秒八十。
辰刻：八，一百四分，秒六十。
半辰刻：四，五十二分，秒三十。
秒母：一百。

求七十二候

置中氣大小餘，命之爲初候，以候策累加之，即次候及末候也。

求六十四卦

置中氣大小餘，命之爲公卦；以卦策累加之，得辟卦；又加之，得侯内卦。以貞策加之，得節氣之初，爲侯外卦；又以貞策加之，得大夫卦。又以卦策加之，爲卿卦。

求土王用事

以貞策減四季中氣大小餘，即土王用事日也。

求發斂

置小餘，以六因之，如辰法而一爲辰。如不盡，以刻法除之爲刻。命子正筭外，即得加時所在辰刻及分。如加半辰法，即命子刻初。

二十四氣卦候

恒氣月中節四正卦	初候	次候	末候	始卦	中卦	終卦
冬至十一月中，坎初六。	蚯蚓結	麋角解	水泉動	公中孚	辟復	侯屯內
小寒十二月節，坎九二。	鴈北鄉	鵲始巢	野雞始雊	侯屯外	大夫謙	卿睽
大寒十二月中，坎六三。	鷄始乳	鷙鳥厲疾	水澤腹堅	公升	辟臨	侯小過內
立春正月節，坎六四。	東風解凍	蟄蟲始振	魚上冰	侯小過外	大夫蒙	卿益
雨水正月中，坎九五。	獺祭魚	鴻鴈來	草木萌動	公漸	辟泰	侯需內
驚蟄二月節，坎上六。	桃始華	倉庚鳴	鷹化爲鳩	侯需外	大夫隨	卿晉

春分二月中，震初九。	玄鳥至	雷乃發聲	始電	公解	辟大壯	侯豫内
清明三月節，震六二。	桐始華	田鼠化爲鴽	虹始見	侯豫外	大夫訟	卿蠱
穀雨三月中，震六三。	萍始生	鳴鳩拂其羽	戴勝降于桑	公革	辟夬	侯旅内
立夏四月節，震九四。	螻蟈鳴	蚯蚓出	王瓜生	侯旅外	大夫師	卿比
小滿四月中，震六五。	苦菜秀	靡草死	小暑至	公小畜	辟乾	侯大有内
芒種五月節，震上六。	螳螂生	鵙始鳴	反舌無聲	侯大有外	大夫家人	卿井
夏至五月中，離初九。	鹿角解	蜩始鳴	半夏生	公咸	辟姤	侯鼎内
小暑六月節，離六二。	温風至	蟋蟀居壁	鷹乃學習	侯鼎外	大夫豐	卿渙
大暑六月中，離九三。	腐草化爲螢	土潤溽暑	大雨時行	公履	辟遯	侯恒内
立秋七月節，離九四。	涼風至	白露降	寒蟬鳴	侯恒外	大夫節	卿同人
處暑七月中，離六五。	鷹乃祭鳥	天地始肅	禾乃登	公損	辟否	侯巽内

白露八月節，離上九。	鴻鴈來	玄鳥歸	羣鳥養羞	侯巽外	大夫萃	卿大畜
秋分八月中，兑初九。	雷乃收聲	蟄蟲坏户	水始涸	公賁	辟觀	侯歸妹内
寒露九月節，兑九二。	鴻鴈來賓	雀入大水化爲蛤	鞠有黄華	侯歸妹外	大夫無妄	卿明夷
霜降九月中，兑六三。	豺乃祭獸	草木黄落	蟄蟲咸俯	公困	辟剥	侯艮内
立冬十月節，兑九四。	水始冰	地始凍	野鷄入水化爲蜃	侯艮外	大夫既濟	卿噬嗑
小雪十月中，兑九五。	虹藏不見	天氣上升地氣下降	閉塞而成冬	公大過	辟坤	侯未濟内
大雪十一月節，兑上六。	鶡鳥不鳴	虎始交	荔挺出	侯未濟外	大夫蹇	卿頤

步日躔第三

周天分：一百九十一萬二百九十三分，五百三十秒。

歲差：六十九，五百三十秒。秒母一萬。

周天度：三百六十五度，二十五分，六十八秒。

象限：九十一，三十一分，九秒〔六〕。

二十四氣日積度及盈縮

恒氣	日積度分秒	損益率	初末率	日差	盈縮積
冬至	空	益七千五十九	初四百九十八 八十 六十五 末四百二十八〔七〕 八十八 一十一	四 九十一 七十九	盈空
小寒	一十五 九十二 四十三	益五千九百二十	初四百二十五 八十九 七十二 末三百五十二 一十 四十一	五 一十八 九十九	盈七千五十九
大寒	三十一 七十三 四十八	益四千七百一十八	初三百四十八 八十四 八十 末二百七十一 一十八 七十四	五 四十六 一十九	盈一萬二千九百七十九
立春	四十七 四十二 五十一	益三千四百五十三	初二百六十七 六十二 八十六 末一百八十六 一十六 一十六	五 七十二 九十六	盈一萬七千六百九十七
雨水	六十二 九十八 八十九	益二千一百二十六	初一百八十二 二十七 三十八 末九十七 一十二 三十二	五 九十八 八十七	盈二萬一千一百五十
驚蟄	七十八 四十二 空	益七百三十九	初九十一 一十三 四十六 末五 九十八 四十	五 九十八 八十七	盈二萬三千二百七十六〔八〕
春分	九十三 七十一 二十四	損七百三十九	初五 九十八 四十 末九十一 一十三 四十六	五 九十八 八十七	盈二萬四千一十五
清明	一百八 八十五 六十九	損二千一百二十六	初九十八 九十六 五十 末一百八十 四十三 二十	五 七十二 九十六	盈二萬三千二百七十六

穀雨	一百二十三 八十六 二十八	損三千四百五十三	初一百八十八 六 四十八 末二百六十五 七十二 五十四	五 四十六 一十九	盈二萬一千一百五十
立夏	一百三十八 七十三 六十	損四千七百一十八	初二百七十三 一十一 九十七 末三百四十六 九十一 四十三〔九〕	五 一十八 九十九	盈一萬七千六百九十七
小滿	一百五十三 四十八 二十七	損五千九百二十	初三百五十四 三 七十九 末四百二十三 九十六 三十二〔一〇〕	四 九十一 七十九	盈一萬二千九百七十九
芒種	一百六十八 一十 九十二	損七千五十九	初四百二十八 八十八 一十二〔一一〕 末四百九十八 八十 六十五	四 九十一 七十九	盈七千五十九
夏至	一百八十二 六十二 一十八	益七千五十九	初四百九十八 八十 六十五 末四百二十八 八十八 一十一	四 九十一 七十九	縮空
小暑	一百九十七 一十三 四十三	益五千九百二十	初四百二十五 八十九 七十二 末三百五十二 一十 四十一	五 一十八 九十九	縮七千五十九
大暑	二百一十一 七十六〔一二〕 八	益四千七百一十八	初三百四十八 八十四 八十 末二百七十一 一十八 七十四	五 四十六 一十九	縮一萬二千九百七十九
立秋	二百二十六 五十 七十五〔一三〕	益三千四百五十三	初二百六十七 六十二 八十六〔一四〕 末一百八十六 一十六 一十六	五 七十二〔一五〕 九十六	縮一萬七千六百九十七
處暑	二百四十一 三十八 七	益二千一百二十六	初一百八十二 二十七 三十八 末九十七 一十二 三十二	五 九十八 八十七	縮二萬一千一百五十
白露	二百五十六 三十八 六十六	益七百三十九	初九十一 一十三〔一六〕 四十六 末五 九十八 四十	五 九十八 八十七	縮二萬三千二百七十六
秋分	二百七十一 五十三 十二	損七百三十九	初五 九十八 四十 末九十一 一十三 四十六	五 九十八 八十七	縮二萬四千一十五

寒露	二百八十六 八十二 三十五	損二千一百二十六	初九十八 九十六 五十 末一百八十 四十三 二十	五 七十二 九十六	縮二萬三千二百七十六
霜降	三百二 二十五 四十六	損三千四百五十三〔一七〕	初一百八十八 六 四十八〔一八〕 末二百六十五 七十二 五十四	五 四十六 一十九	縮二萬一千一百五十〔一九〕
立冬	三百一十七 八十一 八十四	損四千七百一十八	初二百七十三 一十一 九十七〔二〇〕 末三百四十六 九十一 四十三	五 一十八 九十九	縮一萬七千六百九十七
小雪	三百三十三 五十 八十七	損五千九百二十〔二一〕	初三百五十四 三 七十九 末四百二十三 九十六 三十二	四 九十一 七十九	縮一萬二千九百七十九
大雪	三百四十九 三十一 九十二	損七千五十九	初四百二十八 八十八 一十一 末四百九十八 八十〔二二〕 六十五	四 九十一 七十九	縮七千五十九

二十四氣中積及朓朒

恒氣	中積 經分 約分	損益率	初末率	日差	朓朒積
冬至	空	益二百七十六	初一十九 四十八 六十四 末一十六 七十八 五十二	一十九 空	朒空
小寒	十五日 一千一百四十二 二十一 六十 八十四	益二百三十二	初一十六 六十八 七十四 末一十三 八十〔二三〕 一十九	二十二 十九	朒二百七十六
大寒	三十 二千二百八十五 四十三 三十 六十九	益一百八十五	初一十三 六十九 一十一 末十 六十二 一十四〔二四〕	二十一 五十九	朒五百八
立春	四十五 三千四百二十八 六十五 五十四	益一百三十五〔二五〕	初十 四十六 七十 末七 二十七 四十五	二十二 四十五	朒六百九十三

雨水	六十 四千五百七十〔二六〕 八十七	六十 三十九	益八十三	初七 末三	一十一 七十九	一十四 六十三	二十三 三十二	朒八百二十八
驚蟄	七十六 四百八十三 九	三十〔二七〕 二十四	益二十九	初三 末空	五十六〔二八〕 二十四	三十一 八十	二十三 三十二	朒九百一十一
春分	九十一 一千六百二十六 三十一	九	損二十九	初空 末三	二十四 五十六	八十 三十一	二十三 三十二	朒九百四十
清明	一百六 二千七百六十八 五十二	六十〔二九〕 九十三	損八十三	初三 末七	八十五 五	七十六 一	二十二 四十五	朒九百一十一
穀雨	一百二十一 三千九百一十一 七十四	三十 七十八	損一百三十五	初七 末一十	三十三 四十	五十九 五十六	二十一 五十九	朒八百二十八
立夏	一百三十六 五千五十四 九十六	六十三	損一百八十五	初十 末一十三	七十一〔三〇〕 五十九	三十六 九十一	二十二 二十九	朒六百九十三
小滿	一百五十二 九百六十六 一十八	六十〔三一〕 四十八	損二百三十二	初一十三 末十六	八十九 五十九	四十 五十二	一十九 空	朒五百八
芒種	一百六十七 二千一百九 四十	三十〔三二〕 三十三	損二百七十六	初十六 末一十九	七十八 四十八	五十二 六十四	一十九 空	朒二百七十六
夏至	一百八十二 三千二百五十二〔三三〕 六十二	一十八	益二百七十六	初十九 末一十六	四十八 七十八	六十四 五十二	一十九 空	朓空
小暑	一百九十七 四千三百九十四 八十四	六十 二	益二百三十二	初一十六 末一十三	六十八 八十	七十四 一十九	二十二 二十九	朓二百七十六
大暑	二百一十三 三百七 五	三十〔三四〕 八十七	益一百八十五	初十三 末十	六十九 六十二〔三五〕	一十一 一十四	二十一 五十九	朓五百八

立秋	二百二十八 一千四百五十 二十七　七十二	益一百三十五	初十 末七　四十六 二十七　七十 四十五	二十二 四十五	朓六百九十三
處暑	二百四十三 二千五百九十二 四十九　六十 五十七〔三六〕	益八十三	初七 末三　一十一 七十九　一十四 六十三	二十三 三十二	朓八百二十八
白露	二百五十八 三千七百三十五 七十一　三十 四十二〔三七〕	益二十九	初三 末空　五十六 二十四　三十一 八十	二十三 三十二	朓九百一十一
秋分	二百七十三 四千八百七十八 九十三　二十七	損二十九	初空 末三〔三八〕　二十四 五十六　八十 三十一	二十三 三十二	朓九百四十
寒露	二百八十九 七百九十 一十五　六十 一十二	損八十三	初三 末七　八十五〔三九〕 五　七十六 一	二十二 四十五	朓九百一十一
霜降	三百四 一千九百三十三 三十六　三十〔四〇〕 九十六	損一百三十五	初七 末十　三十三 四十　五十九 五十六	二十一 五十九	朓八百二十八
立冬	三百一十九 三千七十六 五十八　八十一	損一百八十五	初十 末一十三　七十一 五十九　三十六 九十一	二十二 十九	朓六百九十三
小雪	三百三十四 四千二百一十八 八十　六十 六十六	損二百三十二	初十三 末十六　八十九 五十九　四十〔四二〕 五十二	一十九空	朓五百八
大雪	三百五十 一百三十一 二　三十 五十一〔四二〕	損二百七十六	初十六 末一十九〔四三〕　七十八 四十八　五十二 六十四	一十九空	朓二百七十六

求每日盈縮朓朒

各置其氣損益率，求盈縮用盈縮之損益，求朓朒用朓朒之損益。六因，如象限而一，爲氣中率。與後氣中率相減，爲合差。半合差加減其氣中率，爲初末汎率。至後：加初，減末。分後：減初，加末。又置合差，六因，如象限而一，爲日差。半之，加減初末汎率，爲初末定率。至後：減初，加末。分後：加初，減末。以日差累加減其氣初末定率，爲每日損益分。至後減，分後加。各以每日損益分加減氣下盈縮、朓朒，爲每日盈縮、朓朒。二分前一氣無後率相減爲合差者，皆用前氣合差。

求經朔弦望入氣

置天正閏餘〔四四〕，以日法除爲日，不滿爲餘。如氣策已下〔四五〕，以減氣策，爲入大雪氣〔四六〕。已上去之，餘亦減氣策，爲入小雪氣。即得天正經朔入氣日及餘也。以象策累加之，滿氣策去之，即得弦、望入次氣日及餘。因加，後朔入氣日及餘也。

求每日損益、盈縮、朓朒

以日差益加減損加減其氣初損益率，爲每日損益率。馴積損益其氣盈縮、朓朒積，爲每日盈縮、朓朒積。

求經朔弦望入氣朓朒定數

各以所入恒氣小餘，以乘其日損益率，如日法而一〔四七〕，以所得損益其下朓朒積爲定數。

赤道宿度

斗二十五度　牛七度少　女十一度少　虛九度少　秒六十八　危十五度半　室十七度　壁八度太

右北方七宿九十四度　秒六十八

奎十六度半　婁十二度　胃十五度　昴十一度少　畢十七度少　觜半度　參十度半

右西方七宿八十三度

井三十三度少　鬼二度半　柳十三度太　星六度太　張十七度少　翼十八度太　軫十七度

右南方七宿一百九度少

角十二度　亢九度少　氐十六度　房五度太　心六度少　尾十九度少　箕十度半

右東方七宿七十九度

求冬至赤道日度

置通積分，以周天分去之，餘日法而一爲度，不滿退除爲分秒。以百爲母。命起赤道虛宿七度外去之，至不滿宿，即所求年天正冬至加時日躔赤道宿度及分秒〔四八〕。

求春分夏至秋分赤道日度

置天正冬至加時赤道日度，累加象限，滿赤道宿次去之，即各得春分、夏至、秋分加時日在宿度及分秒〔四九〕。

求四正赤道宿積度

置四正赤道宿全度，以四正赤道日度及分減之，餘爲距後度。以赤道宿度累加之，各得四正後赤道宿積度及分。

求赤道宿積度入初末限

視四正後赤道宿積度及分，在四十五度六十五分秒五十四半已下爲入初限，已上者用減象限，餘爲入末限。

求二十八宿黄道度

以四正後赤道宿入初末限度及分，減一百一度，餘以初末限度及分乘之，進位，滿百爲分，分滿百爲度。至後以減、分後以加赤道宿積度，爲其宿黄道積度。以前宿黄道積度減之，其四正之宿，先加象限，然後前宿減之。爲其宿黄道度及分。其分就近約爲太、半、少。

黄道宿度

斗二十三度　牛七度　女十一度　虚九度少　秒六十八　危十六度　室十八度少　壁九度半

右北方七宿九十四度六十八秒

奎十七度太　婁十二度太　胃十五度半　昴十一度　畢十六度半　觜半度　參九度太

右西方七宿八十三度太　一百七十七、七十五、六十八

井三十度半　鬼二度半〔五〇〕　柳十三度少　星六度太　張十七度太　翼二十度　軫十八度半

右南方七宿一百九度少　二百八十七、六十八〔五一〕

角十二度太　亢九度太　氐十六度少　房五度太　心六度　尾十八度少　箕九度半

右東方七宿七十八度少　三百六十五、二十五、六十八

前黄道宿度，依今曆歲差所在筭定。如上考往古，下驗將來，當據歲差，每移一度，依術推變當時宿度，然後可步七曜〔五二〕，知其所在。

求天正冬至加時黄道日度

以冬至加時赤道日度及分秒，減一百一度，餘以冬至赤道日度及分秒乘之，進位，滿百爲分，分滿百爲度。命曰黄赤道差〔五三〕。用減冬至加時赤道日度及分秒，即所求年天正冬至加時黄道日度及分秒。

求二十四氣加時黄道日度

置所求年冬至日躔黄赤道差，以次年黄赤道差減之，餘以所求氣數乘之，二十四而一，所得以加其氣中積及約分，又以其氣初日盈縮數盈加縮減之，用加冬至加時黄道日度，依宿次去之，即各得其氣加時黄道日躔宿度及分秒。如其年冬至加時赤道宿度空分秒在歲差已下者〔五四〕，即加前宿全度，然後求黄赤道差〔五五〕，餘依術筭。

求二十四氣每日晨前夜半黄道日度

副置其氣小餘，以其氣初日損益率乘之，盈縮之損益。萬約之爲分，應益者盈加縮減，應損者盈減縮加其副，日法除之爲度，不滿退除爲分秒，以減其氣加時黄道日度，即各得其氣初日晨前夜半黄道日度。每日加一度，以百約每日損益率，盈縮之損益。應益者盈加縮減，應損者盈減縮加，爲每日晨前夜半黄道日度及分秒。

求每日午中黄道日度

置一萬分，以所入氣日盈縮損益率，應益者盈加縮減，應損者盈減縮加，皆加減損益率，餘半之，滿百爲分，不滿爲秒，以加其日晨前夜半黄道日度，即其日午中日躔黄道宿度及分秒。

求每日午中黄道積度

以二至加時黄道日度，距至所求日午中黄道日度，爲入二至後黄道積度及分秒〔五六〕。

求每日午中黄道入初末限

視二至後黄道積度，在四十三度一十二分秒八十七已下爲初限，已上，用減象限，餘爲入末限。其積度滿象限去之，爲二分後黄道積度，在四十八度一十八分秒二十二已下爲初限，已上，用減象限，餘爲入末限。

求每日午中赤道日度

以所求日午中黄道積度，入至後初限，分後末限，度及分秒，進三位，加二十萬二千五十少，開平方除之，所得，減去四百四十九半，餘在初限者，直以二至赤道日度加而命之。在末限者，以減象限，餘以二分赤道日度加而命之。即每日午中赤道日度。以所求日午中黄道積度，入至後末限，分後初限，度及分秒，進三位，用減三十萬三千五十少，開平方除之，所得，以減五百五十半，其在初限者，以所減之餘，直以二分赤道日度加而命之。在末限者，以減象限，餘以二至赤道日度加而命之。即每日午中赤道日度。

太陽黄道十二次入宫宿度

雨水　危十三度三十九分五十九秒外，入衛分，陬訾之次，辰在亥。

春分　奎二度三十五分八十五秒外，入魯分，降婁之次，辰在戌。

穀雨　胃四度二十四分三十三秒外，入趙分，大梁之次，辰在酉。

小滿　畢七度九十六分六秒外，入晉分，實沈之次，辰在申。

夏至　井九度四十七分一十秒外，入秦分，鶉首之次，辰在未。

大暑　柳四度九十五分一十六秒外，入周分，鶉火之次，辰在午。

處暑　張十五度五十六分三十五秒外，入楚分，鶉尾之次，辰在巳。

秋分　軫十度四十四分五秒外，入鄭分，壽星之次，辰在辰。

霜降　氐一度七十七分七十七秒外，入宋分，大火之次，辰在卯。

小雪　尾三度九十七分九十二秒外，入燕分，析木之次，辰在寅。

冬至　斗四度三十六分六十六秒外〔五七〕，入吴越分，星紀之次，辰在丑。

大寒　女二度九十一分九十一秒外，入齊分，玄枵之次，辰在子。

求入宮時刻

各置入宮宿度及分秒，以其日晨前夜半日度減之，相近一度之間者求之。餘以日法乘其分，其秒從於下，亦通乘之，爲實；以其日太陽行分爲法，實如法而一，所得，依發斂加時求之，即得其日太陽入宮時刻及分秒。

步晷漏第四

中限：一百八十二日，六十二分，一十八秒。

冬至初限，夏至末限：六十二日，二十分。

夏至初限，冬至末限：一百二十日，四十二分。

冬至地中晷影常數：一丈二尺八寸三分。

夏至地中晷影常數：一尺五寸六分。
周法：一千四百二十八。
内外法：一萬八百九十六。
半法：二千六百一十五。
日法四分之三：三千九百二十二半。
日法四分之一：一千三百七半。
昏明分：一百三十分，七十五秒。
昏明刻：二刻，一百五十六分，九十秒。
刻法：三百一十三分，八十秒。
秒母：一百。

求午中入氣中積

置所求日大餘及半法，以所入之氣大小餘減之，爲其日午中入氣。以加其氣中積，爲其日午中中積。小餘以日法除爲約分。

求二至後午中入初末限

置午中中積及分，如中限已下，爲冬至後。已上，去中限，爲夏至後。其二至後，如在初限已下，爲初限。已上，覆減中限，餘爲入末限也。

求午中晷影定數

視冬至後初限、夏至後末限，百通日，内分，自相乘，副置之。以一千四百五十除之，所得加五萬三百八十〔五八〕，折半限分併之；除其副爲分。分滿十爲寸，寸滿十爲尺，用減冬至地中晷影常數〔五九〕，爲所求晷影定數。視夏至後初限、冬至後末限，百通日，内分，自相乘爲上位。下置入限分，以二百二十五乘，百約之〔六〇〕，加一十九萬八千七十五爲法。夏至前後半限已上者，減去半限，列於上位。下位置半限。各百通日，内分，先相減，後相乘。以七千七百除之，所得以加其法。反除上位，爲分。分滿十爲寸，寸滿十爲尺，用加夏至地中晷影常數，爲所求晷影定數。

求四方所在晷影

各於其處測冬夏二至晷影，乃相減之餘，爲其處二至晷差。亦以地中二至晷數相減，爲地中二至晷差。其所求日在冬至後初限、夏至後末限者，如在半限已下，倍之；半限已上，覆減半限，餘亦倍之，併入限日，三因折半，以日爲分，十爲寸，以減地中二至晷差爲法。置地中冬至晷影常數，以所求日地中晷影定數減之，餘以其處二至晷差乘之爲實。實如法而一，所得，以減其處冬至晷數，即得其處其日晷影定數。所求日在夏至後初限、冬至後末限者，如在半限已下，倍之；半限已上，覆減半限，餘亦倍之，併入限日，三因四除，以日爲分，十爲寸，以加地中二至晷差爲法。置所求日地中晷影定數，以地中夏至晷影常數減之，餘以其處二至晷差乘之爲實。實如法而一，所得，以加其處夏至晷數，即得其處其日晷影定數。

二十四氣陟降及日出分

恒氣	增損差	加減差	陟降率	初末率	日出分
冬至	增 初九二十六 末七九十六	減十	陟一十四十	初空五五十 末一二十六四	一千五百六十七九十二
小寒	增 初七八十九 末六五十九	減十	陟二十八七十三	初一三十六 末二三十七三十六	一千五百五十七五十二
大寒	增 初六五十二 末五二十二	減十	陟四十三五十六	初二四十三 末三〔六二〕二十五一十八	一千五百二十八七十九
立春	增 初五一十八 末三八十八	減十	陟五十五一十九	初三二十九 末三九十二四十二	一千四百八十五二十三〔六二〕
雨水	增 初三八十二 末二五十二	減十	陟六十三九十	初三九十五五十 末四三十九八十八	一千四百三十四
驚蟄	增 初二四十八 末一三十八	減十	陟六十九一十八	初四四十四 末四六十七一十六	一千三百六十六一十四

春分	損 初一 三十六 末二 四十	加八	陟六十四 六十九	初四 三十七 末四 一十 六十八	一千二百九十六 九十六
清明	損 初二 五十 末三 五十四	加八	陟五十九 九	初四 八 五十 末三 六十六 二十二	一千二百三十二 二十七
穀雨	損 初三 六十五 末四 六十九	加八	陟五十八 十四	初三 六十二 末三 三 六十二	一千一百七十三 一十八
立夏	損 初四 八十 末五 八十四	加八	陟三十九 八十六	初二 九十八 五十 末二 二十四 二	一千一百二十二 三十四
小滿	損 初五 九十八〔六三〕 末七 二	加八	陟二十六 六	初二 一十六〔六四〕 末一 二十五	一千八十二 四十八
芒種	損 初七 一十九 末八 二十三	加八	陟九 三十五	初一 一十五 末空 七 六	一千五十六 四十二
夏至	增 初八 三十七 末七 三十三	減八	降九 三十五〔六五〕	初空 四 五十 末一 一十四〔六六〕 四十	一千四十七 七
小暑	增 初七 二十 末六 一十六	減八	降二十六 六	初一 二十三 末二 一十六 五十二〔六七〕	一千五十六 四十二
大暑	增 初六 空 末四 九十六	減八	降三十九 八十六	初二 二十二 五十 末二 九十九 二十二	一千八十二 四十八
立秋	增 初四 八十 末三 七十六	減八	降五十八 十四	初三 三 末三 六十二 九十二	一千一百二十二 三十四
處暑	增 初三 六十 末二 五十六	減八	降五十九 九	初三 六十五 五十 末四 八 六十二	一千一百七十三 一十八

白露	增初二 四十 末一 三十六	減八	降六十四 六十九	初四 一十 五十 末四 三十六 八十二	一千二百三十二 二十七
秋分	損初一 六十 末二 六十	加十	降六十九 一十八	初四 六十八 末四 四十四 九十	一千二百九十六 九十六
寒露	損初二 六十二 末三 九十二	加十	降六十三 九十	初四 四十二 末三 九十六 二十二	一千三百六十六 一十四
霜降	損初三 九十八 末五 二十八	加十	降五十五 一十九	初三 九十四 末三 二十九 一十八	一千四百三十四
立冬	損初五 三十二 末六 六十二	加十	降四十三 五十六	初三 二十七 末二 四十三 四十二	一千四百八十五 二十三
小雪	損初六 六十六 末七 九十六	加十	降二十八 七十三	初二 三十九 五十 末一 三十七 一十六	一千五百二十八 七十九
大雪	損初八 二 末九 三十二	加十	降一十 四十	初一 二十八 五十 末空 七 一十二	一千五百五十七 五十二

二分前後陟降率

春分前三日太陽入赤道内，秋分後三日太陽出赤道外，故其陟降與他日不倫，今各别立數而用之。

驚蟄，十二日，陟四六十七，一十六〔六八〕。此爲末率，於此用畢〔六九〕。其減差亦止於此。十三日，陟四四十一，六。十四日，陟四三十六，九十。十五日，陟四一〔七〇〕。

秋分，初日，降四三十八。一日，降四三十九。二日，降四五十七。三日，降四六十八。此爲初率，始用之〔七二〕。其加差亦始於此。

求每日日出入晨昏半晝分

各以陟降初率，陟減降加其氣初日日出分，爲一日下日出分。以增損差，仍加減加減差。增損陟降率，馴積而加減之，即爲每日日出分。覆減日法，餘爲日入分。以日出分減日入分而半之〔七二〕，爲半晝分。以昏明分減日出分爲晨分，加日入分爲昏分。

求日出入辰刻

置日出入分，以六因之，滿辰法而一，爲辰數。不盡，刻法除之爲刻數，不滿爲分，命子正筭外，即得所求。

求晝夜刻

置日出分，十二乘之，刻法而一，爲刻，不滿爲分，即爲夜刻。覆減百刻，餘爲晝刻。

求更點率

置晨分，四因，退位爲更率。二因更率，退位爲點率。

求更點所在辰刻

置更點率，以所求更點數因之，又六因，內加昏明分，滿辰法而一，爲辰數。不盡，滿刻法除之爲刻數，不滿爲分，命其辰刻筭外，即得所求。

求四方所在漏刻

各於所在下水漏，以定其處冬至或夏至夜刻，乃與五十刻相減，餘爲至差刻。置所求日黃道去赤道内外度及分，以至差刻乘之，進一位，如二百三十九而一〔七三〕，爲刻，不盡以刻法乘之，退除爲分，内減外加五十刻，即所求日夜刻。以減百刻，餘爲晝刻。其日出入辰刻及更點差率筭等，並依術求之。

求黃道内外度

置日出分，如日法四分之一已上，去之，餘爲外分。如日法四分之一已下〔七四〕，覆減之，餘爲内分。置内外分，千乘之，如内外法而一，爲度，不滿退除爲分，即爲黃道去赤道内外度。内減外加象限，即得黃道去極度。

求距中度及更差度

置半法，以晨分減之，餘爲距中分，百乘之，如周法而一，爲距中度。用減一百八十三度一十二分八十四秒，餘四因退位，爲每更差度。

求昏明五更中星

置距中度，以其日午中赤道日度加而命之，即昏中星所格宿次，因爲初更中星。以更差度累加之，命赤道宿次去之，即得逐更及明中星。

校勘記

〔一〕十一年曆成　按，上文言大定丁酉九月丁酉朔，日食後天，「乃命司天監趙知微重修大明曆」，下文步氣朔言，「演紀：上元甲子距今大定庚子」，丁酉是十七年，庚子是二十年。則「十一年」或爲「二十一年」之誤。

〔二〕司天又改進新曆　「新」，原作「親」。按，本書卷一〇六張暐傳附張行簡傳，章宗即位，累遷禮部郎中，「司天臺劉道用改進新曆，詔學士院更定曆名」。今據改。

〔三〕象策七日餘二千一分　「一分」，原作「二分」。按，象策爲望策之半，今據上文望策之數減半改。

〔四〕以減通積分爲朔積分　「通積」下原脱「分」字，上文作「通積分」，知此必脱「分」字。元史卷五六、卷五七曆志，庚午元曆（以下簡稱庚午曆）係沿用金趙知微重修大明曆，今據該志補。

〔五〕辰法二千六百一十五　「五」字原脱，據北監本、殿本、局本補。按，辰法爲六乘日法再除十二得之。

〔六〕象限九十一三十一分九秒　「三十一」，原作「三十」。按，本曆太陽年平行度爲三六五度二四分三五秒强，其四分之一即爲象限，則作「三十一」是。又宋史卷七九、卷八〇律曆志，紀元曆爲金大明曆之所本，其象限同，庚午曆亦同。今據改。

〔七〕末四百二十八　「四百二十八」，原作「四百七十八」。按，冬至夏至盈縮初末率同，本表夏至作「末四百二十八」。又初率加末率，半之，乘一平氣日數，即得本氣損益率。以此倒推，亦得此數。今據改。

〔八〕二萬三千二百七十六　「二萬」，原作「一萬」，據南監本、北監本、殿本、局本改。按，盈縮積爲本氣前損益率的累計數。本表前已盈「二萬一千一百五十」，複益二千一百二十六，其和當爲二萬三千二百七十六。庚午曆同。

〔九〕四十三　原作「四十二」。按，立夏立冬盈縮初末率同，本表立冬作「四十三」。庚午曆同。今據改。其計算方法參見本卷校勘記〔七〕。下同。

〔一〇〕三十二　原作「三十」。按，小滿小雪盈縮初末率同，本表小雪作「三十二」。庚午曆同。今據改。

〔一一〕一十一　原作「一十二」。按，芒種大雪盈縮初末率同，本表大雪作「一十一」。庚午曆同。今據改。

〔一二〕七十六　原作「七十八」。按，日積度分秒，即本氣前累計之太陽實行度及分秒，下一表大暑中積約分二百一十三日五分八十七秒，減本表大暑縮積分一萬二千九百七十九（即一日二十九分七十九秒），即得其日積度二百一十一日七十六分八秒。庚午曆同。今據改。

〔三〕七十五　原作「七十六」。按，下表立秋中積約分二百二十八日二十七分七十二秒，減其縮積分一萬七千六百九十七（即一日七十六分九十七秒），即得其日積度二百二十六日五十分七十五秒。庚午曆同。今據改。

〔四〕六十二　八十六　原作「六十一　八十二」。按，立秋立春盈縮初末率同，本表立春爲「六十二　八十六」。庚午曆同。今據改。

〔五〕七十二　原作「七十三」，據南監本、北監本、殿本、局本改。按，日差即本氣每日損益率之差，可以初率與末率之差除平氣日數減一求之。又立秋立春日差同，本表立春爲「七十二」。庚午曆同。

〔六〕一十三　原作「一十七一」。按，白露驚蟄盈縮初末率同，本表驚蟄作「一十三」。庚午曆同。今據改。

〔七〕三千四百五十三　「十三」二字原脱。按，本行霜降盈縮積爲「縮二萬一千一百五十」，下行立冬盈縮積爲「縮一萬七千六百九十七」，當損三千四百五十三爲是。庚午曆不誤。今據補。

〔八〕一百八十八　六　四十八　「六」字原脱。按，霜降穀雨盈縮初末率同，本表穀雨初率有「六」字。庚午曆同。今據補。

〔九〕二萬一千一百五十　原作「一萬一千一百五十」。按，上一行寒露盈縮積爲「縮二萬三千二百七十六」，複損二千一百二十六，還當縮二萬一千一百五十。即爲本行霜降之盈縮積。庚午曆同。今據改。

〔二〇〕九十七　原作「九十一」。按，立冬立夏盈縮初末率同，本表立夏作「九十七」。庚午曆同。今據改。

〔二一〕五千九百二十　「九」下原衍「一」，今據庚午曆刪。

〔二二〕八十　原作「八十一」，據北監本、殿本、局本改。按，大雪芒種盈縮初末率同，本表芒種作「八十」。庚午曆同。

〔二三〕八十　原作「八十一」。按，小寒小暑朓朒初末率同，本表小暑作「八十」。庚午曆同。今據改。其計算方法與本卷校勘記〔七〕同。下同。

〔二四〕一十四　原作「二十四」。按，大寒大暑朓朒初末率同，本表大暑作「一十四」。庚午曆同。今據改。

〔二五〕一百三十五　原作「一百二十五」。按，本表下「朒六百九十三」，次行「朒八百二十八」，當益一百三十五爲是。庚午曆同。今據改。

〔二六〕四千五百七十　「四千」，原作「四十」，據南監本、北監本、殿本、局本改。按，本欄所載，爲截至本氣前的平氣累計日數及餘。經分爲未經日法約後的分數，約分爲約後的實數。本表立春經分爲四十五日又三千四百二十八分，與氣策十五日一千一百四十二分六十秒之和，即本氣中積日數及餘，則「四千」是。

〔二七〕三十　「十」字原誤置於約分「九」字之上，今據庚午曆改移。

〔二八〕五十六　原作「五十八」。按，驚蟄白露朓朒初末率同，本表白露作「五十六」。庚午曆同。今據改。

〔二九〕一百六二千七百六十八　六十　「六十八」，原作「六十六」。按，前氣春分中積經分加氣策，即得清明中積經分一百六日二千七百六十八分六十秒。庚午曆同。又經分中後一「六十」原誤置於約分「五十二」之上，今據庚午曆改移。

〔三〇〕七十一　原作「七十二」。按，立夏立冬朓朒初末率同，本表立冬作「七十一」。庚午曆同。今據改。

〔三一〕一百五十二九百六十六　六十　後一「六十」二字原脱。按，立夏中積經分加氣策，得小滿中積經分一百五十二日九百六十六分六十秒。庚午曆同。今據補。

〔三二〕一百六十七二千一百九 四十　三十 三十三　前一「三十」，原作「十二」。「四十」上原衍「十」字。按，前氣小滿中積經分加氣策，得芒種中積經分一百六十七日二千一百九分三十秒。又小滿中積約分一百五十二日一十八分四十八秒三，加氣策約分十五日二十一分八十四秒八，得芒種中積約分一百六十七日四十分三十三秒（表上均將秒下小數略去）。庚午曆同。今據改。

〔三三〕一百八十二三千二百五十二　「二百五十二」，原作「五百五十一」。按，前氣芒種中積經分加氣策，得夏至中積經分一百八十二日三千二百五十二分。庚午曆同。今據改。

〔三四〕二百一十三三百七　三十　「二百」，原作「一百」。「三十」，原作「二十」，南監本、北監本、殿本、局本並作「三十」。按，前氣小暑中積經分加氣策，得大暑中積經分二百一十三日三百七分三十秒。庚午曆同。今據改。

〔三五〕六十二　原作「六十一」，據南監本、北監本、殿本、局本改。按，大暑大寒朓朒初末率同，本表大寒作「六十二」。庚午曆同。

〔三六〕二百四十三二千五百九十二 四十九　六十 五十七　「五十七」，原作「五十四」。按，前氣立秋中積約分加氣策約分，得處暑中積約分二百四十三日四十九分五十七秒。庚午曆同。今據改。又經分之「六十」秒原在約分之「四十九」分之上，今據庚午曆改移。

〔三七〕二百五十八三千七百三十五 七十一　三十 四十二　「三千七百三十五」，原作「三千七百五十五」，庚午曆作「三千七百二十五」。「四十二」，原作「四十一」，據南監本、北監本、殿本、局本改。庚午曆同。按，前氣處暑中積經分加氣策，得白露中積經分二百五十八日三千七百三十五分三十秒。處暑中積約分加氣策約分，得白露中積約分二百五十八日七十一分四十二秒。今據以改正。又經分之「三十」秒原在約分之「七十一」分之上，今據庚午曆改移。

〔三八〕末三　「三」字原脱。按，秋分春分朓朒初末率同，本表春分「末」下有「三」字。庚午曆同。今據補。

〔三九〕八十五　原作「八十一」。按，寒露清明朓朒初末率同，本表清明作「八十五」。庚午曆同。

今據改。

〔四〇〕三十　「十」字原誤置於約分「三十六」分之上，今據庚午曆改移。

〔四一〕四十　原作「十四」。按，小雪小滿朓朒初末率同，本表小滿作「四十」。庚午曆同。今據此乙正。

〔四二〕三百五十一百三十一二　三十五十一　「二　五十一」，原作「二三　五十一」。庚午曆則誤作「二　三十一」。按，前氣小雪中積約分加氣策約分，得大雪中積約分三百五十日二分五十一秒。今據改。

〔四三〕末一十九　「一十」二字原脱，今據本表芒種及庚午曆補。

〔四四〕置天正閏餘　「閏」字原脱，今據庚午曆補。

〔四五〕如氣策已下　「策」字原脱，今據庚午曆補。

〔四六〕爲入大雪氣　「氣」下原衍「策」字，今據庚午曆删。

〔四七〕如日法而一　「如」上原衍「乘」字，「而」下原脱「一」字，今據庚午曆删補。

〔四八〕即所求年天正冬至加時日躔赤道宿度及分秒　「時」字、「分」字原脱，今據庚午曆補。

〔四九〕即各得春分夏至秋分加時日在宿度及分秒　「加」字、「度」字原脱，今據庚午曆補。

〔五〇〕鬼二度半　「二」下原衍「十」字，今據庚午曆删。

〔五一〕二百八十七六十八　「六十八」三字原脱。按，依上文數據，北方、西方、南方二十一宿的總度數爲二百八十七度又六十八秒。今據補。

〔五二〕然後可步七曜　「後」字、「七」字原脱，文義不明，今據庚午曆補。

〔五三〕命曰黄赤道差　「命」上原衍「度」字，其下又脱「曰」字，今據庚午曆删補。

〔五四〕如其年冬至加時赤道宿度空分秒在歲差已下者　「赤道」下原衍「加」字，今據宋志紀元曆删。

〔五五〕然後求黄赤道差　「後」字原脱，今據文義補。

〔五六〕爲入二至後黄道積度及分秒　「及」字原脱，今據庚午曆補。

〔五七〕斗四度三十六分六十六秒外　「六十六」，原作「六十二」，今據庚午曆改。

〔五八〕加五萬三百八十　按，庚午曆「八」下無「十」字。本曆此數係取宋史卷七九律曆志一二紀元曆「加一十萬六百一十七」之半數，應爲「五萬三百八半」。「十」似「半」字之誤。

〔五九〕用減冬至地中晷影常數　「常」，原作「當」，據南監本、北監本、殿本、局本改。

〔六〇〕以二百二十五乘百約之　「二十五」，原作「五十」。按，此在紀元曆作「九因再折」。九除以四，得二點二十五。本志爲便於計算，徑作「以二百二十五乘，百約之」。庚午曆同。今據改。

〔六一〕末三　「三」字原脱。按，陟降末率爲增損差初率加末率，半之，乘累積天數十四，加減（增損減）陟降初率得之。本表增損初率爲六五二，加末率五二二之和爲一一七四。半之爲五八七，乘十四得八二一八，與陟降初率二四三〇〇之和爲三二五一八，知「末」下當脱「三」字。

庚午曆不脱，今據補。

〔六二〕一千四百八十五二十三　「二十三」，原作「三十三」。按，本表前格日出分爲一千五百二十八七十九，陟四十三五十六，其差當爲一千四百八十五二十三。庚午曆同。今據改。

〔六三〕九十八　原作「九十六」。按，增損初率爲末率減去本氣累計之加減差。本表末率爲七〇二，加減差爲八，累積實十三天，共得加減差一〇四，與七〇二之差爲五九八，則作「九十八」是。庚午曆同。今據改。

〔六四〕一十六　原作「二十六」。按，陟降初率爲增損差初率加末率，半之，乘累積天數十四，減加（增減損加）陟降末率得之。本表增損初率爲五九八，加末率七〇二，和爲一三〇〇，半之爲六五〇，乘十四得九一〇〇，與一二五〇〇之和爲二一六〇〇，則作「一十六」是。庚午曆同。今據改。

〔六五〕降九三十五　「降」，原作「陟」。按，陟降率由每氣日出分與下一氣日出分和差而得，下氣日出分小者爲陟，增者爲降。此處小暑日出分增於夏至，知原作「陟」誤。庚午曆不誤，今據改。

〔六六〕一十四　原作「二十四」，今據庚午曆改正。計算方法參見本卷校勘記〔六二〕。下同。

〔六七〕五十二　原作「五十三」，今據庚午曆改正。

〔六八〕陟四六十七一十六　「一十六」，原作「一十四」。按，此即上表驚蟄末率。庚午曆同。今據改。

〔六九〕於此用畢　「此用」，原作「⿱此用」，今據庚午曆改。

〔七〇〕十五日陟四一　「陟四」，原作「陟一」。按，上十二日至十四日皆陟四，此亦不得小於四。庚午曆作「四」不誤。今據改。

〔七二〕始用之　「始」,原作「如」,文義不貫,今據庚午曆改。

〔七三〕以日出分減日入分而半之　「以」下原脱「日」字,今據上下文及庚午曆補。

〔七三〕如二百三十九而一　「如」,原作「加」,今據庚午曆改正。

〔七四〕如日法四分之一已下　「日法」,原作「出分」;「分」字原脱。按,此句係與上文「如日法四分之一已上,去之,餘爲外分」相對爲文,「出分」顯係「日法」之誤,「四」下亦當有「分」字。今據庚午曆改正。

金史卷二十二

志第三

曆下

步月離　步交會　步五星　渾象

步月離第五

轉終分〔一〕：一十四萬四千一百一十，秒六千六十六。

轉終日：二十七日，餘二千九百，秒六千六十六。

轉中日：一十三日，餘四千六十五，秒三千三十三。

朔差日：一，餘五千一百四，秒三千九百三十四。

象策：七日，餘二千一分，二十二秒半。

秒母：一萬。

上弦：九十一度，三十一分，四十二秒。

望：一百八十二度，六十二分，八十四秒。

下弦：二百七十三度，九十四分，二十六秒。

月平行度：十三度，三十六分，八十七秒半。

分、秒母：一百。

七日：初數，四千六百四十八。末數，五百八十二。

十四日：初數，四千六百六十五。末數，一千一百六十五。

二十一日：初數，三千四百八十三。末數，一千七百四十七。

二十八日：初數，二千九百一。末數，二千三百二十九。

求經朔弦望入轉

置天正朔積分，以轉終分及秒去之，不盡，如日法而一〔三〕，爲日，不滿爲餘秒，即天正十一月經朔入轉日及餘秒。以象策累加之，去命如前，即得弦、望經日加時入轉日及餘秒。徑求次朔入轉，以朔差加之。

轉定分及積度朓朒率

一日	一千四百六十八	初度	疾初	益五百一十三〔三〕	朓初
二日	一千四百五十七	一十四度六十八	疾一度三十一	益四百六十九	朓五百一十三
三日	一千四百四十二	二十九度二十五〔四〕	疾二度五十一	益四百一十一	朓九百八十二
四日	一千四百二十二	四十三度六十七	疾三度五十六	益三百三十二	朓一千三百九十三
五日	一千三百九十九	五十七度八十九	疾四度四十一	益二百四十三	朓一千七百二十五
六日	一千三百七十三	七十一度八十八	疾五度三	益一百四十一	朓一千九百六十八
七日	一千三百四十七	八十五度六十二〔五〕	疾五度三十九	初益四十三 末損四	朓二千一百九
八日	一千三百二十一	九十九度八	疾五度四十九〔六〕	損六十三	朓二千一百四十八
九日	一千二百九十五	一百一十二度二十九	疾五度三十三〔七〕	損一百六十四	朓二千八十五
十日	一千二百七十一	一百二十五度二十四	疾四度九十一	損二百五十八	朓一千九百二十一
十一日	一千二百四十七	一百三十七度九十五	疾四度二十五	損三百五十二〔八〕	朓一千六百六十三

十二日	一千二百二十八	一百五十度四十二	疾三度三十五	損四百二十七	朓一千三百一十一
十三日	一千二百一十四	一百六十二度七十	疾二度二十六	損四百八十一	朓八百八十四
十四日	一千二百四	一百七十四度八十四	疾一度三	初損四百〇三 末益一百一十七	朓四百三
十五日	一千二百八	一百八十六度八十八	遲空三十	益五百〇五	朒一百一十七
十六日	一千二百一十九	一百九十八度九十六	遲一度五十九	益四百六十二	朒六百二十二
十七日	一千二百三十六	二百一十一度十五〔九〕	遲二度七十七〔一〇〕	益三百九十五	朒一千八十四
十八日	一千二百五十八	二百二十三度五十二〔一一〕	遲三度七十八	益三百〇九	朒一千四百七十九
十九日	一千二百八十一	二百三十六度九	遲四度五十七	益二百一十九	朒一千七百八十八
二十日	一千三百七	二百四十八度九十	遲五度十三	益一百一十七	朒二千〇七
二十一日	一千三百三十三	二百六十一度九十七	遲五度四十三〔一二〕	初益二十七 末損一十一	朒二千一百二十四
二十二日	一千三百五十九	二百七十五度三十	遲五度四十七	損八十六	朒二千一百四十〔一三〕

二十三日	一千三百八十四	二百八十八度八十九	遲五度二十五	損一百八十四	朒二千五十四〔一四〕
二十四日	一千四百八	三百二度七十三	遲四度七十八	損二百七十八	朒一千八百七十〔一五〕
二十五日	一千四百三十一	三百一十六度八十一	遲四度七	損三百六十八	朒一千五百九十二
二十六日	一千四百四十九	三百三十一度十二	遲三度十三	損四百三十八	朒一千二百二十四
二十七日	一千四百六十三	三百四十五度六十二〔一六〕	遲二度一	損四百九十三	朒七百八十六
二十八日	一千四百七十二	三百六十度二十四	遲空七十五〔一七〕	損二百九十三	朒二百九十三

求朔弦望入轉朓朒定數

置入轉小餘，以其日筭外，損益率乘之，如日法而一，所得，以損益朓朒積爲定數。其四七日下餘，如初數已下，初率乘之，初數而一，以損益朓朒積爲定數。如初數已上，初數減之，餘乘末率，末數而一，用減初率，餘加朓朒爲定數。其十四日下餘，如初數已上者，初數減之，餘乘末率，末數而一，便爲朓朒定數。

求朔弦望定日〔一八〕

置經朔、弦、望小餘，朓減朒加入氣入轉朓朒定數，滿與不足，進退大餘，命甲子筭外，各得定朔、弦、望日辰及餘。定朔前干名與後干名同者，其月大；不同者，其月小。月内無中氣者爲閏。視定朔小餘：秋分後，在日法四分之三已上者，進一日。春分後，定朔日出分與春分日出分相減之餘，三約之，用減四分之三，定朔小餘及此數已上者，亦進一日。或有交，虧初在日入前者，不進之。

定弦、望小餘在日出分已下者，退一日。望或有交，虧初在日出前者，小餘雖在日出後，亦退之。如十七日望者，又視定朔小餘在四分之三已下之數，春分後用減定之數。與定望小餘在日出分已上之數相較之：朔少望多者，望不退，而朔猶進之。望少朔多者，朔不進，而望猶退之。日月之行，有盈有縮，遲疾加減之數，或有四大三小；若隨常理，當察其時早晚，隨所近而進退之，使不過三大二小。

求定朔弦望中積

置定朔、弦、望大小餘與經朔、弦、望大小餘相減之餘，以加減經朔、弦、望入氣日餘〔一九〕，經朔、弦、望少即加之，多即減之。即爲定朔、弦、望入氣。以加其氣中積，即爲定朔、弦、望中積。其餘以日法退除爲分秒。

求定朔弦望加時日度

置定朔、弦、望約餘，以所入氣日損益率乘，盈縮損益。萬約之，以損益其下盈縮積，乃盈加縮減定朔弦望中積；又以冬至加時日躔黃道宿度加之〔二〇〕，依宿次去之，即得定朔、弦、望加時日所在度及分秒。又置定朔、弦、望約餘，副置之。以乘其日盈縮之損益率，萬約之，應益者盈加縮減，應損者盈減縮加其副，滿百爲分，分滿百爲度，以加其日夜半日度，命之，各得其日加時日躔黃道宿次。若先於曆注定每日夜半日度，即爲妙也〔二一〕。

求定朔弦望加時月度

凡合朔加時日月同度，其定朔加時黃道日度，即爲定朔加時黃道月度。弦、望各以弦、望度加定弦、望加時黃道日度〔二二〕，依宿次去之，即得定朔、弦、望加時黃道月度及分秒。

求夜半午中入轉

置經朔入轉，以經朔小餘減之，爲經朔夜半入轉。又經朔小餘與半法相減之餘，以加減經朔加時入轉〔二三〕，經朔少，如半法加之；多，如半法減之。爲經朔午中入轉。若定朔大餘有進退者，亦加減轉日〔二四〕，否則因經爲定。每日累加一日，滿轉終日及餘秒去命如前〔二五〕，各得每日夜半、午中入轉。求夜半，因定朔夜半入轉累加之。求午中，因定朔午中入轉累加之。求加時入轉者，如求加時入氣術。

求加時及夜半月度

置其日入轉筭外轉定分，以定朔、弦、望小餘乘之，如日法而一，爲加時轉分。分滿百爲度。減定朔、弦、望加時月度，爲夜半月度。以所得轉定分累加之，即得每日夜半月度。

或朔至弦、望，或至後朔，皆可累加之。然近則差少，遠則差多。置所求前後夜半相距月度爲行度，計其相距入轉積度，與行度相減，餘以相距日數除爲日差，行度多以日差加每日轉定分，行度少以日差減每日轉定分，然後用之可中。或欲速求，用此數，欲究其故，宜用後術。

求晨昏月度

置其日晨分，乘其日筭外轉定分，日法而一，爲晨轉分。用減轉定分，餘爲昏轉分。又以朔、弦、望定小餘，乘轉定分，日法而一，爲加時分。以減晨、昏轉分，爲前；不足，覆減之，爲後。乃前加後減加時月度，即晨昏月所在宿度及分秒。

求朔弦望晨昏定程

各以其朔昏定月，減上弦昏定月，餘爲朔後昏定程。以上弦昏定月，減望昏定月，餘爲上弦後昏定程。以望晨定月，減下弦晨定月，餘爲望後晨定程。以下弦晨定月，減後朔晨定月，餘爲下弦後晨定程。

求每日轉定度

累計每程相距日下轉積度，與晨昏定程相減，餘以相距日數除之，爲日差，定程多加之，定程少減之。以加減每日轉定分，爲轉定度。因朔、弦、望晨昏月，每日累加之，滿宿次去之，爲每日晨昏月度及分秒。凡注曆：朔日以後注昏月，望後一日注晨月。古曆有九道月度，其數雖繁，亦難削去，具其術如後。

求平交日辰

置交終日及餘秒，以其月經朔加時入交汎日及餘秒減之〔二六〕，爲平交入其月經朔加時後日筭及餘秒。以加其月經朔大小餘，其大餘命甲子筭外，即平交日辰及餘秒。求次交者，以交終日及餘秒加之，大餘滿紀法去之，命如前，即次平交日辰及餘秒。

求平交入轉朓朒定數

置平交小餘，加其日夜半入轉餘，以乘其日損益率，日法而一，所得，以損益其下朓朒積，爲定數。

求正交日辰

置平交小餘，以平交入轉朓朒定數，朓減朒加之，滿與不足，進退日辰，即正交日辰及餘秒。與定朔日辰相距，即所在月日。

求經朔加時中積

各以其月經朔加時入氣日及餘，加其氣中積及餘，其日命爲度，其餘以日法退除爲分秒，即其經朔加時中積度及分秒〔二七〕。

求正交加時黃道月度

置平交入經朔加時後日筭及餘秒，以日法通日，内餘，進二位，如三萬九千一百二十一分而一爲度〔二八〕，不滿退除爲分秒，以加其月經朔加時中積，然後以冬至加時黃道日度加而命之〔二九〕，即得其月正交加時月離黃道宿度及分秒。如求次交者，以交終度及分秒加而命之〔三〇〕，即得所求。

求黃道宿積度

置正交時黃道宿全度，以正交加時月離黃道宿度及分秒減之，餘爲距後度及分秒，以黃道宿度累加之，即各得正交後黃道宿積度及分秒。

求黃道宿積度入初末限

置黃道宿積度及分秒，滿交象度及分秒去之，如在半交象已下，爲初限；已上者，以減交象度及分秒，餘爲入末限。入交積度交象度並在交會術中。

求月行九道宿度

凡月行所交：冬入陰曆，夏入陽曆，月行青道。冬至夏至後，青道半交在春分之宿，當黃道東。立冬立夏後〔三一〕，青道半交在立春之宿，當黃道東南。至所衝之宿亦如之。冬入陽曆，夏入陰曆，月行白道。冬至夏至後，白道半交在秋分之宿，當黃道西。立冬立夏後，白道半交在立秋之宿，當黃道西北。至所衝之宿亦如之。春入陽曆，秋入陰曆，月行朱道。春分秋分後，朱道半交在夏至之宿，當黃道南。立春立秋後，朱道半交在立夏之宿，當黃道西南。至所衝之宿亦如之。春入陰曆，秋入陽曆，月行黑道。春分秋分後，黑道半交在冬至之宿，當黃道北。立春立秋後，黑道半交在立冬之宿，當黃道東北。至所衝之宿亦如之。四序離爲八節，至陰陽之所交，皆與黃道相會，故月行有九道。

各以所入初末限度及分秒，減一百一度，餘以所入初末限度及分乘之，半而退位爲分，分滿百爲度，命爲月道與黃道汎差。凡日以赤道內爲陰，外爲陽；月以黃道內爲陰，外爲陽。故月行正交，入夏至後宿度內爲同名，入冬至後宿度內爲異名。其在同名者，置月行與黃道汎差，九因八約之，爲定差。半交後，正交前，以差減；正交後，半交前，以差加。此加減出入六度，正，如黃赤道相交同名之差，若較之漸異，則隨交所在，遷變不同也。仍以正交度距秋分度數，乘定差，如象限而一，所得爲月道與赤道定差。前加者爲減，減者爲加。其在異名者，置月行與黃道汎差，七因八約之〔三二〕，爲定差。半交後，正交前，以差加；正交後，半交前，以差減。此加減出入六度，異，如黃道赤道相交異名之差，較之漸同，則隨交所在遷變不常。仍以正交度距春分度數，乘定差，如象限而一，所得爲月道與赤道定差〔三三〕。前加者爲減，減者爲加。各加減黄道宿積度，爲九道宿積度。以前宿九道積度減之，爲其宿九道度及分。其分就近約爲太半少〔三四〕。論春夏秋冬以四時日所在宿度爲正。

求正交加時月離九道宿度

以正交加時黄道日度及分，減一百一度，餘以正交度及分乘之，半而退位爲分，分滿百爲度，命爲月道與黄道汎差。其在同名者，置月行與黄道汎差，九因八約之，爲定差，以加；仍以正交度距秋分度數，乘定差，如象限而一，所得爲月道與赤道定差，以減。其在異名者，置月行與黄道汎差，七因八約之，爲定差，以減；仍以正交度距春分度數，乘定差，如象限而一，所得爲月道與赤道定差，以加。置正交加時黄道月度及分，以二差加減之，即爲正交加時月離九道宿度及分。

求定朔弦望加時月所在度

置定朔加時日躔黄道宿次，凡合朔加時，月行潛在日下，與太陽同度，是爲加時月離宿次。各以弦、望度及分秒，加其所當弦、望加時月躔黄道宿度，滿宿次去之，命如前，各得定朔、弦、望加時月所在黄道宿度及分秒。

求定朔弦望加時九道月度

各以定朔、弦、望加時月離黄道宿度及分秒，加前宿正交後黄道積度〔三五〕，爲定朔、弦、望加時正交後黄道積度。如前求九道積度，以前宿九道積度減之，餘爲定朔、弦、望加時九道月離宿度及分秒。其合朔加時，若非正交，則日在黄道，月在九道，所入宿度，雖多少不同，考其兩極，若應繩準。故云：月行潛在日下，與太陽同度，即爲加時九道月度。其求晨昏夜半月度，並依前術。

步交會第六

交終分：一十四萬二千三百一十九，秒九千三百六十八。

交終日：二十七日，餘一千一百九分，秒九千三百六十八。

交中日：十三，餘三千一百六十九，秒九千六百八十四。

交朔日：二，餘一千六百六十五，秒六百三十二。

交望日：十四，餘四千二，秒五千。

秒母：一萬。

交終：三百六十三度，七十九分，三十六秒〔三六〕。

交中：一百八十一度，八十九分，六十八秒。

交象：九十度，九十四分，八十四秒。

半交象：四十五度，四十七分，四十二秒。

日蝕既前限：二千四百。定法：二百四十八。

日蝕既後限：三千一百。定法：三百二十。

月蝕限：五千一百。

月蝕既限〔三七〕：一千七百。定法：三百四十。

分秒母：一百。

求朔望入交

置天正朔積分，以交終分去之，不盡，如日法而一，爲日，不滿爲餘，即天正十一月經朔加時入交汎日及餘秒。交朔加之，得次朔。交望加之，得次望。再加交望，亦得次朔。各爲朔、望入交汎日及餘秒。

求定朔每日夜半入交

各置入交汎日及餘秒，減去經朔、望小餘，即爲定朔、望夜半入交汎日及餘秒。若定朔、望有進退者，亦進退交日，否則因經爲定。大月加二日，小月加一日，餘皆加四千一百二十秒六百三十二，即次朔夜半入交。累加一日，滿交終日及餘秒去之，即每日夜半入交汎日及餘秒。

求定朔望加時入交〔三八〕

置經朔、望加時入交汎日及餘秒，以入氣入轉朓朒定數，朓減朒加之，即定朔望加時入交汎日及餘秒。

求定朔望加時入交積度及陰陽曆

置定朔、望加時入交汎日，以日法通之，內餘，進二位，如三萬九千一百二十一而一爲度，不滿退除爲分秒，即定朔、望加時月行入交積度。以定朔、望加時入轉遲疾度，遲減疾加之，即月行入交定積度。如交中度已下，入陽曆積度；已上，去之，餘爲入陰曆積度。每日夜半，準此求之〔三九〕。

求月去黄道度

視月入陰陽曆積度及分，如交象已下，爲少象；已上，覆減交中，餘爲老象。置所入老少象度於上，列交象度於下，相減相乘，倍而退位爲分，滿百爲度，用減所入老少象度及分，餘又與交中度相減相乘，八因之，以百一十除爲分，分滿百爲度，即得月去黄道度。

求朔望加時入交常日及定日

置朔望入交汎日，以入氣朓朒定數，朓減朒加之，爲入交常日。又置入轉朓朒定數，進一位，一百二十七而一，所得朓減朒加入交常日，爲入交定日及餘秒〔四〇〕。

求入交陰陽曆交前後分

視入交定日，如交中已下，爲陽曆；已上，去之，爲陰曆。如一日上下，以日法通日爲分。爲交後分。十三日上下，覆減交中，爲交前分。

求日月蝕甚定餘

置朔、望入氣入轉朓朒定數，同名相從，異名相消，以一千三百三十七乘之，定朔、望加時入轉筭外轉定分除之，所得，以朓減朒加經朔、望小餘，爲汎餘。

日蝕：視汎餘如半法已下，爲中前分；半法已上，去半法，爲中後分。置中前後分，與半法相減相乘，倍之，萬約爲分，曰時差。中前，以時差減汎餘爲定餘，覆減半法，餘爲午前分。中後，以時差加汎餘爲定餘，減去半法，爲午後分。

月食：視汎餘在日入後、夜半前者，如日法四分之三已下，減去半法，爲酉前分；四分之三已上，覆減日法，餘爲酉後分。又視汎餘在夜半後、日出前者，如日法四分之一已下，爲卯前分，四分之一已上，覆減半法，餘爲卯後分。其卯酉前後分，自相乘，四因，退位，萬約爲分，以加汎餘，爲定餘。各置定餘，以發斂加時法求之，即得日月所蝕之辰刻。

求日月食甚日行積度

置定朔、望食甚大小餘，與經朔、望大小餘相減之餘，以加減經朔、望入氣日小餘，經朔、望日少加多減。即爲食甚入氣。以加其氣中積，爲食甚中積。又置食甚入氣小餘，以所入氣日損益率〔四一〕盈縮之損益〔四二〕。乘之，日法而一，以損益其日盈縮積；盈加縮減食甚中積，即爲食甚日行積度及分。

求氣差

置日食甚日行積度及分，滿中限去之，餘在象限已下，爲初限；已上，覆減中限，爲末限。皆自相乘，進二位，如四百七十八而一，所得，用減一千七百四十四，餘爲氣差恒數。以午前後分乘之，半晝分除之，所得，以減恒數爲定數。不及減，覆減之，爲定數。應加者減之，減者加之。春分後，陽曆減，陰曆加；秋分後，陽曆加，陰曆減。春分前、秋分後各二日二千一百分爲定氣，於此加減之。

求刻差

置日食甚日行積度及分，滿中限去之，餘與中限相減相乘，進二位，如四百七十八而一，所得，爲刻差恒數。以午前後分乘之，日法四分之一除之，所得爲定數。若在恒數已上者，倍恒數，以所得之數減之爲定數，依其加減。冬至後，午前陽加陰減，午後陽減陰加。夏至後，午前陽減陰加，午後陽加陰減。

求日食去交前後定分〔四三〕

氣刻二差定數，同名相從，異名相消，爲食差。依其加減去交前後分，爲去交前後定分。視其前後定分，如在陽曆，即不食；如在陰曆，即有食之。如交前陰曆不及減，反減之，反減食差。爲交後陽曆；交後陰曆不及減，反減之，爲交前陽曆；即不食。交前陽曆不及減〔四四〕，反減之，爲交後陰曆；交後陽曆，不及減，反減之，爲交前陰曆〔四五〕；即日有食之。

求日食分

視去交前後定分，如二千四百已下，爲既前分，以二百四十八除爲大分。二千四百已上，覆減五千五百，不足減者不食。爲既後分，以三百二十除爲大分。不盡，退除爲秒，即得日食之分秒。

求月食分

視去交前後分，不用氣刻差者。一千七百已下者，食既。已上，覆減五千一百，不足減者不食。餘以三百四十除爲大分，不盡，退除爲秒，即爲月食之分秒也。去交分在既限已下，覆減既限，亦以三百四十除，爲既内之大分。

求日食定用分

置日食之大分，與三十分相減相乘，又以二千四百五十乘之，如定朔入轉筭外轉定分而一〔四六〕，所得，爲定用分。減定餘，爲初虧分。加定餘，爲復圓分。各以發斂加時法求之，即得日食三限辰刻。

求月食定用分

置月食之大分，與三十五分相減相乘，又以二千一百乘之，如定望入轉筭外轉定分而一〔四七〕，所得，爲定用分。加減定餘，爲初虧、復圓分。各如發斂加時法求之，即得月食三限辰刻。

月食既者，以既內大分與十五相減相乘，又以四千二百乘之，如定望入轉筭外轉定分而一〔四八〕，所得，爲既內分。用減定用分，爲既外分。置月食定餘減定用分，爲初虧。因加既外分，爲食既。又加既內分，爲食甚。即定餘分也。再加既內分，爲生光。復加既外分，爲復圓。各以發斂加時法求之，即得月食五限辰刻。

求月食入更點

置食甚所入日晨分，倍之，五約爲更法。又五約更法，爲點法〔四九〕。乃置月食初末諸分，昏分已上減昏分，晨分已下加晨分。如不滿更法爲初更。不滿點法爲一點。依法以次求之，即各得更點之數。

求日食所起

食在既前，初起西南，甚於正南，復於東南；食在既後，初起西北，甚於正北，復於東北。其食八分已上，皆起正西，復於正東。此據正午地而論之。

求月食所起

月在陽曆：初起東北，甚於正北，復於西北。月在陰曆：初起東南，甚於正南，復於西南。其食八分已上，皆起正東，復於正西。此亦據正午地而論之〔五〇〕。

求日月出入帶食所見分數

各以食甚小餘，與日出入分相減，餘爲帶食差，以乘所食之分，滿定用分而一〔五一〕，月食既者，以既內分減帶食差，餘乘所食分，如既外分而一。不及減者，爲帶食既出入。以減所食分，即日月出入帶食所見之分。其食甚在晝，晨爲漸進，昏爲已退。食甚在夜，晨爲已退，昏爲漸進。

求日月食甚宿次

置日月食甚日行積度，望即更加半周天。以天正冬至加時黃道日度，加而命之，依黃道宿次去之，即各得日月食甚宿度及分。

步五星第七

木星

周率：二百八萬六千一百四十二，五十四秒。

曆率：二千二百六十五萬五百七。

曆度法：六萬二千一十四。

周日：三百九十八日，八十八分。

曆度：三百六十五度，二十四分，八十二秒。

曆中：一百八十二度，六十二分，四十一秒。

曆策：一十五度，二十一分，八十七秒。

伏見：一十三度。

段目	段日	平度	限度	初行率
合伏	一十六日八十六分	三度八十六	二度九十三	二十三
晨順疾	二十八日	六度一十一	四度六十四	二十二
晨次疾	二十八日	五度五十一	四度一十九	二十一
晨順遲	二十八日	四度三十一	三度二十八	一十八
晨末遲	二十八日	一度九十一	一度四十五	一十二

晨留	二十四日			
晨退	四十六日五十八	四度八十八一十八	空三十二八十二〔五二〕	
夕退	四十六日五十八	四度八十八一十八	空三十二八十二	一十八〔五三〕
夕留	二十四日			
夕末遲	二十八日	一度九十一	一度四十五〔五四〕	
夕順遲	二十八日	四度三十一	三度二十八	一十二
夕次疾	二十八日	五度五十一	四度一十九	一十八
夕順疾	二十八日	六度一十一	四度六十四	二十一
夕伏	一十六日八十六〔五五〕	三度八十六	二度九十三	二十二

策數	損益率	盈積度	損益率	縮積度

一	益一百五十九	初	益一百五十九	初
二	益一百四十二	一度五十九	益一百四十二	一度五十九
三	益一百二十	三度一	益一百二十	三度一
四	益九十三	四度二十一	益九十三	四度二十一
五	益六十一	五度一十四	益六十一	五度一十四
六	益二十四	五度七十五	益二十四	五度七十五
七	損二十四	五度九十九	損二十四	五度九十九
八	損六十一	五度七十五	損六十一	五度七十五
九	損九十三	五度一十四	損九十三	五度一十四
十	損一百二十	四度二十一	損一百二十	四度二十一〔五六〕
十一	損一百四十二	三度一	損一百四十二	三度一

十二	損一百五十九	一度五十九	損一百五十九	一度五十九

火星

周率：四百七萬九千四十一，秒九十七。

曆率：三百五十九萬二千七百五十八，秒三十二。

曆度法：九千八百三十六半。

周日：七百七十九日，九十三分，一十六秒。

曆度：三百六十五度，二十四分，七十六秒。

曆中：一百八十二度，六十二分，三十八秒。

曆策：一十五度，二十一分，八十六秒。

伏見：一十九度。

段目	段日	平度	限度	初行率
合伏	六十七日	四十八度	四十五度四十八	七十二

晨順疾	六十三日	四十四度六十	四十二度二十六	七十一
晨次疾	五十八日	四十度九	三十七度九十九〔五七〕	七十
晨中疾	五十二日	三十四度六	三十二度三十二	六十八
晨末疾	四十五日	二十六度三十二	二十四度九十九	六十三
晨順遲	三十七日	一十六度六十八〔五八〕	一十五度八十	五十四
晨末遲	二十八日	五度七十五	五度四十五	三十七
晨留	一十一日			
晨退	二十八日九十六五十八	八度一十五六十	三度五四十〔五九〕	
夕退	二十八日九十六五十八	八度一十五六十	三度五四十	四十一
夕留	一十一日			
夕末遲	二十八日	五度七十五	五度四十五〔六〇〕	

夕順遲	三十七日	一十六度六十八	一十五度八十〔六二〕	三十七
夕末疾	四十五日	二十六度三十二	二十四度九十九	五十四
夕中疾	五十二日	三十四度六	三十二度三十二	六十三
夕次疾	五十八日	四十度九	三十七度九十九	六十八
夕順疾	六十三日	四十四度六十	四十二度二十六	七十
夕伏	六十七日	四十八度	四十五度四十八	七十一

策數	損益率	盈積度	損益率	縮積度
一	益一千一百六十	初	益四百五十八	初
二	益八百	一十一度六十	益四百五十三	四度五十八〔六三〕
三	益四百六十四	一十九度六十	益四百三十三	九度一十一

四	益一百五十二	二十四度二十四〔六三〕	益三百九十六	一十三度四十四
五	損五十七	二十五度七十六	益三百四十一	一十七度四十
六	損一百七十二	二十五度一十九	益二百六十六	二十度八十一
七	損二百六十六	二十三度四十七	益一百七十二	二十三度四十七
八	損三百四十一	二十度八十一	益五十七	二十五度一十九
九	損三百九十六	十七度四十	損一百五十二	二十五度七十六
十	損四百三十三	十三度四十四	損四百六十四	二十四度二十四
十一	損四百五十三	九度一十一	損八百	十九度六十
十二	損四百五十八	四度五十八	損一千一百六十	十一度六十

土星

周率：一百九十七萬七千四百一十二，秒四十六。

曆率：五千六百二十二萬三千二百二十九。

曆度法：一十五萬三千九百二十八。

周日：三百七十八日，九分，三秒。

曆度：三百六十五度，二十五分，六十六秒。

曆中：一百八十二度，六十二分，八十三秒。

曆策：一十五度，二十一分，九十秒。

伏見：一十七度。

段目	段日	平度	限度	初行率
合伏	十九日四十八	二度四十八	一度五十六	一十三
晨順疾	二十七日五十	三度二十二	二度二	一十二
晨次疾	二十七日五十	二度六十四	一度六十五	一十一
晨遲	二十七日五十	一度四十八	空度九十一	八
晨留	三十六日			

晨退	五十一日六五十一半	三度三十九六十六半	空度二十八三十三半	
夕退	五十一日六五十一半	三度三十九六十六半	空度二十八三十三半	九七十五〔六四〕
夕留	三十六日			
夕遲	二十七日五十	一度四十八	空度九十一	
夕次疾	二十七日五十	二度六十四	一度六十五	八
夕順疾	二十七日五十	三度二十二	二度二	一十一
夕伏	一十九日四十八	二度四十八	一度五十六	一十二

策數	損益率	盈積度	損益率	縮積度
一	益二百一十三	初	益一百六十三	初
二	益一百九十七	二度一十三	益一百四十九	一度六十三

三	益一百六十八	四度一十	益一百二十八	三度一十二
四	益一百二十八	五度七十八	益一百	四度四十
五	益八十一	七度六	益六十五	五度四十
六	益三十三	七度八十七	益二十三	六度五
七	損三十三	八度二十	損二十三	六度二十八
八	損八十一	七度八十七	損六十五	六度五
九	損一百二十八	七度六	損一百	五度四十
十	損一百六十八	五度七十八	損一百二十八	四度四十
十一	損一百九十七	四度一十	損一百四十九	三度一十二
十二	損二百一十三	二度一十三	損一百六十三	一度六十三

金星

周率：三百五萬三千八百四，秒二十三。

曆率：一百九十一萬二百四十一，秒一十一。

曆度法：五千二百三十。

周日：五百八十三日，九十分，一十四秒。

合日：二百九十一日，九十五分，七秒。

曆度：三百六十五度，二十四分，六十八秒。

曆中：一百八十二度，六十二分，三十四秒。

曆策：一十五度，二十一分，八十六秒。

伏見：一十度半。

段目	段日	平度	限度	初行率
合伏	三十九日二十五	四十九度七十五	四十七度七十六	一百二十七
夕順疾	四十七日七十五	六十度一十六五十〔六五〕	五十七度七十六	一百二十六

夕次疾	四十七日七十五	五十九度三十九	五十七度一	一百二十五
夕中疾	四十七日七十五	五十七度空	五十四度七十二	一百二十三
夕末疾	三十九日二十五	四十二度二十九	四十度六十	一百一十五
夕順遲	二十九日二十五	二十四度七十二	二十三度七十三	一百
夕末遲	一十八日二十五	六度九十三〔六六〕五十	六度六十六	六十九
夕留	七日			
夕退	九日七十七	三度七十九九十三	一度六十九七	
夕退伏	六日	四度五十	二度二	六十八
合退伏	六日	四度五十	二度二	八十二
晨退	九日七十七	三度七十九九十三	一度六十九七	六十八
晨留	七日			

晨末遲	一十八日二十五	六度九十三五十	六度六十六	
晨順遲	二十九日二十五	二十四度七十二	二十三度七十三	六十九
晨末疾	三十九日二十五	四十二度二十九	四十度六十	一百
晨中疾	四十七日七十五	五十七度空	五十四度七十二	一百一十五
晨次疾	四十七日七十五	五十九度三十九	五十七度一	一百二十三
晨順疾	四十七日七十五	六十度一十六五十	五十七度七十六	一百二十五
晨伏	三十九日二十五	四十九度七十五	四十七度七十六	一百二十六

策數	損益率	盈積度	損益率	縮積度
一	益五十二	初	益五十二	初
二	益四十八	空度五十二	益四十八	空度五十二

三	益四十一半	一度空	益四十一半	一度空
四	益三十二半	一度四十一半	益三十二半	一度四十一半
五	益二十一	一度七十四	益二十一	一度七十四
六	益七	一度九十五	益七	一度九十五
七	損七	二度二	損七	二度二
八	損二十一	一度九十五	損二十一	一度九十五
九	損三十二半	一度七十四	損三十二半	一度七十四
十	損四十一半	一度四十一半	損四十一半	一度四十一半
十一	損四十八	一度空	損四十八	一度空
十二	損五十二	空度五十二	損五十二	空度五十二〔六七〕

水星

周率：六十萬六千三十一，秒八十四。

曆率：一百九十一萬二百四十二，秒三十五。

曆度法：五千二百三十。

周日：一百一十五日，八十七分，六十秒。

合日：五十七日，九十三分，八十秒。

曆度：三百六十五度，二十四分，七十一秒。

曆中：一百八十二度，六十二分，三十五秒半。

曆策：一十五度，二十一分，八十六秒。

晨伏夕見：一十四度。

夕伏晨見：一十九度。

段目	段日	平度	限度	初行率
合伏	一十五日	二十九度	二十四度三十六〔六八〕	二百五
夕順疾	一十五日	二十三度七十五	一十九度九十五	一百八十一

夕順遲	一十五日	一十三度二十五	一十一度一十三	一百三十五
夕留	二日			
夕退伏	一十日九十三八十	八度六二十	二度四十九八十	
合退伏	一十日九十三八十	八度六二十	二度四十九八十	一百八[六九]
晨留	二日			
晨順遲	一十五日	一十三度二十五	一十一度一十三	
晨順疾	一十五日	二十三度七十五	一十九度九十五	一百三十五
晨伏	一十五日	二十九度	二十四度三十六	一百八十一

策數	損益率	盈積度	損益率	縮積度
一	益五十七	初	益五十七	初

二	益五十三	空度五十七	益五十三	空度五十七
三	益四十五	一度一十	益四十五	一度一十
四	益三十五	一度五十五	益三十五	一度五十五
五	益二十二	一度九十	益二十二	一度九十
六	益八	二度一十二	益八	二度一十二
七	損八	二度二十	損八	二度二十
八	損二十二	二度一十二	損二十二	二度一十二
九	損三十五	一度九十	損三十五	一度九十
十	損四十五	一度五十五	損四十五	一度五十五
十一	損五十三	一度一十	損五十三	一度一十
十二	損五十七	空度五十七	損五十七	空度五十七

求五星天正冬至後平合及諸段中積中星

置通積分，各以其星周率去之，不盡，爲前合分。覆減周率，餘爲後合分。如日法而一，不滿退除爲分秒，即其星天正冬至後平合中積、中星。命爲日，曰中積。命爲度，曰中星。以段日累加中積，即爲諸段中積。以平度累加中星〔七〇〕，經退減之，即爲諸段中星。

求五星平合及諸段入曆

置前通積分，各加其星後合分，以曆率去之，不盡，各以其星曆度法除爲度，不滿退爲分秒，即爲其星平合入曆度及分秒。以諸段限度累加之，即得諸段入曆。

求五星平合及諸段盈縮差

各置其星其段入曆度及分秒，如在曆中已下，爲在盈；已上，減去曆中，餘爲在縮。以其星曆策除之爲策數，不盡爲入策度及分，命策數筭外，以其策數下損益率乘之，如曆策而一爲分，以損益其下盈縮積度，即爲其星其段盈縮定差。

求五星平合及諸段定積

各置其星其段中積，以其盈縮定差盈加縮減之，即其段定積日及分。以加天正冬至大餘及約分，滿紀法六十去之，不盡，即爲定日及加時分秒。不滿命甲子筭外，即得日辰。

求五星及諸段所在日月

各置其段定積日及分，以加天正閏日及分，滿朔策及約分除之爲月數，不盡，爲入月已來日數及分。其月數命天正十一月筭外，即得其段入月經朔日數及分，以日辰相距爲所在定朔月日。

求五星平合及諸段加時定星

各置中星，以盈縮定差盈加縮減之，金星倍之，水星三因之，然後加減〔七二〕。即爲五星諸段定星。以加天正冬至加時黄道日度，依宿命之，即其星其段加時所在宿度及分秒。

求五星諸段初日晨前夜半定星

各以其段初行率，乘其段定積日下加時分，百約之，乃順減退加其日加時定星，即爲其段初日晨前夜半定星所在宿度。

求諸段日率度率

各以其段日辰距後段日辰爲日率。以其段夜半宿次與後段夜半宿次相減，餘爲度率。

求諸段平行分

各置其段度率及分秒，以其段日率除之，即其段平行度及分秒。

求諸段總差日差

以本段前後平行分相減，餘爲其段汎差。假令求木星次疾汎差，乃以順疾、順遲平行分相減，餘爲次疾汎差。他皆倣此。倍而退位爲增減差，加減其段平行分，爲初末日行分。前多後少者，加爲初，減爲末。前少後多者，減爲初，加爲末。倍增減差爲總差，以日率減一除之，爲日差。

求前後伏遲退段增減差

前伏者，置後段初日行分，加其日差之半，爲末日行分。後伏者，置前段末日行分，加其日差之半，爲初日行分。以減伏段平行分，餘爲增減差。前遲者，置前段末日行分，倍其日差減之，爲初日行分。後遲者，置後段初日行分，倍其日差減之，爲末日行分。以遲段平行分減之，餘爲增減差。前後近留之遲段。

木、火、土三星退行者，六因平行分，退一位，爲增減差。

金星前後伏退，三因平行分，半而退位，爲增減差。前退者，置後段初日行分，以其日差減之，爲末日行分。後退者，置前段末日行分，以其日差減之，爲初日行分。以本段平行分減，餘爲增減差[七二]。

水星，半平行分爲增減差，皆以增減差加減平行分，爲初末日行分。前多後少，加初減末；前少後多，減初加末。又倍增減差爲總差，以日率減一除之，爲日差。

求每日晨前夜半星行宿次

各置其段初日行分，以日差累損益之，後少則損之，後多則益之。爲每日行度及分秒。乃順加退減之，滿宿次去之，即得每日晨前夜半星行宿次。視前段末日、後段初日行分相較之數，不過一二日差爲妙。或多日差數倍，或顛倒不倫，當類會前後增減差稍損益之〔七三〕，使其有倫，然後用之。或前後平行俱多俱少，則平注之。或總差之秒，不盈一分，亦平注之。若有不倫而平注之得倫者，亦平注之。

求五星平合及見伏入氣

置定積，以氣策及約分除之，爲氣數，不滿爲入氣日及分秒，命天正冬至筭外，即所求平合及伏見入氣日及分秒。

求五星平合及見伏行差

各以其段初日星行分與其太陽行分相減，餘爲行差。若金在退行，水在退合者，相併爲行差。如水星夕伏晨見者，直以太陽行分爲行差。

求五星定合見伏汎積

木、火、土三星，各以平合晨疾夕伏定積，便爲定合定見定伏汎積。金、水二星，置其段盈縮差，水星倍之。各以行差除之，爲日，不滿退除爲分秒。若在平合夕見晨伏者，盈減縮加；如在退合夕伏晨見者，盈加縮減。皆以加減定積，爲定合定見定伏汎積。

求五星定合定積定星

木、火、土三星，各以平合行差除其日太陽盈縮差，爲距合差日。以太陽盈縮差減之，爲距合差度。日在盈曆，以差日差度減之。在縮，加之。加減其星定合汎積，爲定合定積定星。

金、水二星順合退合〔七四〕，各以平合退合行差除其日太陽盈縮差〔七五〕，爲距合差日。順加退減太陽盈縮差，爲距合差度。順在盈曆，以差日差度加之；在縮，減之。退在盈曆，以差日減之，差度加之；在縮，以差日加之，差度減之。皆以加減其星定合及再定合汎積，爲定合再定合定積定星。以冬至大餘及約分，加定積，滿紀法去，命，即得定合日辰。以冬至加時黄道日度，加定星，滿宿次去之，即得定合所在宿次。其順退所在盈縮，太陽盈縮也。

求木火土三星定見伏定積日

各置其星定見伏汎積，晨加夕減象限日及分秒，半中限爲象限〔七六〕。如中限已下，自相乘，已上，覆減歲周日及分秒，餘亦自相乘，滿七十五而一〔七七〕，所得，以其星伏見度乘之，十五除之，爲差。其差如其段行差而一，爲日，不滿退除爲分秒。見加伏減汎積爲定積〔七八〕。加命如前，即得日辰也。

求金水二星定見伏定積日〔七九〕

各以伏見日行差，除其日太陽盈縮差，爲日。若晨伏夕見，日在盈曆，加之，在縮，減之。如夕伏晨見，日在盈曆，減之，在縮，加之。加減其星汎積爲常積。視常積，如中限已下，爲冬至後，已上，去之，餘爲夏至後。其二至後，如象限已下，自相乘，已上，覆減中限，亦自相乘，各如法而一，爲分。冬至後晨，夏至後夕，以一十八爲法。冬至後夕，夏至後晨，以七十五爲法。以伏見度乘之，十五除之，爲差。差滿行差而一，爲日，不滿退除爲分秒。加減常積爲定積。冬至後晨見夕伏，加之；夕見晨伏，減之。夏至後晨見夕伏，減之；夕見晨伏，加之也。加命如前，即得定見伏日辰。

其水星，夕疾，在大暑氣初日至立冬氣九日三十五分已下者，不見。晨留，在大寒氣初日至立夏氣九日三十五分已下者，春不晨見，秋不夕見者，亦舊有之矣。

渾象

古之言天者有三家：一曰蓋天，二曰宣夜，三曰渾天。漢靈帝時，蔡邕於朔方上書，言「宣夜之學，絕無師法」；周髀術數具存，考驗天狀多所違失；惟渾天爲近，最得其情，近世太史候臺銅儀是也。立八尺體圓而具天地之形，以正黄道赤道之表裏，以行日月之度數，步五緯之遲速，察氣候之推遷，精微深妙，百代所不可廢者也。然傳歷久遠，製造者衆，測候占察，互有得失。張衡之制謂之靈憲，史失其傳。魏、晉以來官有其器，而無本書，故前志亦闕。吴中常侍王蕃云：「渾天儀者，羲和之舊器，謂之機衡。」積代相傳，沿革不一。宋太平興國中，蜀人張思訓首剏其式，造之禁中，踰年而成，詔置文明殿東鼓樓下，題曰「太平渾儀」。自思訓死，璣衡斷壞，無復知其法制者。景德中，曆官韓顯符依倣劉曜時、孔挺、晁崇之法，失之簡略。景祐中，冬官正舒易簡乃用唐梁令瓚、僧一行之法，頗爲詳備，亦失之於密而難爲用。元祐時，尚書右丞蘇頌與昭文舘校理沈括奉勑詳定渾儀法要，遂奏舉吏部勾當官韓公廉通九章勾股法，常以推考天度與張衡、王蕃、僧一行、梁令瓚、張思訓法式，大綱可以尋究。若據筭術考案象器，亦能成就，請置局差官製造。詔如所言。奏鄭州原武主簿王沇之，太史局官周日嚴、于太古、張仲宣，同行監造。制度既成，詔置之集英殿，總謂之渾天儀。公廉將造儀時，先撰九章勾股驗測渾天書一卷，貯之禁中，今失其傳，故世無知者。

舊制渾儀，規天矩地，機隱於内，上布經躔，次具日月五星行度，以察其寒暑進退，如張衡渾天、開元水運銅渾儀者，是也。久而不合，乖於施用。

公廉之制則爲輪三重：一曰六合儀，縱置地渾中，即天經環也，與地渾相結，其體不動；二曰三辰儀，置六合儀內；三曰四游儀，置三辰儀內。植四龍柱於地渾之下，又置鼇雲於六合儀下。四龍柱下設十字水趺，鑿溝道通水以平高下。別設天常單環於六合儀內，又設黃道赤道二單環，皆置三辰儀內，東西相交隨天運轉，以驗列舍之行。又爲四象環，附三辰儀，相結於天運環，黃赤道兩交爲直距二縱置于四游儀內。北屬六合儀地渾之上，以正北極出地之度。南屬六合儀地渾之下，以正南極入地之度。此渾儀之大形也。直距內夾置望筒一，于筒之半設關軸，附直距上，使運轉低昂，筒常指日，日體常在筒竅中，天西行一周，日東移一度，仍以窺測四方星度，皆斟酌李淳風、孔挺、韓顯符、舒易簡之制也。

三辰儀上設天運環，以水運之。水運之法始於漢張衡，成于唐梁令瓚及僧一行，復于太平興國中張思訓，公廉今又變正其制，設天運環，下以天柱關軸之類上動渾儀，此新制也。

舊制渾象，張衡所謂置密室中者，推步七曜之運，以度曆象昏明之候，校二十四氣，考晝夜刻漏，無出於渾象。隋志稱梁秘府中有宋元嘉中所造者，以木爲之，其圓如丸，徧體布二十八宿、三家星色、黃赤道、天河等，別爲橫規繞於外，上下半之，以象地也。開元中，詔僧一行與梁令瓚更造銅渾象，爲圓天之象，上具列宿周天度數，注水激輪令其自轉，一日一夜天轉一周，又别置日月五星循繞，絡在天外，令得運行。每天西轉一匝，日正東行一度，月行一十三度有奇，凡二十九轉而日月會，三百六十五轉而日行一匝。仍置木櫃以爲地平，令象半在地上，半在地下，又立二木偶人於地平之前，置鍾鼓使木人自然撞擊以報辰刻〔八〇〕，命之曰水運渾天俯視圖。既成，命置之武成殿。

宋太史局舊無渾象，太平興國中，張思訓準開元之法，而上以蓋爲紫宫，旁爲周天度，而東西轉之，出新意也。

公廉乃增損隋志制之，上列二十八宿周天度數，及紫微垣中外官星，以俯窺七政之運轉，納於六合儀天經地渾之内，同以木櫃載之。其中貫以樞軸，南北出渾象外，南長北短，地渾在木櫃面，横置之，以象地。天經與地渾相結，縱置之，半在地上，半隱地下，以象天。其樞軸北貫天經上杠中，末與杠平，出櫃外三十五度稍弱，以象北極出地。南亦貫天經出下杠外，入櫃内三十五度少弱，以象南極入地。就赤道爲牙距，四百七十八牙以銜天輪，隨機輪地轂正東西運轉，昏明中星既應其度，分至節氣亦驗應而不差。

王蕃云：「渾象之法，地當在天内，其勢不便，故反觀其形，地爲外郭，於已解者無異，詭狀殊體而合于理，可謂奇巧者也。」今地渾亦在渾象外，蓋出于王蕃制也。其下則思訓舊制，有樞輪關軸，激水運動，以直神摇鈴扣鍾擊鼓，置時刻十二神司辰像於輪上，時初、正至，則執牌循環而出，報隨刻數以定晝夜長短。至冬水凝，運轉遲澀，則以水銀代之。

今公廉所製，共置一臺，臺中有二隔，渾儀置其上，渾象置其中，激水運轉，樞機輪軸隱于下。內設晝夜時刻機輪五重：第一重曰天輪，以撥渾象赤道牙距；第二重曰撥牙輪，上安牙距，隨天柱中輪轉動，以運上下四輪；第三重曰時刻鍾鼓輪，上安時初、時正百刻撥牙，以扣鍾擊鼓摇鈴；第四重曰日時初、正司辰輪，上安時初十二司辰、時正十二司辰；第五重曰報刻司辰輪，上安百刻司辰。已上五輪並貫於一軸，上以天束束之，下以鐵杵臼承之，前以木閣五層蔽之，稍增異其舊制矣。五輪之北，又側設樞輪，其輪以七十二輻爲三十六洪，束以三輞，夾持受水三十六壺。轂中橫貫鐵樞軸一，南北出軸爲地轂，運撥地輪。天柱中輪動，機輪動渾象，上動渾天儀。又樞輪左設天池、平水壺，平水壺受天池水，注入受水壺，以激樞輪。受水壺落入退水壺，由壺下北竅引水入昇水下壺，以昇水下輪運水入昇水上壺，上壺內昇水上輪及河車同轉上下輪，運水入天河，天河復流入天池，每一晝一夜周而復始。此公廉所製渾儀、渾象二器而通三用，總而名之曰渾天儀。

金既取汴，皆輦致于燕，天輪赤道牙距撥輪懸象鍾鼓司辰刻報天池水壺等器久皆棄毁，惟銅渾儀置之太史局候臺。但自汴至燕相去一千餘里，地勢高下不同，望筒中取極星稍差，移下四度纔得窺之。明昌六年秋八月，風雨大作，雷電震擊，龍起渾儀鼇雲水趺下，臺忽中裂而摧，渾儀仆落臺下，旋命有司營葺之，復置臺上。貞祐南渡，以渾儀鎔鑄成物，不忍毀拆，若全體以運則艱於輦載，遂委而去。

興定中，司天臺官以臺中不置渾儀及測候人數不足，言之於朝，宜鑄儀象，多補生員，庶得盡占考之實。宣宗召禮部尚書楊雲翼問之，雲翼對曰：「國家自來銅禁甚嚴，雖罄公私所有，恐不能給。今調度方殷，財用不足，實未可行。」他日，上又言之，於是止添測候之人數員，鑄儀之議遂寢。

初，張行簡爲禮部尚書提點司天監時，嘗製蓮花、星丸二漏以進，章宗命置蓮花漏于禁中，星丸漏遇車駕巡幸則用之。貞祐南渡，二漏皆遷于汴，汴亡廢毀，無所稽其製矣。

校勘記

〔一〕轉終分　「終」，原作「中」。按，下文「轉終日：二十七日，餘二千九百，秒六千六十六」，以本書卷二一曆志上「日法：五千二百三十分」乘之，正合轉終分數。又下文「求經朔弦望入轉」條，「置天正朔積分，以轉終分及秒去之」作「轉終分」。庚午曆同。今據改。

〔二〕如日法而一　「如」，原作「以」，今據庚午曆改。

〔三〕五百一十三　原作「五百一十二」。按，本表次行二日朓五百一十三，即據此數，庚午曆亦作「五百一十三」。今改正。又，據本志文例，本表闕各欄欄目，其名稱順次爲：轉日、轉定分、轉積度、遲疾度、損益率、朓朒積。

〔四〕二十九度二十五　「二十五」，原作「五十一」。按，本表二日轉定分爲一千四百五十七，即十四度五十七，與積度十四度六十八之和爲二十九度二十五，即三日積度數。庚午曆載此不誤，今據改。

〔五〕八十五度六十一　「八十五」，原作「八十」。按，本表六日轉定分與積度之和爲八十五度六十一，即本日積度之數，知脱「五」字。庚午曆不脱，今據補。

〔六〕疾五度四十九　「四十九」，原作「十九」。按，本志載月每日平行度爲十三度三十七分，累積至今日當爲九十三度五十九，而是日實載積度爲九十九度八，超過五度四十九，是爲本日疾度。庚午曆同，今據改。

〔七〕疾五度三十三　「三十三」，原作「三十二」。按，月平行度累積至今日當爲一〇六度九十六，與今日積度一百一十二度二十九差五度三十三，是爲本日疾度。庚午曆同，今據改。

〔八〕三百五十二　原作「三百五十一」。按，本表今日朓一千六百六十三，當損三百五十二，方得次日朓一千三百一十一。今據改。

〔九〕二百一十一度十五　「一十一」，原作「一十二」。按，本表十六日轉定分與積度之和爲二百一十一度十五，即本日積度之數。庚午曆不誤，今據改。

〔一〇〕遲二度七十七　「七十七」，原作「八十七」。按，月平行度累積至今日當爲二百一十三度九十二，而本日積度爲二百一十一度十五，尚少二度七十七，是爲本日遲度。庚午曆同，今據改。

〔一一〕二百二十三度五十一　「五十一」，原作「五十」。按，本表十七日轉定分與積度之和爲二百二十三度五十一，即本日積度之數。庚午曆載此不誤，今據改。

〔一二〕遲五度四十三　「四十三」，原作「四十二」。按，月平行度累積至今日當爲二百六十七度四，而本日積度爲二百六十一度九十七，尚少五度四十三，是爲本日遲度。庚午曆不誤，今據改。

〔一三〕朒二千一百四十　「十」下原衍「三十九」三小字。按，本表二十一日朒二千一百二十四，「初益二十七，末損一十一」，尚益一十六，其和爲二千一百四十，即今日朓朒積。庚午曆同，今據刪。

〔一四〕朒二千五十四　「四」下原衍「二」一小字。按，本表二十二日朒二千一百四十，損八十六，其差爲二千五十四，即今日朓朒積。庚午曆同，今據刪。

〔一五〕朒一千八百七十　「十」下原衍「六十九」三小字。按，本表二十三日朒二千五十四，損一百八十四，其差爲一千八百七十，即今日朓朒積。庚午曆同，今據刪。

〔一六〕三百四十五度六十一　「六十一」，原作「六十二」。按，二十六日轉定分與積度之和爲三百四十五度六十一，即本日積度之數。今據改。

〔一七〕遲空七十五　「七十五」，原作「七十七」。按，月平行度累積至今日當爲三百六十度九十九，而本日積度爲三百六十度二十四，尚差空度七十五。庚午曆載此不誤，今據改。

〔一八〕求朔弦望定日　「弦」字原脫，據庚午曆補。按，下文「置經朔、弦、望小餘」、「各得定朔、弦、望日辰及餘」，皆有「弦」字。

〔一九〕望入氣日餘　「餘」字原脫，據庚午曆補。

〔二〇〕又以冬至加時日躔黄道宿度加之　「加之」二字原脫，今據庚午曆補。

〔二一〕若先於曆注定每日夜半日度即爲妙也　「注」，原作「法」；「妙」，原作「秒」，據庚午曆改。

〔二二〕望加時黄道日度　「日」，原作「月」，據殿本改。按，庚午曆亦作「日」。

〔二三〕以加減經朔加時入轉　「轉」字原脫，據庚午曆補。

〔二四〕亦加減轉日　「日」，原作「入」，據庚午曆改。

〔二五〕滿轉終日　「轉」字原脫，據庚午曆補。

〔二六〕以其月經朔加時　「以其」，原作「其以」，據庚午曆乙正。

〔二七〕即其經朔加時中積度及分秒　「及」字原脫，據庚午曆補。

〔二八〕如三萬九千一百二十一分而一爲度　「分」下原脫「而一」二字，據宋史卷七九律曆志一二紀元曆補。

〔二九〕然後以冬至加時　「後」字原脫，據庚午曆補。

〔三〇〕以交終度及分秒加而命之　「交」，原作「受」；「分」字原脱，據庚午曆改補。

〔三一〕立冬立夏後　「立冬」二字原脱。按，上文冬至、夏至並稱，下文亦作「立冬立夏後」，知此脱「立冬」二字。今據庚午曆補。

〔三二〕七因八約之　「之」字原脱，依上下文例補。

〔三三〕所得爲月道與赤道定差　「月道」，原作「月行」，據庚午曆改。

〔三四〕其分就近約爲太半少　「爲」字原脱，據庚午曆補。

〔三五〕加前宿正交後黄道積度　「加」，原作「如」，據庚午曆改。

〔三六〕交終三百六十三度七十九分三十六秒　「三百」，原作「二百」；「七十」，原作「七千」。按，下文「交中：一百八十一度，八十九分，六十八秒」，倍之正爲此交終數。或四倍交象亦爲此數。庚午曆同，今據改。

〔三七〕月蝕既限　「限」字原脱，據庚午曆補。

〔三八〕求定朔望加時入交　「定」，原作「交」，據宋紀元曆改。

〔三九〕每日夜半準此求之　「半」字、「之」字原脱，今據庚午曆補。

〔四〇〕所得朓減朒加入交常日爲入交定日及餘秒　前二「入交」，原作「之」，庚午曆作「交」，今據上文及本處文義改正。又，「定」字原脱，今據庚午曆補。

〔四一〕以所入氣日損益率　「損」，原作「積」，據庚午曆改。

〔四二〕盈縮之損益　「損益」之下原衍「之」字，據庚午曆删。

〔四三〕求日食去交前後定分　「去」，原作「爲」，據庚午曆改。

〔四四〕交前陽曆不及減　「交」上原衍「亦入」二字，據庚午曆删。

〔四五〕爲交前陰曆　「陰」，原作「陽」，據庚午曆改。

〔四六〕如定朔入轉筭外轉定分而一　「外」下原脱「轉」字，據庚午曆補。

〔四七〕如定望入轉筭外轉定分而一　「望」，原作「朔」，據庚午曆改。

〔四八〕如定望入轉筭外轉定分而一　「望」，原作「朔」，據庚午曆改。

〔四九〕爲點法　「法」字原脱，據庚午曆補。

〔五〇〕此亦據正午地而論之　「正」字原脱。上文有「正」字，庚午曆同，今據補。

〔五一〕滿定用分而一　「而」，原作「西」，據庚午曆改。

〔五二〕空三十二　八十二　「三十二」、「八十二」，原在下格誤爲初行率，今據庚午曆改。

〔五三〕空三十二　八十二　一十八　「三十二」、「八十二」，原在下格誤爲初行率，今亦同前改正。又，初行率「一十八」，紀元曆、庚午曆皆作「一十六」。

〔五四〕一度四十五　「四十五」，原在下格誤爲初行率，據庚午曆改正。

〔五五〕一十六日八十六　「一十六」，原作「二十六」，據紀元曆、庚午曆改。

〔五六〕四度二十一「二十一」，原作「二十」。按，本表前格縮積度爲五度一十四，損九十三，其差爲四度二十一。庚午曆同。今據文義及庚午曆補。

〔五七〕三十七度九十九「度」字原脱，今據文例補。

〔五八〕一十六度六十八 按，本表晨順遲初行率爲五十四，晨末遲初行率爲三十七，兩初行率相加，半之，乘晨順遲段日三十七，即得平度一十六度八十四。如以紀元曆晨末遲初行率三七・二六計算，則得平度一六・八八。然紀元曆亦作一六・六八。又平度總和與限度總和相等，據此推之，亦是一六・六八。疑其中有訛誤，或初行率尾數進捨所致。

〔五九〕八度一十五六十 三度五四十 「一十五」、「六十」，原誤入下格限度欄。按，此爲晨退平度。今據庚午曆改正。又，限度「三度五四十」，北監本、殿本、局本並作「五度五四十」，誤入下格初行率欄。本爲限度。今並據庚午曆改正。

〔六〇〕五度七十五 五度四十五 「七十五」，原誤入下格限度欄。下格「五度四十五」，亦順次誤入下格初行率欄。今皆據庚午曆提一格改正。

〔六一〕一十五度八十「度」字原脱，今據文例及庚午曆補。

〔六二〕四度五十八「五十八」旁原衍「十一」二小字。按，本表前行縮積度爲零，損益率爲益四百五十八，即本行之縮積度。庚午曆同，今據删。

〔六三〕二十四度二十四 度餘「二十四」，原作「二十六」。按，本表前行盈積度爲一十九度六十，又益四百六十四，即四度六十四，其和爲二十四度二十四，即本行之盈積度。庚午曆同，今據改。

〔六四〕九七十五　「七十五」三字原脱。按，本表土星夕退平度爲三・三九六六五，段日爲五一・〇六五一五，則知其平行分爲〇・〇六六五。平行分乘十四，十五而一，得總差〇・〇六二〇，總差之半即〇・〇三一〇，與平行分〇・〇六六五之和，即爲夕退初行率〇・〇九七五。知「九」下脱「七十五」三字。庚午曆不脱，今據補。

〔六五〕六十度一十六五十　「一十六」，原作「一十五」。按，金星順行，限度爲平度的百分之九十六，本段限度爲五十七度七十六，則平度當作六十度一十六五十。紀元曆、庚午曆同，今據改。

〔六六〕九十三　原作「九十二」，據南監本、局本改。按，紀元曆、庚午曆亦作「九十三」。參見前條校勘記。

〔六七〕空度五十二　「五十二」，原作「五十一」。按，本表前格縮積度爲一度空，損四十八，其差爲空度五十二，即爲本格之縮積度。庚午曆同，今據改。

〔六八〕二十四度三十六　「三十六」，原作「二十六」。按，水星順行，限度爲平度的百分之八十四，本段平度爲二十九度，則限度當作二十四度三十六。紀元曆、庚午曆同，今據改。

〔六九〕一百八　「八」字原脱，據紀元曆、庚午曆補。計算方法參見本卷校勘記〔六四〕。

〔七〇〕以平度累加中星　「中星」，原作「中積」，據庚午曆改正。

〔七一〕然後加減　「後」，原作「可」，據庚午曆改。

〔七二〕餘爲增減差　「減」下原衍「之」字，據南監本、北監本、局本删。按，庚午曆亦無「之」字。

〔七三〕當類會前後增減差稍損益之　「減」下原衍「之」字，今據庚午曆删。又，「類會」，庚午曆作「類同」，較妥。

〔七四〕金水二星順合退合　「順」，原作「定」，據庚午曆改。

〔七五〕各以平合退合行差　「行」，原作「以」，據庚午曆改。

〔七六〕半中限爲象限　「爲」，原作「與」，據庚午曆改。

〔七七〕滿七十五而一　「十」，原作「千」，據庚午曆改。

〔七八〕見加伏減汎積爲定積　「爲定積」三字原脱，據庚午曆補。

〔七九〕求金水二星定見伏定積日　「積日」，原作「日積」，依上段標題乙正。

〔八〇〕置鍾鼓使木人自然撞擊以報辰刻　「報」，原作「使」，據南監本、北監本、殿本改。

金史卷二十三

志第四

五行

五行之精氣，在天爲五緯，在地爲五材，在人爲五常及五事。五緯志諸天文，歷代皆然。其形質在地，性情在人，休咎各以其類，爲感應於兩間者，歷代又有五行志焉。兩漢以來，儒者若夏侯勝之徒，專以洪範五行爲學，作史者多采其說，凡言某徵之休咎，則以某事之得失繫之，而配之以五行。謂其盡然，其敝不免於傅會；謂其不然，「肅，時雨若」、「蒙，恒風若」之類，箕子蓋嘗言之。金世未能一天下，天文災祥猶有星壄之說，五行休咎見於國内者不得他諉，乃彙其史氏所書，仍前史法，作五行志。至於五常五事之感應，則不必泥漢儒爲例云。

初，金之興，平定諸部，屢有禎異，故世祖每與敵戰，嘗以夢寐卜其勝負。烏春兵至蘇速海甸，世祖曰：「予夙昔有異夢，不可親戰，若左軍有力戰者當克。」既而與肅宗等擊之，敵大敗。

太祖之生也，常有五色雲氣若二千斛囷廩之狀，屢見東方。遼司天孔致和曰：「其下當生異人，建非常之事，天以象告，非人力所能爲也。」

温都部跋忒畔，穆宗遣太祖討之，入辭，奏曰：「昨夕見赤祥，往必克。」遂與跋忒戰，殺之。

穆宗攻阿疎日，辰巳間，忽暴雨昏曀，雷電環阿疎所居，是夕有巨火聲如雷，墜阿疎城中，遂攻下之。

太祖嘗往寧江，夢斡帶之禾場焚，頃刻而盡。覺而大戚，即馳還，斡帶已寢疾，翌日不起。

斡塞伐高麗，太祖卧而得夢，亟起曰：「今日捷音必至。」乃爲具於毬場以待。有二麞渡水而至，獲之，太祖曰：「此休徵也。」言未既，捷書至，衆大異之。

他日軍寧江，駐高阜，撒改仰見太祖體如喬松，所乘馬如岡阜之大，太祖亦視撒改人馬異常，撒改因白所見，太祖喜曰：「此吉兆也。」即舉酒酹之曰：「異日成功，當識此地。」師次唐括帶斡甲之地，諸軍介而立，有光起於人足及戈矛上，明日，至札只水，光復如初。收國元年，上在寧江州，有光正圓，自空而墜。八月己卯〔一〕，黄龍見空中。十二月丁未，上候遼軍還至孰結濼〔二〕，有光復見於矛端。天輔六年三月，師攻西京，有火如斗，墜其城中。是月，城降而復叛，四月辛卯，取之。

太宗天會二年，曷懶移鹿古水霖雨害稼，且爲蝗所食。秋，泰州潦，害稼。三年七月，錦州野蠶成繭。九月，廣寧府進嘉禾。四年十月，中京進嘉禾。六年冬，移懶路飢。九年七月丙申，上御西樓聽政，聞咸州所貢白鶻音忽異常，上起視之，見東樓外光明中有像巍然，高五丈許，下有紅雲承之，若世所謂佛者，乃擎跽修虔，久之而没。十年冬，移懶、曷懶等路飢〔三〕。

熙宗天會十三年五月，甘露降於盧州熊岳縣〔四〕。十五年七月辛巳，有司進四足雀。丙戌夜，京師地震。

天眷元年夏，有龍見於熙州野水，凡三日。初，於水面見一蒼龍，良久而没。次日，見金龍一，爪承一嬰兒，兒爲龍所戲，略無懼色，三日如故。又見一人，乘白馬，紅袍玉帶，如少年官狀，馬前有六蟾蜍，凡三時乃没，郡人競往觀之。七月丁酉，按出滸河溢，壞民廬舍。　三年十二月丁丑，地震。

皇統元年秋，蝗。十一月己酉，稽古殿火。　二年二月，熙河路飢。三月辛丑，大雪。秋，燕、西東二京、河東、河北、山東、汴、平州大熟。　三年，陝西旱。五月丁巳，京兆府貢瑞麥。七月丙寅，太原進獬豸及瑞麥〔五〕。　四年正月乙丑，陝西進嘉禾，十有二莖，一本七穎。十月甲辰，地震。　五年閏月戊寅，大名府進牛生麟。壬辰，懷州進嘉禾。　七年十一月，完顏秉德進三角牛〔六〕。　九年四月壬申夜，大風雨，雷電震寢殿鴟尾壞。有火入帝寢，燒帷幔，上懼，徙别殿。丁丑，有龍鬭于利州榆林河上。大風壞民居官舍十六七，木瓦人畜皆飄揚十餘里，死傷者數百，同知州事石抹里壓死。

海陵天德二年十二月，野人採石炭，獲異香。

貞元三年五月癸丑，南京大内災〔七〕。　三年十二月己丑，雨，木冰。

正隆二年六月壬辰，蝗飛入京師。秋，中都、山東、河東蝗。四年十一月庚寅，霜附木。五年二月辛未，河東、陝西地震。鎮戎、德順等軍大風，壞廬舍，民多壓死。海陵問司天馬貴中等曰：「何爲地震？」貴中等曰：「伏陽逼陰所致。」又問：「震而大風，何也？」對曰：「土失其性，則地以震。風爲號令，人君嚴急則有烈風及物之災。」六年六月壬戌，大風壞承天門鴟尾。

是歲，世宗居貞懿皇后憂，在遼陽，一日方寢，有紅光照其室，及黄龍見於室上，又夜有大星流入其邸。八月，復有雲氣自西來，黄龍見其中，人皆見之。是時，臨潢府聞空中有車馬聲，仰視見風雲杳靄，神鬼兵甲蔽天，自北而南，仍有語促行者。未幾，海陵下詔南征。

世宗大定二年閏二月辛卯，神龍殿十六位焚，延及太和、厚德殿。三年三月丙申，中都以南八路蝗〔八〕。四年三月庚子夜，京師地震。七月辛丑，大風雷雨，拔木。臨潢府境禾黍穭生。嵐州進白兔二。八月，永興進嘉禾，異畝同穎。中都南八路蝗飛入京畿。十一月辛丑，尚書省火。是歲，有年。五年六月戊子，河南府進芝草十三本，得於芝田石上，薦之太廟。六月甲辰，大安殿楹産芝，其色如玉。丙午，京師地震，有聲自西北來，殷殷如雷，地生白毛。七月戊申，又震。十一月癸酉，大霧，晝晦。七年九月庚辰，地震。八年五月甲子，北望淀大風，雨雹〔九〕，廣十里，長六十里。六月，河決李固渡，水入曹州。十年正月，鄧州進芝草。十一年六月戊申，西南路招討司苾里海水之地雨雹三十餘里，小者如鷄卵。其一最大，廣三尺，長丈餘，四五日始消。十二年三月庚寅，雨土。四月，旱。十三年正月，尚書省奏：「宛平張孝善有子曰合得，大定十二年三月旦以疾死，至暮復活，云是本良鄉人王建子喜兒。而喜兒前三年已死，建驗以家事，能具道之，此蓋假屍還魂，擬付王建爲子。」上曰：「若是則姦倖小人競生詐僞，瀆亂人倫。」止付孝善。八月丁丑，策試進士於憫忠寺，夜半忽聞音樂聲起東塔上，西達於宮。考官完顏蒲捏、李晏等以爲文運始開〔一〇〕，得賢之兆。十四年八月丁巳朔，次糺里舌，日午，白龍見於御帳之東小港中，既而乘雷雲而上，尾猶曳地，良久北去。十六年三月戊申，雨豆於臨潢之境，其形上鋭而赤，食之味頗苦。五月戊申，南京宮殿火。是歲，中都、河北、山東、陝西、河東、遼東等十路旱、蝗。十七年七月，大雨，滹沱、盧溝水溢，河決白溝。二十年四月己亥，太寧宮門火。五月丙寅，京師地震，生黑白毛。七月，旱。秋，河決衞州〔一一〕。二十二年五月，慶都蝗蝝生，散漫十餘里。一夕大風，蝗皆不見。二十三年正月辛巳，廣樂園燈山焚，延及熙春殿。三月乙酉，氛埃雨土。四月庚子亦如之。五月丁亥，雨雹，地生白毛。　二十四年正月辛卯朔，徐州進芝十有八莖。真定進嘉禾二本，異畝同穎。　二十六年正月庚辰，河南府進芝三本。秋，河決，壞衛州城。　二十七年四月辛丑，京師地微震。

章宗大定二十九年五月丁未，地生白毛。五月，曹州河溢〔一二〕。十二月，密州進白鶉、白雉各一。河間府進嘉禾。是冬無雪。

明昌元年正月，懷州、河間等處進芝草、嘉禾。二月，地生白毛。六月庚子，都水進異卵。夏，旱。七月，淫雨傷稼。　二年五月，桓、撫等州旱。秋，山東、河北旱，飢。　三年秋，綏德蚄蟲生。旱。　四年三月，御史中丞董師中奏：「廼者太白晝見，京師地震，北方有赤氣，遲明始散。天之示象，冀有以警悟聖主也。」上問：「所言天象何從得之？」師中曰：「前監察御史陳元升得之於一司天長行。」上曰：「司天臺官不奏固有罪，其以語人尤非。朕欲令自今司天有事而不奏者長行得言之，何如？」師中曰：「善。」五月，霖雨，命有司祈晴。六月，河決衛州，魏、清、滄皆被害。是歲，河北、山東、南京、陝西諸路大稔。　五年七月邢、洺、深、冀及河北西路十六謀克之地〔一三〕，野蠶成繭。十一月壬午，木冰。丙戌，天壽節，先陰雨連日，至是開霽，有龍曳尾於殿前雲間。八月，河決陽武故堤〔一四〕，灌封丘而東。六年二月丁丑，京師地震，大雨雹，晝晦，大風，震應天門右鴟尾壞。六年八月，大雨震電，有龍起於渾儀鼇趺，臺忽中裂而摧，儀仆於臺下。

承安元年五月，自正月不雨，至是月雨。六月，平晉縣民利通家蠶自成綿段，長七尺一寸五分，闊四尺九寸。二年，自正月至四月不雨。六月丙午，雨雹。四年三月戊午，雨雹。五月，旱。五年五月庚辰，地震。十月庚子，天久陰，是日雲色黃而風霾。癸卯晨，陰霜附木，至日入亦如之。

泰和二年八月丙申，磁州武安縣鼓山石聖臺，有大鳥十集於臺上，其羽五色爛然，文多赤黃，赭冠雞項，尾闊而修，狀若鯉魚尾而長，高可逾人，九子差小侍傍，亦高四五尺。禽鳥萬數形色各異，或飛或蹲，或步或立，皆成行列，首皆正向如朝拱然。初自東南來，勢如連雲，聲如殷雷，林木震動，牧者驚惶，即驅牛擊物以驚之，殊不爲動。俄有大鳥如鵰鶚者怒來搏擊之，民益恐，奔告縣官，皆以爲鳳凰也，命工圖上之。留二日，西北去。按視其處，糞迹數頃，其色各異。遺禽數千，累日不能去。所食皆巨鯉，大者丈餘，魚骨蔽地。章宗以其事告宗廟，詔中外。三年四月，旱。十月己亥，大風。四年正月壬申，陰霧，木冰。三月丁卯，大風，毀宣陽門鴟尾。四月，旱。壬戌，萬寧宮端門災。十一月丁卯，陰。木冰凡三日〔一五〕。五年夏，旱。八年閏四月甲午，雨雹〔一六〕。河南路蝗。六月戊子，飛蝗入京畿。八月乙酉，有虎至陽春門外，駕出射獲之。時又有童謡云：「易水流，汴水流，百年易過又休休。兩家都好住，前後總成留。」至貞祐中，舉國遷汴。

衛紹王大安元年，徐、沛界黄河清五百餘里，幾二年，以其事詔中外。臨洮人楊珪上書曰：「河性本濁，而今反清，是水失其性也。正猶天動地靜，使當動者靜，當靜者動，則如之何，其爲災異明矣。且傳曰：『黄河清，聖人生。』假使聖人生，恐不在今日。又曰『黄河清，諸侯爲天子』。正當戒懼，以銷災變，而復誇示四方，臣所未喻。」宰相以爲妖言，議誅之，慮絶言路，即詔大興府鎖還本管。十一月丙申，平陽地震，有聲自西北來。戊戌夜，又震，自此時復震動，浮山縣尤劇，城廨民居圮者十七八，死者凡二三千人。二年二月乙酉，地大震，有聲殷殷然。六月、七月至九月晦，其震不一。十一月，京師民周修武宅前渠内火出，高二尺，焚其板橋。又旬日，大悲閣幡竿下石隙中火出，高二三尺，人近之即滅，凡十餘日。自是都城連夜燔爇二三十處。是歲四月，山東、河北大旱，至六月，雨復不止，民間斗米至千餘錢。三年二月乙亥夜，大風從西北來，發屋折木，吹清夷門關折〔一七〕。三月戊午，大悲閣災，延燒萬餘家，火五日不絶。山東、河北、河東諸路大旱。是歲，有男子郝贊詣省言：「上即位之後，天變屢見，火焚萬家，風折門關，非小異也，宜退位讓有德。」有司問：「爾狂疾乎？」贊大言曰：「我不狂疾，但爲社稷計，宰相皆非其才。」每日省前大呼，凡半月。上怒，誅之隱處。

崇慶元年七月辛未未時，有風從東來，吹帛一段高數十丈，宛轉如龍，墜於拱辰門内。是歲，河東、陝西、山東、南京諸路旱。二年二月，放進士榜，有狂僧公言：「殺天子。」求之不知所在。是歲，河東、陝西大旱，京兆斗米至八千錢。

至寧元年，宣宗彰德故園竹開白花，如鷺鷥藤。紫雲覆城上數日，俄而入繼大統。七月，以河東、陝西諸處旱，遣工部尚書高朵剌祈雨于嶽瀆，至是雨足。時斗米有至錢萬二千者〔一八〕。八月癸巳，衛紹王遇弑。是日，海水不潮，寶坻鹽司懼其虧課，致禱無應。九月丙午，宣宗即位乃潮。初，衛王即位改元大安，四年改曰崇慶，既而又改曰至寧，有人謂曰：「三元大崇至矣。」俄而有胡沙虎之變。

宣宗貞祐元年八月戊子夜，將曙，大霧蒼黑，跬步無所見，至辰巳間始散。十二月乙卯，雨，木冰。時衛州有童謡曰：「團圞冬，劈半年。寒食節，没人煙。」明年正月，元兵破衛，遂丘墟矣。二年六月，潮白河溢，漂古北口鐵裹關門至老王谷。庚申，南京寶鎮閣災。壬戌，上次宜村，有黄龍見於西北。冬，黄河自陝州界至衛州八柳樹，清十餘日，纖鱗皆見。十二月己酉，雨，木冰。　三年二月戊午，大風，隆德殿鴟尾壞。三月戊辰，大風，霾。四月，自去冬不雨，至于是月。五月，河南大蝗〔一九〕。六月，京城中夜妄相驚逐狼，月餘方息。十月丙申昏，西北有霧氣如積土，至二更乃散。　四年正月己未旦，黑霧四塞，巳時乃散。是春，河朔人相食。五月，河南、陝西大蝗。鳳翔、扶風、岐山、郿縣蝗蟲傷麥。七月，旱。癸丑，飛蝗過京師。

興定元年三月，宮中有蝗。四月，單州雹傷稼。陳州商水縣進瑞麥，一莖四穗。開封府進瑞麥，一莖三穗、二莖四穗。五月乙丑，河南大風，吹府門署以去。延州原武縣雹傷稼。七月癸卯，大社壇產嘉禾，一莖十五穗。秋，霖雨。十月，邠州進白兔。丹州進嘉禾，異畝同穎。　二年四月，河南諸郡蝗。五月，秦、陝狼害人。六月，旱。是歲，京師屢火，遣禮部尚書楊雲翼禜之。　三年春，吏部火。四月癸未，陝右黑風晝起，有聲如雷，頃之地大震，平涼、鎮戎、德順尤甚，廬舍傾，壓死者以萬計，雜畜倍之。夏，旱。十二月壬申，雨，木冰。　四年正月戊辰二更〔二〇〕，天鳴有聲。壬子，晝晦，有頃大雷風雨。四月丁丑，大風吹河南府署飛百餘步，户案門鑰開，文牘飄散，不知所在。六月，旱。七月，河南大水，唐、鄧尤甚。十二月癸酉，火。是歲，華州渭南縣民裴德寧家伐樹，破其中有赤色「太」字，表裏脗合。有司言與唐大曆中成都瑞木有文「天下太平」者其事頗同，蓋太平之兆也。

乞付史館。五年三月，以久旱，詔中外〔二〕，仍命有司祈禱。十一月壬寅，京師相國寺火。十二月丁丑，霜附木。先是，有童謡云：「青山轉，轉山青。耽誤盡，少年人。」蓋言是時人皆爲兵，轉鬭山谷，戰伐不休，當至老也。

元光元年四月，京畿旱。十月，上獵近郊，獲白兔，羣臣以爲瑞。明日，御便殿，置鈴於項，將縱之，兔驚躍不已，忽斃几上。二年正月辛酉日午，有鶴千餘翔于殿庭，移刻乃去。七月乙卯，丹鳳門壞，壓死者數人。十一月，開封有虎害人。是時屢有妖怪，二年之中，白日虎入鄭門，吏部及宫中有狐狼，鬼夜哭于輦路，烏鵲夜驚，飛鳴蔽天。十二月，宣宗崩。

哀宗正大元年正月戊午，上初視朝，尊太后爲仁聖宫皇太后，太元妃爲慈聖宫皇太后。是日，大風飄端門瓦，昏霾不見日，黄氣塞天。仁聖又夢乞丐萬數踵其後，心惡之，占者曰：「后爲天下母，百姓貧窶，將誰訴焉。」遂勑京城設粥與冰藥以應之，人以爲壬辰、癸巳之兆。又有人衣麻衣，望承天門大笑者三，大哭者三，有司拘而問之，其人曰：「我先笑者，笑許大天下將相無人。後哭者，哀祖宗家國破蕩至此也。」有司以爲妖言，處之重典。上曰：「近詔草澤之士並許直言，雖涉譏訕亦不治罪，況此人言亦有理，止不應哭笑闕下耳。」乃杖之。　二年正月甲申，有黄黑之祲。四月，旱。京畿大雨雹。　三年春，大寒。三月乙丑，有火自吏部中出，大如斛，流行展轉，人皆驚避，踰時而滅。四月，旱、蝗。六月，京東雨雹，蝗死。　四年六月丙辰，地震。八月癸亥，大風吹左掖門鴟尾墜〔二二〕，丹鳳門扉壞。是日，風、霜損禾皆盡。　五年春，大寒。二月，雷而雪，木之華者皆敗。四月，鄭州大雨雹，桑柘皆枯。京畿旱。八月，御座上聞若有言者曰：「不放捨則何？」索之不見。　七年十二月，新衞州北三里許，有影在沙上，如舊衞州城狀，寺塔宛然，數日乃滅。

天興元年正月丁酉，大雪。二月癸丑，又雪。戊午，又雪。是時，鈞州、陽邑、盧氏兵皆大敗〔二三〕。五月，大寒如冬。七月庚辰，兵刃有火。閏八月己未，有箭射入宮中〔二四〕。九月辛丑夜，大雷，工部尚書蒲乃速震死。　二年六月，上遷蔡，自發歸德，連日暴雨，平地水數尺，軍士漂没。及蔡始晴，復大旱數月。識者以爲不祥。初，南京未破一二年間，市中有一僧不知所從來，持一布囊貯棗，日散與市人無窮，所在兒童百十從之。又有一人拾街中破瓦，復以石擊碎之。人皆以爲狂，不曉其理，後乃知之，其意蓋欲使人早散，國家將瓦解矣。

校勘記

〔一〕八月己卯　按，是年八月戊戌朔，無己卯。本書卷二太祖紀繫此事於收國元年九月，是。

〔二〕十二月丁未上候遼軍還至孰結濼　「十二月」三字原脱，據殿本補。按，本書卷二太祖紀，收國元年十二月「丁未，上以騎兵親候遼軍，（中略）是日，上還至孰結濼」。

〔三〕十年冬移懶曷懶等路飢　按，本書卷三太宗紀，天會十一年「十一月丙寅，賑移懶路。（中略）十二月癸未，賑曷懶路」，與此繫年異。

〔四〕熙宗天會十三年五月甘露降於盧州熊岳縣　「五月」，本書卷四熙宗紀，天會十三年四月，「甘露降于熊岳縣」，與此異。

〔五〕七月丙寅太原進獬豸及瑞麥　「丙寅」，本書卷四熙宗紀記此事時間作「庚辰」。

〔六〕完顔秉德進三角牛　「牛」，局本作「羊」。按，本書卷四熙宗紀，皇統七年十一月「乙亥，兵部尚書秉德進三角羊」。

〔七〕貞元三年五月癸丑南京大内災　「三年」，原作「二年」。按，本書卷五海陵紀，貞元三年五月「癸丑，南京大内火」。又卷八二郭藥師傳附子郭安國傳亦記「貞元三年，南京大内火」。今據改。

〔八〕三年三月丙申中都以南八路蝗　「三月」，原作「二月」。按，是年二月壬戌朔，無丙申。本書卷六世宗紀上，大定三年「三月丙申，中都以南八路蝗，詔尚書省遣官捕之」。今據改。

〔九〕北望淀大風雨雹　本書卷六世宗紀上作「北望淀大震風雨雹」。

〔一〇〕考官完顏蒲捏李晏等以爲文運始開　「李晏」，原作「李宴」，據本書卷九六李晏傳改。

〔一一〕秋河決衞州　本書卷七世宗紀中繫此事於大定二十年十二月己亥，與此異。

〔一二〕五月曹州河溢　「五月」，原作「六月」。按，本書卷九章宗紀一，大定二十九年五月戊午，「河溢曹州」。卷二七河渠志同繫五月。今據改。

〔一三〕邢洺深冀及河北西路十六謀克之地　「洺」，原作「洛」，據本書卷一〇章宗紀二改。

〔一四〕八月河決陽武故堤　「八月」，原作「是月」，承上文爲七月。按，本書卷一〇章宗紀二，明昌五年八月「壬子，河決陽武故堤，灌封丘而東」。卷二七河渠志同。今據改。

〔一五〕十一月丁卯陰木冰凡三日　本書卷一二章宗紀四，泰和四年十一月「癸酉，木冰，凡三日」。金史詳校卷三上以爲此處「『丁卯』當作『癸酉』」。或「丁卯陰」下疑有脱文。

〔一六〕八年閏四月甲午雨雹　「閏」字原脱。按，本書卷一二章宗紀四，泰和八年閏月「甲午，雨雹」。今據補。

〔一七〕吹清夷門關折　本書卷一三衞紹王紀記此事作「通玄門重關折，東華門重關折」。

〔一八〕時斗米有至錢萬二千者　「錢」字原脱，據殿本、局本補。

〔一九〕五月河南大蝗　本書卷一四宣宗紀上繫此事於四月。

〔二〇〕四年正月戊辰二更　按，本書卷一六宣宗紀下，是月壬辰朔，無戊辰。

〔二〕五年三月以久旱詔中外　本書卷一六宣宗紀下，興定五年二月「癸酉，以旱災，曲赦河南路。（中略）癸未，以旱災，詔中外」，與此異。

〔三〕八月癸亥大風吹左掖門鴟尾墜　本書卷一七哀宗紀上繫此事於己巳，與此異。

〔三〕是時鈞州陽邑盧氏兵皆大敗　本書卷一七哀宗紀上，天興元年「二月壬子朔，慶山奴謀走歸德，至陽驛店遇大元兵，徐帥完顏兀里力戰而死，慶山奴被擒」。卷一一六承立傳記此事作「二月，行次楊驛店，遇小乃觧軍，遂潰」。考元史卷一五五史天澤傳，「壬辰春，（中略）招降太康、柘縣、瓦岡、睢州，追斬金將完顏慶山奴於陽邑」。蓋「陽邑」即「陽驛」或「楊驛」。「陽」與「楊」、「邑」與「驛」皆同音字，今仍兩存。

〔四〕閏八月己未有箭射入宮中　「閏八月」，按，天興元年閏月在九月。又據本書卷一八哀宗紀下，是年「九月戊寅朔」，「閏月戊申朔」，「己未，有箭射入宮中，書姦臣姓名，兩日而再得之」，此條應在下文「蒲乃速震死」之下。

金史卷二十四

志第五

地理上

上京路　咸平路　東京路　北京路　西京路　中都路

金之壤地封疆，東極吉里迷、兀的改諸野人之境，北自蒲與路之北三千餘里，火魯火疃謀克地爲邊，右旋入泰州婆盧火所浚界壕而西，經臨潢、金山，跨慶、桓、撫、昌、淨州之北，出天山外，包東勝，接西夏，逾黄河，復西歷葭州及米脂寨，出臨洮府、會州、積石之外，與生羌地相錯。復自積石諸山之南左折而東，逾洮州，越蠶川堡，循渭至大散關北，並山入京兆，絡商州，南以唐鄧西南皆四十里，取淮之中流爲界，而與宋爲表裏。襲遼制，建五京，置十四總管府，是爲十九路。其間散府九〔一〕，節鎮三十六〔二〕，防禦郡二十二〔三〕，刺史郡七十三〔四〕，軍十有六，縣六百三十二〔五〕。後復盡升軍爲州，或升城堡寨鎮爲縣，是以金之京府州凡百七十九，縣加於舊五十一，城寨堡關百二十二，鎮四百八十八。雖貞祐、興定危亡之所廢置，既歸大元，或有因之者，故凡可考必盡著之，其所不載則闕之。

上京路，即海古之地，金之舊土也。國言「金」曰「按出虎」，以按出虎水源於此，故名金源，建國之號蓋取諸此。國初稱爲内地，天眷元年號上京。海陵貞元元年遷都于燕〔六〕，削上京之號，止稱會寧府，稱爲國中者以違制論。大定十三年七月，復爲上京。其山有長白、青嶺、馬紀嶺、完都魯，水有按出虎水、混同江、來流河、宋瓦江、鴨子河。府一，領節鎮四，防禦一，縣六，鎮一。舊有會平州〔七〕，天會二年築，契丹之周特城也〔八〕，後廢。其宮室有乾元殿，天會三年建，天眷元年更名皇極殿。慶元宮，天會十三年建，殿曰辰居，門曰景暉，天眷二年安太祖以下御容〔九〕，爲原廟。朝殿，天眷元年建，殿曰敷德，門曰延光，寢殿曰宵衣，書殿曰稽古。又有明德宮、明德殿，熙宗嘗享太宗御容於此，太后所居也。涼殿，皇統二年構，門曰延福，樓曰五雲，殿曰重明。東廡南殿曰東華，次曰廣仁。西廡南殿曰西清，次曰明義。重明後，東殿曰龍壽，西殿曰奎文。時令殿及其門曰奉元。有泰和殿，有武德殿，有薰風殿。其行宮有天開殿，爻剌春水之地也。有混同江行宮。太廟、社稷，皇統三年建〔一〇〕，正隆二年毁。原廟，天眷元年以春亭名天元殿，安太祖、太宗、徽宗及諸后御容。春亭者，太祖所嘗御之所也。天眷二年作原廟，皇統七年改原廟乾文殿曰世德，正隆二年毁。大定五年復建太祖廟。興聖宮，德宗所居也，天德元年名之。興德宮，後更名永祚宮，睿宗所居也。光興宮，世宗所居也。正隆二年命吏部郎中蕭彦良盡毁宮殿、宗廟、諸大族邸第及儲慶寺，夷其趾，耕墾之。大定二十一年復修宮殿，建城隍廟。二十三年以甓束其城。有皇武殿，擊毬校射之所也。有雲錦亭，有臨漪亭，爲籠鷹之所，在按出虎水側。

會寧府，下。初爲會寧州，太宗以建都，升爲府。天眷元年，置上京留守司，以留守帶本府尹，兼本路兵馬都總管。後置上京曷懶等路提刑司。户三萬一千二百七十。舊歲貢秦王魚，大定十二年罷之。又貢猪二萬，二十五年罷之。東至胡里改六百三十里，西至肇州五百五十里，北至蒲與路七百里，東南至恤品路一千六百里，至曷懶路一千八百里。縣三：

會寧倚，與府同時置。有長白山、青嶺、馬紀嶺、勃野淀、綠野淀。有按出虎河，又書作阿术滸。有混同江、淶流河。有得勝陀，國言忽土皚葛蠻，太祖誓師之地也。

曲江初名鎮東，大定七年置，十三年更今名。

宜春大定七年置。有鴨子河。

肇州，下，防禦使。舊出河店也。天會八年，以太祖兵勝遼，肇基王績於此，遂建爲州。天眷元年十月，置防禦使，隸會寧府。海陵時，嘗爲濟州支郡。承安三年，復以爲太祖神武隆興之地，陞爲節鎮，軍名武興。五年，置漕運司，以提舉兼州事。後廢軍。貞祐二年復陞爲武興軍節鎮，置招討司，以使兼州事。户五千三百七十五。縣一：

始興倚，與州同時置。有鴨子河、黑龍江。

隆州，下，利涉軍節度使。古扶餘之地，遼太祖時，有黄龍見，遂名黄龍府。天眷三年，改爲濟州〔二〕，以太祖來攻城時大軍徑涉，不假舟楫之祥也，置利涉軍。天德三年置上京路都轉運司，四年，改爲濟州路轉運司。大定二十九年嫌與山東路濟州同，更今名。貞祐初，陞爲隆安府。户一萬一百八十。縣一：

利涉倚，與州同時置。有混同江、淶流河。鎮一與縣同時置，有混同館。

信州，下，彰信軍刺史。本渤海懷遠軍〔三〕，遼開泰七年建，取諸路漢民置。户七千三百五十九。縣一：

武昌本渤海懷福縣地。鎮一八十户。

蒲與路，國初置萬户，海陵例罷萬户，乃改置節度使。承安三年，設節度副使。南至上京六百七十里，東南至胡里改一千四百里，北至北邊界火魯火疃謀克三千里。

合懶路，置總管府。貞元元年，改總管爲尹，仍兼本路兵馬都總管。承安三年，設兵馬副總管。舊貢海葱〔一三〕，大定二十七年罷之。有移鹿古水。西北至上京一千八百里，東南至高麗界五百里。

恤品路，節度使。遼時，爲率賓府，置刺史。本率賓故地，太宗天會二年，以耶懶路都孛堇所居地瘠，遂遷于此。以海陵例罷萬户，置節度使，因名速頻路節度使。世宗大定十一年，以耶懶、速頻相去千里，既居速頻，然不可忘本，遂命名石土門親管猛安曰押懶猛安〔一四〕。承安三年，設節度副使。西北至上京一千五百七十里，東北至胡里改一千一百，西南至合懶一千二百，北至邊界斡可阿憐千户二千里。「耶懶」又書作「押懶」。

曷蘇館路，置節度使。天會七年，徙治寧州，嘗置都統司，明昌四年廢。有化成關，國言曰曷撒罕關〔一五〕。

胡里改路，國初置萬户，海陵例罷萬户，乃改置節度使。承安三年，置節度副使。西至上京六百三十里，北至邊界合里賓忒千户一千五百里。

烏古迪烈統軍司，後升爲招討司，與蒲與路近。

咸平路，府一，領刺郡一，縣十。

咸平府，下，總管府，安東軍節度使。本高麗銅山縣地，遼爲咸州，國初爲咸州路，置都統司。天德二年八月，陞爲咸平府，後爲總管府。置遼東路轉運司、東京咸平路提刑司。户五萬六千四百四。縣八：

平郭倚，舊名咸平，大定七年更。

銅山遼同州鎮安軍，本漢襄平縣，遼太祖時以東平寨置，因名東平，軍曰鎮東。章宗大定二十九年，以與東平重，故更。南有柴河，北有清河，西有遼河。

新興遼銀州富國軍，本渤海富州，熙宗皇統三年廢州，更名來屬。南有范河〔一六〕，北有柴河，西有遼河。

慶雲遼祺州祐聖軍，本以所俘檀州密雲民建檀州密雲，後更名。有遼河。

清安遼肅州信陵軍，熙宗皇統三年降爲縣。

榮安東有遼河。

歸仁遼舊隸通州安遠軍，本渤海强師縣，遼更名，金因之。北有細河。

玉山章宗承安三年，以烏速集、平郭、林河之間相去六百餘里之地置，貞祐二年四月陞爲節鎮，軍曰鎮安。

韓州，下，刺史。遼置東平軍，本渤海鄚頡府〔一七〕。户一萬五千四百一十二。舊有營。縣二：

臨津倚，未詳何年置。

柳河本渤海粤喜縣地，遼以河爲名。有狗河、柳河。

東京路，府一〔一八〕，領節鎮一，刺郡四，縣十七〔一九〕，鎮五。皇統四年二月，立東京新宮，寢殿曰保寧，宴殿曰嘉惠，前後正門曰天華、曰乾貞。七月，建宗廟，有孝寧宫。七年，建御容殿。

遼陽府，中，東京留守司。本渤海遼陽故城，遼完葺之，郡名東平。天顯三年，陞爲南京，府曰遼陽。十三年，更爲東京。太宗天會十年，改南京路平州。軍帥司爲東南路都統司之時，嘗治於此，以鎮高麗。後置兵馬都部署司，天德二年，改爲本路都總管府，後更置留守司。産白兔、師姑布、鼠毫、白鼠皮、人參、白附子。户四萬六百四。縣四、鎮一：

遼陽倚。東梁河，國名兀魯忽必剌，俗名太子河。

鶴野　鎮一長宜，曷蘇館在其地。

宜豐遼舊衍州安廣軍，皇統三年廢爲縣。有東梁河。

石城興定三年九月，以縣之靈巖寺爲巖州，名其倚郭縣曰東安，置行省。

澄州，南海軍刺史，下。本遼海州〔二〇〕，天德三年改州名。户一萬一千九百三十五。

縣二、鎮一：

臨溟　鎮一　新昌。

析木遼銅州廣利軍附郭析木縣也，皇統三年廢州來屬。有沙河。

瀋州，昭德軍刺史，中。本遼定理府地，遼太宗時置軍曰興遼〔三二〕，後爲昭德軍，置節度。明昌四年改爲刺史，與通、貴德、澄三州皆隸東京〔三三〕。户三萬六千八百九十二。縣五：

樂郊遼太祖俘三河之民建三河縣於此，後改更今名。有渾河。

章義遼舊廣州，皇統三年降爲縣來屬。有遼河、東梁河、遼河大口。

遼濱遼舊遼州東平軍，遼太宗改爲始平軍，皇統三年廢爲縣。有遼河。

邑樓遼舊興州興中軍常安縣〔三三〕，遼嘗置定理府刺史於此，本邑樓故地，大定二十九年章宗更名。有范河、清河，國名叩隈必剌。

雙城遼雙州保安軍也，皇統三年降爲縣，章宗時廢。

貴德州，刺史，下。遼貴德州寧遠軍，國初廢軍，降爲刺郡。户二萬八百九十六。縣二：

貴德倚。有范河。

奉集遼集州懷遠軍奉集縣〔三四〕，本渤海舊縣。有渾河。

蓋州，奉國軍節度使，下。本高麗蓋葛牟城〔二五〕，遼辰州。明昌四年，罷曷蘇館，建辰州遼海軍節度使。六年，以與「陳」同音，更取蓋葛牟爲名。户一萬八千四百五十六。縣四、鎮二：

湯池遼鐵州建武軍湯池縣。鎮一神鄉。

建安遼縣。鎮一大寧。

秀巖本大寧鎮，明昌四年陞。泰和四年廢爲鎮，貞祐四年復陞置。

熊岳遼盧州玄德軍熊岳縣。遼屬南女直湯河司。

復州，下，刺史。遼懷遠軍節度〔二六〕，明昌四年降爲刺史。舊貢鹿筋，大定八年罷之。户一萬三千九百五十。縣二、鎮一：

永康倚。舊名永寧，大定七年更。

化成遼蘇州安復軍，本高麗地，興宗置。皇統三年降爲縣來屬。貞祐四年五月陞爲金州，興定二年陞爲防禦。鎮一歸勝。

來遠州，下。舊來遠城，本遼熟女直地，大定二十二年升爲軍，後升爲州。

婆速府路，國初置統軍司，天德二年置總管府，貞元元年與曷懶路總管並爲尹，兼本路兵馬都總管。此路皆猛安户。

北京路，府四，領節鎮七，刺郡三，縣四十二，鎮七，寨一，堡五十六〔二七〕。

大定府，中，北京留守司。遼中京。統和二十五年建爲中京，國初因稱之。海陵貞元元年更爲北京，置留守司、都轉運司、警巡院。產鼦鼠、螺盃、茱萸梳、玳瑁鞍、酥乳餅、五味子。户六萬四千四十七。縣十一、鎮二：

大定倚，遼縣舊名。有土河、七金山、陰涼河。鎮一恩化。

長興有塗河。

富庶有心河。鎮一文安。

松山遼松山州勝安軍松山縣，開泰中置，舊置刺史。太祖天輔七年置觀察使。皇統三年廢州來屬。承安三年隸高州，泰和四年復。有陰涼河、落馬河。

神山遼澤州神山縣，遼太祖俘蔚州之民置〔二八〕。章宗承安二年嘗置惠州，陞孩兒館爲灤陽縣，以隸之。泰和四年罷州及灤陽縣。

惠和皇統三年以遼惠州惠和縣置。

金源唐青山縣，遼開泰二年置，以地有金甸爲名。有駱駝山。

和衆遼榆州和衆縣，皇統三年罷州來屬。

武平遼築城杏堝，初名新州，統和間更爲武安州。皇統三年降爲武安縣來屬，大定七年更名。承安三年隸高州，泰和四年復來屬。

靜封承安二年以胡設務置，隸全州，三年隸高州，泰和四年來屬。

三韓遼伐高麗，遷馬韓、辰韓、弁韓三國民爲縣，置高州。太祖天輔七年以高州置節度使，皇統三年廢爲縣，承安三年復陞爲高州，置刺史，爲全州支郡，分武平、松山、靜封三縣隸焉。泰和四年廢。有落馬河、塗河。

利州，下，刺史。遼統和十六年置〔二九〕。户二萬一千二百九十六。縣二、鎮一、寨一：

阜俗遼統和四年置，金因之。

龍山遼故潭州廣潤軍縣故名，熙宗皇統三年廢州來屬。有榆河。寨一蘭州。鎮一漆河。

義州，下，崇義軍節度使。遼宜州，天德三年更州名。户三萬二百三十三。縣三、鎮一：

弘政有凌河。

開義遼海北州廣化軍縣故名，熙宗皇統三年廢州來屬。鎮一饒慶。

同昌遼成州興府軍縣故名，國初隸川州，大定六年罷川州，隸懿州，承安二年復隸川州，泰和四年來屬。

錦州，下，臨海軍節度使。舊隸興中府，後來屬。户三萬九千一百二十三。縣三：

永樂本慕容皝之西樂縣地。

安昌

神水遼開泰二年置，皇統三年廢爲鎮，大定二十九年復升爲縣。有土河。

瑞州，下，歸德軍節度使。本來州，天德三年更爲宗州，泰和六年以避睿宗諱，謂本唐瑞州地，故更今名。户一萬九千九百五十三。縣三、鎮一：

瑞安舊名來賓，唐來遠縣也。明昌六年更爲宗安，泰和六年復更今名。

海陽遼潤州海陽軍故縣，皇統三年廢州來屬。鎮一遷民。

海濱本慕容皝集寧縣地，遼隰州海平軍故縣〔三〇〕，皇統三年廢州來屬。

廣寧府，散，下，鎮寧軍節度使。本遼顯州奉先軍，漢望平縣地，天輔七年升爲府，因軍名置節度。天會八年改軍名鎮寧。天德二年隸咸平，後廢軍隸東京。泰和元年七月來屬。户四萬三千一百六十一。縣三、舊有奉玄縣〔三一〕，天會八年改爲鐘秀縣。鎮六、寨四〔三二〕、鎮二歡城、遼西〔三三〕。

廣寧舊名山東縣，大定二十九年更名。有遼世宗顯陵。寨二〔三四〕閭城、兔兒窩。

望平大定二十九年升梁漁務置。鎮二梁漁務、山西店〔三五〕。

閭陽遼乾州廣德軍，以奉乾陵故名奉陵縣。天會八年廢州更名來屬。有凌河。有遼景宗乾陵。

鎮二閭陽、衡家。寨二大斧山、北川。

懿州，下，寧昌軍節度使。遼嘗更軍名慶懿，又爲廣順，復更今名。金因之，先隸咸平府，泰和末來屬。戶四萬二千三百五十一。縣二：大定六年罷川州，以宜民、同昌二縣來屬。承安二年復以二縣隸川州。泰和四年罷川州，以宜民隸興中，同昌隸義州。

順安

靈山本渤海靈峯縣地。

興中府，散，下。本唐營州城，遼太祖遷漢民以實之，曰霸州彰武軍，重熙十一年升爲府〔三六〕，更今名，金因之。戶四萬九百二十七。縣四、鎮三：

興中本漢柳城地〔三七〕。南有凌河。鎮一黔城。

永德遼安德州化平軍安德縣，世宗大定七年更今名。北有凌河。鎮一阜安。

興城遼嚴州保肅軍縣故名，皇統三年廢州隸錦州。有桃花島。

宜民遼川州長寧軍，會同中嘗名白川州，天祿五年去「白」字，國初因之，與同昌縣皆隸焉。大定六年降爲宜民縣，隸懿州。承安二年復置川州，改徽川寨爲徽川縣，爲懿州支郡。泰和四年罷州及徽川縣來屬。鎮一咸康，遼縣也，國初廢爲鎮。

建州，下，保靖軍刺史〔三八〕。遼初名軍曰武寧，後更，金因之。户一萬一千四百三十九。縣一：

永霸本唐昌黎縣地〔三九〕。

全州，下，磐安軍節度使〔四〇〕。承安二年置，改胡設務爲靜封縣〔四一〕，黑河鋪爲盧川縣，撥北京三韓縣烈虎等五猛安以隸焉。貞祐二年四月嘗僑置于平州〔四二〕。户九千三百一十九。縣一：

安豐承安元年十月改豐州鋪爲安豐縣，隸臨潢府，二年置全州磐安軍節度使治。有黄河、黑河。

臨潢府，下，總管府。地名西樓，遼爲上京，國初因稱之，天眷元年改爲北京。天德二年改北京爲臨潢府路，以北京路都轉運司爲臨潢府路轉運司，天德三年罷。貞元元年以大定府爲北京後，但置北京臨潢路提刑司。大定後罷路〔四三〕，併入大定府路。貞祐二年四月嘗僑置于平州。有天平山、好水川，行宫地也，大定二十五年命名。有撒里乃地，熙宗皇統九年嘗避暑于此。有陷泉，國言曰落孛魯。有合裊追古思阿不漢合沙地。户六萬七千九百七。縣五、堡三十七：大定間二十四，後增。

臨潢倚。有金粟河。

長泰有立列只山，其北千餘里有龍駒河，國言曰喝必剌。有撒里葛覩地。

盧川承安二年以黑河鋪升，隸全州，後復來屬。有潢河。

寧塞泰和元年五月置。有滑河。

長寧遼永州永昌軍縣故名，太祖天輔七年嘗置節度使，皇統三年廢州來屬。

慶州，下，玄寧軍刺史。境內有遼祖州〔四四〕，天會八年改爲奉州，皇統三年廢，遼太祖陵在焉。境內有遼懷州〔四五〕，舊置奉陵軍，天會八年更爲奉德軍，皇統三年廢，遼太宗、穆宗懷陵在焉〔四六〕。北山有遼聖宗、興宗、道宗慶陵。城中有遼行宮，比他州爲富庶，遼時刺此郡者非耶律、蕭氏不與，遼國寶貨多聚藏於此。北至界二十里，南至盧川二百二十，西至桓州九百，東至臨潢一百六十〔四七〕。户二千七。縣一：

舊有孝安縣，天會八年改爲慶民縣，皇統三年廢。

朔平有榷場務。

興州，寧朔軍節度使。本遼北安州興化軍，皇統三年降軍置興化縣〔四八〕，承安五年升爲興州，置節度，軍名寧朔，改利民寨爲利民縣，撥梅堅河徒門必罕、寧江、速馬剌三猛安隸焉。貞祐二年四月僑置于密雲縣。户一萬五千九百七十。縣二：又有利民縣，承安五年以利民寨升，泰和四年廢。

興化倚。遼舊縣，皇統三年降興化軍置，隸大定府，承安五年建興州於縣，爲倚郭。舊有白檀鎮。

宜興本興化縣白檀鎮，泰和三年陞爲縣來屬。

泰州，德昌軍節度使〔四九〕。遼時本契丹二十部族牧地，海陵正隆間，置德昌軍，隸上京，大定二十五年罷之。承安三年復置于長春縣，以舊泰州爲金安縣，隸焉。北至邊四百里，南至懿州八百里，東至肇州三百五十里〔五〇〕。户三千五百四。縣一、舊有金安縣，承安三年置，尋廢。堡十九：

長春遼長春州韶陽軍，天德二年降爲縣，隸肇州，承安三年來屬。有撻魯古河、鴨子河。有別里不泉。

邊堡，大定二十一年三月，世宗以東北路招討司十九堡在泰州之境，及臨潢路舊設二十四堡障參差不齊，遣大理司直蒲察張家奴等往視其處置。於是東北自達里帶石堡子至鶴五河地分，臨潢路自鶴五河堡子至撒里乃，皆取直列置堡戍。評事移剌敏言：「東北及臨潢所置，土瘠樵絶，當令所徙之民姑逐水草以居，分遣丁壯營畢，開壕塹以備邊。」上令無水草地官爲建屋，及臨潢路諸堡皆以放良人戍守。省議：「臨潢路二十四堡，堡置户三十，共爲七百二十，若營建畢，官給一歲之食。」上以年飢權寢，姑令開壕爲備。四月，遣吏部郎中奚胡失海經畫壕塹，旋爲沙雪堙塞，不足爲禦。乃言：「可築二百五十堡，堡日用工三百，計一月可畢，糧亦足備，可爲邊防久計。泰州九堡、臨潢五堡之地斥鹵，官可爲屋外，自撒里乃以西十九堡，舊戍軍舍少，可令大鹽濼官木三萬餘，與直東堡近嶺求木，每家官爲構室一椽以處之。」

西京路，府二，領節鎮七，刺郡八，縣三十九〔五二〕，鎮九。大定五年建宮室，名其殿曰保安，其門南曰奉天，東曰宣仁，西曰阜成。天會三年建太祖原廟。

大同府，中，西京留守司。晉雲州大同軍節度，遼重熙十三年，升爲西京，府名大同，金因之。皇統元年，以燕京路隸尚書省，西京及山後諸部族隸元帥府。舊置兵馬都部署司，天德二年，改置本路都總管府，後更置留守司。置轉運司及中都西京路提刑司。貢瑪瑙環子、瑪瑙數珠。產白驄、安息香、松明、松脂、黄連、百藥煎、芥子煎、鹽、撈鹽、石緑、緑礬、鐵、甘草、枸杞、碾玉砂、地蕈。户九萬八千四百四十四。縣七、鎮三：

大同倚。遼析雲中置，金因之。有牛皮關、武周山、方山、奚望山、盛樂城、御河、鬬雞臺、平城外郭鹽場、如渾水、桑乾河、紇真山。有遼帝后像，在華嚴寺。鎮一奉義。

雲中晉舊縣名。

宣寧遼德州昭聖軍宣德縣，大定八年更名。有官山、彌陁山、石綠山，産碾玉砂。鎮一窟龍城。

懷安晉故縣名。

天成〔五二〕遼析雲中置。

白登本名長清〔五三〕，大定七年更。有白登臺、採掠山。

懷仁遼析雲中置，貞祐二年五月升爲雲州。有黄花嶺、錦屏山、清涼山、金龍山、早起城、日中城。

鎮一安七疃。

豐州，下，天德軍節度使。遼嘗更軍名應天，尋復，金因之。皇統九年升爲天德總管府，置西南路招討司〔五四〕，以天德尹兼領之。大定元年降爲天德軍節度使，兼豐州管内觀察使，以元管部族直撒、軍馬公事，並隸西南路招討司。産不灰木、地蕈。户二萬二千六百八十三。縣一、鎮一：

富民晉舊名。有黑山、神山。鎮一振武。

弘州，下，刺史。遼名軍曰博寧，本襄陰村，統和中建。國初置保寧軍，後廢軍。産瑪瑙。户二萬二千二。縣二、鎮二：

襄陰倚。本名永寧，大定七年改。

順聖本安塞軍故地，遼應曆中置，金因之。鎮二陽門，貞祐二年七月陞爲縣。大羅。

淨州，下，刺史。大定十八年以天山縣升，爲豐州支郡，刺史兼權議察〔五五〕。北至界八十里〔五六〕。户五千九百三十八。縣一：

天山舊爲榷場，大定十八年置，爲倚郭。

桓州，下，威遠軍節度使。軍兵隸西北路招討司。明昌七年改置刺史。北至舊界一里半〔五七〕。户五百七十八。縣一：曷里滸東川，更名金蓮川，世宗曰：「蓮者連也，取其金枝玉葉相連之義。」景明宮，避暑宮也，在涼陘，有殿、揚武殿〔五八〕，皆大定二十年命名。有查沙。有白濼，國言曰勺赤勒。

清塞倚。明昌四年以罷録事司置。

撫州，下，鎮寧軍節度使。遼秦國大長公主建爲州，章宗明昌三年復置刺史，爲桓州支郡，治柔遠。明昌四年置司候司。承安二年陞爲節鎮，軍名鎮寧，撥西北路招討司所管梅堅必刺、王敦必刺、拿憐术花速、宋葛斜忒渾四猛安以隸之。户一萬一千三百八十。縣四：有旺國崖，大定八年五月更名靜寧山。有麻達葛山，大定二十九年更名胡土白山。有冰井。

柔遠倚。大定十年置于燕子城，隸宣德州，明昌三年來屬。有燕子城，國言曰吉甫魯灣城，北羊城，國言曰火唵榷場，查剌嶺，沔山，大漁濼行宮有樞光殿。有雙山，七里河，石井，蝦蟆山，昂吉濼又名鴛鴦濼，得勝口舊名北望淀，大定二十年更。

集寧明昌三年以春市場置，北至界二百七十里。

豐利明昌四年以泥濼置。有蓋里泊。

威寧承安二年以撫州新城鎮置。

德興府，晉新州，遼奉聖州武定軍節度，國初因之。大安元年陞爲府，名德興。户八萬八百六十八。縣六、有漫天堝，泰和二年更名拂雲，平惡崖更名壘翠巖。鎮一：

德興倚。舊名永興縣，大安元年更名。有涿鹿淀〔五九〕、方水鎮。有鷄鳴山。

媯川遼可汗州清平軍，本晉媯州，會同元年遼太祖嘗名可汗州，縣舊曰懷戎，更名懷來，明昌六年更今名。西北有合河龜頭館石橋，明昌四年建。

縉山遼儒州縉陽軍縣故名，皇統元年廢州來屬，崇慶元年陞爲鎮州。鎮一永安。

望雲本望雲川地，遼帝嘗居，號曰御莊，後更爲縣，金因之。

礬山晉故縣，國初隸弘州，明昌三年來屬。

龍門晉縣，國初隸弘州，後來屬。明昌三年割隸宣德州。有慶寧宮，行宮也，泰和五年以提舉兼龍門令。

昌州，天輔七年降爲建昌縣，隸桓州。明昌七年以狗濼復置，隸撫州，後來屬。户一千二百四十一。縣一：

寶山有狗濼，國言曰押恩尼要。其北五百餘里有日月山，大定二十年更曰抹白山，國言涅里塞一山。

宣德州，下，刺史。遼改晉武州爲歸化州雄武軍，大定七年更爲宣化州，八年復更爲宣德。户三萬二千一百四十七。縣二：

宣德舊文德縣，大定二十九年更名。

宣平承安二年以大新鎮置，以北邊用兵嘗駐此地也。

朔州，中，順義軍節度使。貞祐三年七月，嘗割朔州廣武縣隸代州。産鐵、荆三稜、枸杞。户四萬四千八百九十。縣二：

鄯陽晉故縣。有桑乾河、太和嶺、天池、鴈門關、霸德山。

馬邑晉故縣，貞祐二年五月陞爲固州。有洪濤山、灅水——又曰桑乾河。

武州，邊，下，刺史。大定前仍置宣威軍。户一萬三千八百五十一。縣一：

寧遠晉故縣。黄河。

應州，下，彰國軍節度使。户三萬二千九百七十七。縣三：

金城晉故縣。有黃瓜堆、復宿山、桑乾河、渾河、㝝川水、黃花城。

山陰本名河陰，大定七年以與鄭州屬縣同，故更焉。貞祐二年五月陞爲忠州。有黃花嶺、桑乾河。

渾源晉縣，貞祐二年五月陞爲渾源州。產鹽。

蔚州，下，忠順軍節度使。遼嘗更爲武安軍，尋復。貢地蕈。户五萬六千六百七十四。縣五：

靈仙北有桑乾河、代王城、薄家村。

廣靈亦作「陵」，遼統和三年析靈仙置。

靈丘晉縣，貞祐二年四月陞爲成州，四年割爲代州支郡。

定安晉縣。有桑乾河。貞祐二年四月陞爲定安州。

飛狐晉縣。

雲内州，下，開遠軍節度使。天會七年徙奚第一、第三部來戍。產青鑌鐵。户二萬四千八百六十八。縣二、鎮一：

柔服夾山在城北六十里。鎮一寧仁，舊縣也，大定後廢爲鎮。

雲川本曷董館，後陞爲裕民縣，皇統元年復廢爲曷董館，大定二十九年復陞，更爲今名。

寧邊州，下，刺史。國初置鎮西軍，貞祐三年隸嵐州，四年二月陞爲防禦。户六千七十二。縣一：

寧邊正隆三年置。

東勝州，下，邊，刺史。國初置武興軍，有古東勝城。户三千五百三十一。縣一、鎮一：

東勝　鎮一寧化。

部族節度使：

烏昆神魯部族節度使，軍兵事屬西北路招討司，明昌三年罷節度使，以招討司兼領。

烏古里部族節度使。

石壘部族節度使。

助魯部族節度使。

孛特本部族節度使。

計魯部族節度使。

唐古部族，承安三年改爲部羅火扎石合節度使。

迪烈又作迭剌。女古部族，承安三年改爲土魯渾扎石合節度使。

詳穩九處：

咩乣詳穩，貞祐四年六月改爲葛也阿隣猛安。

木典乣詳穩，貞祐四年改爲抗葛阿隣謀克。

骨典乣詳穩，貞祐四年改爲撒合輦必剌謀克。

唐古乣詳穩。

耶剌都乣詳穩。

移典乣詳穩。

蘇木典乣詳穩，近北京。

胡都乣詳穩。

霞馬乣詳穩。

羣牧十二處：

斡獨椀羣牧，大定四年改爲斡覩只羣牧。

蒲速斡羣牧。本斡覩只地，大定七年分置。

耶魯椀羣牧。

訛里都羣牧。

纥斡羣牧。

歐里本羣牧。

烏展羣牧。

特滿羣牧。

駝駝都羣牧。

訛魯都羣牧。

忒恩羣牧。承安四年剏置。

蒲鮮羣牧。承安四年剏置〔六〇〕。

中都路，遼會同元年爲南京，開泰元年號燕京。海陵貞元元年定都，以燕乃列國之名，不當爲京師號，遂改爲中都。府一，領節鎮三，刺郡九〔六一〕，縣四十九，鎮七〔六二〕。天德三年，始圖上燕城宮室制度，三月，命張浩等增廣燕城。城門十三，東曰施仁、曰宣曜、曰陽春，南曰景風、曰豐宜、曰端禮，西曰麗澤、曰顥華、曰彰義，北曰會城、曰通玄、曰崇智、曰光泰。浩等取真定府潭園材木，營建宮室及涼位十六。　應天門十一楹，左右有樓，門内有左、右翔龍門，及日華、月華門，前殿曰大安，左、右掖門，内殿東廊曰敷德門。大安殿之東北爲東宮，正北列三門，中曰粹英〔六三〕，爲壽康宮，母后所居也。西曰會通門，門北曰承明門，又北曰昭慶門。東曰集禧門，尚書省在其外，其東西門左、右嘉會門也，門有二樓，大安殿後門之後也。其北曰宣明門，則常朝後殿門也。北曰仁政門，傍爲朵殿，朵殿上爲兩高樓，曰東、西上閤門，内有仁政殿，常朝之所也。　宮城之前廊，東西各二百餘間，分爲三節，節爲一門。將至宮城，東西轉各有廊百許間，馳道兩傍植柳，廊脊覆碧瓦，宮闕殿門則純用碧瓦。應天門舊名通天門，大定五年更。七年改福壽殿曰壽安宮。明昌五年復以隆慶宮爲東宮，慈訓殿爲承華殿，承華殿者皇太子所居之東宮也。泰和殿，泰和二年更名慶寧殿。又有崇慶殿。魚藻池、瑤池殿位〔六四〕，貞元元年建。有神龍殿，又有觀會亭。又有安仁殿、隆德殿、臨芳殿。皇統元年有元和殿。　有常武殿，有廣武殿，爲擊毬、習射之所。　京城北離宮有太寧宮，大定十九年建，後更爲壽寧，又更爲壽安，明昌二年更爲萬寧宮。瓊林苑有横翠殿。寧德宮西園有瑤光臺，又有瓊華島，又有瑤光樓。皇統元年有宣和門，正隆三年有宣華門，又有撒合門。

大興府，上。晉幽州，遼會同元年陞爲南京，府曰幽都，仍號盧龍軍，開泰元年更爲永安析津府〔六五〕。天會七年析河北爲東、西路時屬河北東路，貞元元年更今名〔六六〕。户二十二萬五千五百九十二。大定四年十月，命都門外夾道重行植柳各百里。產金銀銅鐵。藥產滑石、半夏、蒼朮、代赭石、白龍骨、薄荷、五味子、白牽牛。縣十、鎮一：

大興倚。遼名析津，貞元二年更今名。有建春宮。鎮一廣陽。

宛平倚。本晉幽都縣，遼開泰元年更今名〔六七〕。有玉泉山行宮。

安次晉舊名。

漷陰遼太平中，以漷陰村置〔六八〕。

永清晉舊名。

寶坻本新倉鎮，大定十二年置，以香河縣近民附之。承安三年陞置盈州，爲大興府支郡，以香河、武清隸焉。尋廢州。

香河遼以武清縣之孫村置。

昌平有居庸關，國名查剌合攀。

武清晉縣。

良鄉有料石岡、閻溝。

通州，下，刺史。天德三年陞潞縣置，以三河隸焉。興定二年五月陞爲防禦。户三萬五千九十九。縣二：

潞晉縣名。有潞水。

三河晉縣名。

薊州，中，刺史。遼置上武軍。户六萬九千一十五。產栗。縣五、舊又有永濟縣，大定二十七年以永濟務置，未詳何年廢〔六九〕。又有黎谿縣，廢置皆未詳。鎮二：

漁陽倚。

遵化遼景州清安軍。鎮一石門。

豐潤泰和間置。

玉田有行宮、偏林，大定二十年改爲御林。鎮一韓城。

平峪大定二十七年，以漁陽縣大王鎮陞。

易州，下，刺史。遼置高陽軍。户四萬一千五百七十七。縣二：

易有易水。

淶水有淶水。

涿州，中，刺史。遼爲永泰軍。貢羅。户一十一萬四千九百一十二。縣五、鎮一：

范陽倚。晉縣。有湖梁河。有劉李河。鎮一政滿。

固安晉縣。

新城

定興大定六年以范陽縣黄村置，割淶水、易縣近民屬之。有巨馬河。

奉先大定二十九年置萬寧縣以奉山陵，明昌二年更今名。有房山、龍泉河、盤寧宫。

順州，下，刺史。遼置歸化軍。户三萬三千四百三十三。縣二：

温陽舊名懷柔，明昌六年更。有螺山、溵水、兔耳山〔七〇〕。

密雲遼檀州武威軍。有古北口〔七一〕，國言曰留斡嶺。

平州，中，興平軍節度使。遼爲遼興軍。天輔七年以燕西地與宋，遂以平州爲南京，以錢帛司爲三司。天會四年復爲平州，嘗置軍帥司。天會十年徙軍帥司治遼陽府，後置轉運司。貞元元年以轉運司併隸中都路。貞祐二年四月置東面經略司，八月罷。貢櫻桃、綾。户四萬一千七百四十八。縣五、鎮一：

盧龍倚。

撫寧本新安鎮，大定二十九年置。

海山本漢海陽故城，遼以所俘望都縣民置，故名望都，大定七年更名。

遷安本漢令支縣故城，遼以所俘安喜縣民置，因名安喜，大定七年更今名。鎮一建昌。

昌黎遼營州鄰海軍，以所俘定州民置廣寧縣。皇統二年降州來屬，大定二十九年以與廣寧府重，故更今名。

灤州，中，刺史。本黄落故城，遼爲永安軍，天輔七年因置節度使〔七二〕。户六萬九千八百六。縣四、有松亭關〔七三〕，國名斜烈只。鎮二：

義豐倚。

石城有長春行宫。長春淀舊名大定淀〔七四〕，大定二十年更。鎮一榛子。

馬城

樂亭　鎮一新橋。

雄州，中。宋名易陽郡。天會七年置永定軍節度使〔七五〕。隸河北東路，貞元二年來屬。户二萬四百一十一。縣三：

歸信倚。有易水、巨馬河。

容城泰和八年割隸安州，貞祐二年隸安肅州〔七六〕。有南易水、大泥淀、渾泥城〔七七〕。

保定宋保定軍，後廢爲縣。

霸州，下，刺史。遼益津郡〔七八〕。隸河北東路，貞元二年來屬。户四萬一千二百七十六。縣四：

益津倚。大定二十九年剏置，倚郭。

文安

大城

信安國初因宋爲信安軍，大定七年降爲信安縣，隸霸州。元光元年四月陞爲鎮安府，所以重高陽公張甫也。

保州，中，順天軍節度使。宋舊軍事，天會七年置順天軍節度使，隸河北東路，貞元二年來屬〔七九〕。海陵賜名清苑郡。户九萬三千二十一。縣二：

清苑倚。宋名保塞，大定十六年更。有抱陽山、沉水、饋軍河。

滿城大定二十八年以清苑縣塔院村置。

安州，下，刺史。宋順安軍治高陽，天會七年陞爲安州，隸河北東路，後置高陽軍。大定二十八年徙治葛城，因陞葛城爲縣，作倚郭。泰和四年改混泥城爲渥城縣，來屬，八年移州治於渥城，以葛城爲屬縣。户三萬五百三十二。縣三：

渥城倚。泰和四年置。

葛城大定二十八年置。

高陽泰和八年正月改隸莫州，四月復。有徐河、百濟河。

遂州，下，刺史。宋廣信軍，天會七年改爲遂州，隸河北東路，貞元二年來隸，號龍山郡。泰和四年廢爲遂城縣，隸保州，貞祐二年復置州。户一萬一千一百七十四。縣一：

遂城倚。有光春宮行宮。有遂城山、易水、漕水、鮑河。

安肅州，下，刺史。宋安肅軍，天會七年陞爲徐州，軍如舊，隸河北東路，貞元二年來屬。天德三年改爲安肅州，軍名徐郡軍。大定後降爲刺郡，廢軍。户一萬二千九百八十。縣一：

安肅按金初州郡志，雄、霸、保、安、遂、安肅六州皆隸廣寧府。太宗紀載天會七年分河北爲東、西路，則隸河北東路，豈以平州爲南京之後，以六州隸廣寧也？不然，則郡志誤。

校勘記

〔一〕散府九　「九」，大金國志、金虜圖經皆作「八」。按，本書下文所列散府有廣寧、興中、歸德、河南、彰德、濟南、河中、平涼，爲八府。

〔二〕節鎮三十六　「三十六」，大金國志作「三十九」，金虜圖經作「三十八」，本書下文所列統計實爲四十。

〔三〕防禦郡二十二　「二十二」，大金國志、金虜圖經皆作「二十一」，本書下文所列統計亦爲二十一。

〔四〕刺史郡七十三　「七十三」，大金國志作「七十五」，金虜圖經作「七十四」，本書下文所列統計實爲七十六。

〔五〕縣六百三十二　「六百三十二」，大金國志作「六百八十三」，本書下文統計實有六百九十四。

〔六〕海陵貞元元年遷都于燕　「貞元元年」，原作「貞祐二年」。按，本書卷五海陵紀，貞元元年「三月辛亥，上至燕京」，「乙卯，以遷都詔中外。改元貞元」。今據改。

〔七〕舊有會平州　此州應屬北京路臨潢府，誤繫於此。參考王可賓金上京新證。

〔八〕契丹之周特城也　「周特城」，原作「周特成」。按，本書卷七二習古迺傳，「及習古迺築新城於契丹周特城，詔置會平州」。今據改。

〔九〕天眷二年安太祖以下御容　「二年」，原作「元年」。按，本書卷四熙宗紀，天眷二年九月「立太祖原廟于慶元宮」，卷三三禮志六原廟同。今據改。

〔一〇〕太廟社稷皇統三年建　本書卷四熙宗紀，皇統八年閏八月「丙寅，太廟成」，時間與此異。

〔一一〕天眷三年改爲濟州　本書卷二太祖紀，「熙宗天眷二年，以黄龍府爲濟州」，時間與此異。

〔一二〕本渤海懷遠軍　「懷遠軍」，按，遼史卷三八地理志二，「渤海置懷遠府」。渤海京、府、州名中無「懷遠軍」，有懷遠府。

〔一三〕舊貢海葱　「貢」，原作「有」，據殿本、局本改。

〔一四〕遂命名石土門親管猛安曰押懶猛安　「石土門」三字原脱。按，本書卷七〇石土門傳，「耶懶路完顏部人，世爲其部長」。子習室傳，「授猛安。（中略）世宗時，近臣奏請改蘇濱爲耶懶節度使，不忘舊功。上曰：『蘇濱、耶懶二水相距千里，節度使治蘇濱，不必改。石土門親管猛安子孫襲封者，可改爲耶懶猛安，以示不忘其初』」。今據補。

〔一五〕曷撒罕關　「關」，原作「酉」。按，本書卷六六宗室完顏齊傳有「復州合斷罕關地方七百餘里」，卷一〇四温迪罕達傳有「駐兵合思罕」，合思罕、合斷罕即曷撒罕的同音異字。今據改。

〔一六〕南有范河　「南」字原脱，據局本補。按，局本考證：「原文脱『南』字。按范河在今盛京鐵嶺縣城南三十里，柴河在鐵嶺縣城北二里，新興縣正今鐵嶺界。」

〔一七〕本渤海鄚頡府　「鄚頡府」，原作「鄭頡府」。按，遼史卷三八地理志二，東京道韓州，「高麗置鄚頡府，都督鄚、頡二州。渤海因之」。又該書卷一一六國語解，「鄚頡，上慕各切，下胡結切。渤海郡府名」。今據改。

〔一八〕東京路府一　「府一」二字原脱，據南監本、北監本、殿本、局本補。

〔一九〕縣十七　按，以下所列實十九縣。金史詳校卷三上：「案數本十九縣，以雙城、秀巖二縣已廢，不在內。」

〔二〇〕本遼海州　「海州」，原作「海軍」，據局本改。按，遼史卷三八地理志二，東京道「海州，南海軍，節度」。

〔二一〕遼太宗時置軍曰興遼　「興遼」，原作「興遠」，據局本改。按，遼史卷三八地理志二，東京道瀋州，「太宗置興遼軍，後更名」。元一統志卷二瀋陽路，「後罹契丹兵火，（中略）即瀋州爲興遼軍」。

〔二二〕與通貴德澄三州皆隸東京　「通」字疑誤。按，金東京路無「通州」。

〔二三〕遼舊興州興中軍常安縣　「興中軍」，遼史卷三八地理志二作「中興軍」。

〔二四〕遼集州懷遠軍奉集縣　「懷遠軍」，遼史卷三八地理志二作「懷衆軍」。

〔二五〕本高麗蓋葛牟城　「蓋葛牟城」，遼史卷三八地理志二作「蓋牟城」，無「葛」字。舊唐書、新唐書、唐會要亦無。

〔二六〕遼懷遠軍節度　「懷遠軍」，遼史卷三八地理志二作「懷德軍」。

〔二七〕寨一堡五十六　「堡五十六」原脱，據南監本、北監本、殿本、局本補。

〔二八〕俘蔚州之民置　「民」，原作「名」，據北監本、殿本、局本改。按，遼史卷三九地理志三亦作「民」。

〔二九〕遼統和十六年置　「十六年」，遼史卷三九地理志三作「二十六年」。

〔三〇〕遼隰州海平軍故縣　「海平軍」，遼史卷三九地理志三作「平海軍」。

〔三一〕舊有奉玄縣　「奉玄縣」，遼史卷三八地理志二作「奉先縣」。

〔三二〕鎮六寨四　原作小字注文，今據本志文例改。

〔三三〕鎮二歡城遼西　按，金史詳校卷三上：「正文及注大小六字，當改入下廣寧注文下。」

〔三四〕寨二　此上原衍「鎮」字，今依本志文例删。

〔三五〕鎮二梁漁務山西店　「梁漁務」上原衍「有」字，今依本志文例删。

〔三六〕重熙十一年升爲府　「十一年」，遼史卷三九地理志三作「十年」。

〔三七〕本漢柳城地　「漢」，原作「唐」。按，遼史卷三九地理志三，中京道興中府「興中縣。本漢柳城縣地」。今據改。

〔三八〕保靖軍刺史　「保靖」，遼史卷三九地理志三作「保靜」。本書卷一二八循吏王政傳：「天眷元年，遷保靜軍節度使。」遺山集卷一六王黄華墓碑：「政事金朝，官至金吾衛上將軍，建州保靜軍節度使。」皆作「保靜」。另，「刺史」疑當作「節度使」。

〔三九〕永霸本唐昌黎縣地　「永霸」疑誤。按，遼史卷三九地理志三，建州二縣，永霸縣、永康縣。永康縣「本唐昌黎縣地」，非永霸縣。

〔四〇〕磐安軍節度使　「磐安軍」，原作「盤安軍」，下文作「全州磐安軍」。金史詳校卷三上：「『盤』，元作『磐』，是。」今據改。

〔四一〕改胡設務爲靜封縣　「靜封縣」，原作「靖封縣」，據局本改。按，上文大定府「靜封承安二年以胡設務置」。又三韓縣注文中亦有靜封縣。

〔四二〕貞祐二年四月嘗僑置于平州　「平州」，原作「薊州」。按，下文臨潢府，「貞祐二年四月嘗僑置于平州」。又本書卷一一二完顏合達傳，貞祐「三年，授臨潢府推官，權元帥右監軍。時臨潢避遷，與全、慶兩州之民共壁平州」。今據改。

〔四三〕大定後罷路　「大定」疑爲「大安」之誤。按，臨潢路，世宗、章宗時未罷，紀傳中屢見，章宗以後不見。

〔四四〕境内有遼祖州　「遼」字原脱，今據下文「境内有遼懷州」例補。

〔四五〕遼太祖祖陵在焉境内有遼懷州　「遼太祖祖陵在焉」七字，原在「境内有遼懷州」句下。按，遼史卷三七地理志一，上京道祖州「有祖山，（中略）太祖陵鑿山爲殿」。又「懷州，奉陵軍，上，節度」。今據乙正。

〔四六〕穆宗懷陵在焉　「在焉」二字原脱。按，遼史卷三七地理志一，上京道懷州，「太宗崩，葬西山，曰懷陵」，「穆宗被害，葬懷陵側」。今據上下文例補。

〔四七〕「北至界」至「一百六十」　按，以上二十八字原作大字正文，今依本志文例改爲小字注文。

〔四八〕皇統三年降軍置興化縣　「皇統三年降軍置」七字原脱。按，下文興化縣注，「皇統三年降興化軍置，隸大定府，承安五年建興州於縣」。今據補。

〔四九〕德昌軍節度使　「德昌」，原作「昌德」。按，下文「海陵正隆間，置德昌軍」。遼史卷三七地理志一，上京道「泰州，德昌軍，節度。本契丹二十部族放牧之地」。又同書卷四八百官志四，上京道有「泰州德昌軍節度使司」。今據乙正。

〔五〇〕「北至邊」至「三百五十里」　按，以上二十二字原作大字正文，今依本志文例改爲小字注文。

〔五一〕縣三十九　南監本、北監本、殿本、局本並作「縣四十」。本書下文所列統計實爲四十。

〔五二〕天成　原作「天城」。按，本書卷八九蘇保衡傳，衡「雲中天成人」。卷一三三叛臣移剌窩斡傳，李家奴「追僞監軍那也至天成縣」。又遼史卷四一地理志五，西京道大同府「天成縣。（中略）遼析雲中置」。今據改。

〔五三〕本名長清　「長清」，遼史卷四一地理志五作「長青」。

〔五四〕置西南路招討司　「西南路」，原作「西北路」，但與下文「並隸西南路招討司」不合。按，遼史卷四一地理志五，西京道「豐州，天德軍，節度使，（中略）兵事屬西南面招討司」。又大金國志卷三八京府州軍，「招討司三處：西南路豐州置司，西北路桓州置司，東北路泰州置司」。今據改。

〔五五〕刺史兼權讖察　「讖察」，原作「機察」。按，本書卷五七百官志三，「讖察官」字皆作「讖」。今據改。

〔五六〕北至界八十里　原作大字正文，今依本志文例改爲小字注文。

〔五七〕北至舊界一里半　原作大字正文，今依本志文例改爲小字注文。又，「一里半」上疑有脱誤。

〔五八〕有殿揚武殿　前一「殿」字疑衍，或疑「有」字下有脱文。

〔五九〕有涿鹿淀　「涿鹿淀」，原作「涿鹿定」，據局本改。

〔六〇〕承安四年刱置　本書卷一一章宗紀三，承安五年七月，「初置蒲思衍羣牧」，與此異。

〔六一〕刺郡九　「刺」下原衍「史」字，據南監本、北監本、殿本、局本删。

〔六二〕縣四十九鎮七　「鎮七」二字原脱，據南監本、北監本、殿本、局本補。

〔六三〕中曰粹英　「粹」字原脱，據南監本、北監本、殿本、局本補。

〔六四〕瑶池殿位　此處「殿」字或「位」字疑衍。按，本書卷四熙宗紀、卷五海陵紀作「瑶池殿」，卷一九世紀補顯宗紀作「瑶池位」。耶律鑄雙溪醉隱集瓊林園賦并序，「乃翳翔鸞、跨神龍」句下小注曰：「翔鸞位、神龍位，皆遼之大内瑶池位也。」「方丈瀛蓬」句下小注曰：「後改瑶池位曰太液池。」禁扁卷一扁第三設有「位」一門類。可見「瑶池殿」即「瑶池位」。

〔六五〕開泰元年更爲永安析津府　「永安」，遼史卷一五聖宗紀六，開泰元年十一月甲午朔，「改幽都府爲析津府」，卷四〇地理志四同，無「永安」二字。

〔六六〕貞元元年更今名　「元年」，下文大興縣條作「二年」。

〔六七〕遼開泰元年更今名　「元年」，原作「二年」，且無「更今名」三字。按，遼史卷四〇地理志四，南京道析津府「宛平縣。本晉幽都縣，開泰元年改今名」，卷一五聖宗紀六同。今據改「二年」爲「元年」，並補「更今名」三字。

〔六八〕以漷陰村置　「漷陰村」，疑當作「漷陰鎮」。按，遼史卷四〇地理志四，「就城故漷陰鎮，後改爲縣」。

〔六九〕舊又有永濟縣大定二十七年以永濟務置未詳何年廢　按，永濟縣即下文之豐潤縣，參考嘉慶一統志卷五四。本書卷一三衛紹王紀，「衛紹王諱永濟」。蓋泰和八年十一月即皇帝位後改永濟縣名豐潤。下文注誤以爲「泰和間置」，亦失考。

〔七〇〕兔耳山　殿本、局本作「兔兒山」。

〔七一〕有古北口　「有」字原脱，今據本志文例補。

〔七二〕天輔七年因置節度使　「節度使」，按，此下當記某年改降，蓋史有闕文，亦或「節度使」爲「刺史」之誤。

〔七三〕有松亭關　「有」字原脱，今據本志文例補。

〔七四〕長春淀舊名大定淀　「大定淀」，本書卷七世宗紀中作「大淀濼」，與此異。

〔七五〕宋名易陽郡天會七年置永定軍節度使　「宋」，原作「賜」。按，宋史卷八六地理志二，河北路「雄州，（中略）政和三年，賜郡名曰易陽」。輿地廣記卷一〇同。今據改爲「宋」字。又此句中「宋名易陽郡」五字，原在「天會七年置永定軍節度使」句下，今據文義移上。

〔七六〕貞祐二年隸安肅州　「二年」，南監本、北監本、殿本、局本作「三年」。

〔七七〕渾泥城　原作「渾泥村」。按，渾泥城即下文安州之混泥城。太平寰宇記卷六七，雄州容城縣，「渾泥城在舊縣南四十里。水經注云，泥同口有渾泥城」。今據改。

〔七八〕遼益津郡　按，宋史卷八六地理志二，河北路「霸州，中，防禦。本唐幽州永清縣地，後置益津關。周置霸州，以莫之文安、瀛州之大城來屬。政和三年，賜郡名曰永清」。是「遼益津郡」當作「宋永清郡」爲是。

〔九〕貞元二年來屬 「貞元」，原作「貞祐」。按，海陵貞元元年遷都燕京，爲擴展中都路，將河北東路一部分軍州劃歸中都路，如雄州、霸州、遂州、安肅州皆記隸河北東路，貞元二年來屬。保州蓋亦如此。改「祐」爲「元」，與下文「海陵賜名清苑郡」次敍正合。今據改。

金史卷二十五

志第六

地理中

南京路　河北東路　河北西路　山東東路　山東西路

南京路，國初曰汴京，貞元元年更號南京。府三，領節鎮三，防禦八，刺史郡八，縣一百五，鎮九十八〔一〕。都城門十四，曰開陽，曰宣仁，曰安利，曰平化，曰通遠，曰宜照，曰利川，曰崇德，曰迎秋，曰廣澤，曰順義，曰迎朔，曰順常，曰廣智。宮城門，南外門曰南薰，南薰北新城門曰豐宜，橋曰龍津橋，北門曰丹鳳，其門三。丹鳳北曰舟橋，橋少北曰文武樓，遵御路而北橫街也。東曰太廟，西曰郊社，正北曰承天門，其門五，雙闕前引，東曰登聞檢院，西曰登聞鼓院。檢院東曰左掖門，門南曰待漏院。鼓院西曰右掖門，門南曰都堂。直承天門北曰大慶門，門東曰日精門，又東曰左昇平門。大慶門西曰月華門，又西曰右昇平門。正殿曰大慶殿，前有龍墀，又南有丹墀，又南曰沙墀，東廡曰嘉福樓，西廡曰嘉瑞樓。大慶後曰德儀殿。殿東曰左昇龍門，西曰右昇龍門。正門曰隆德，內有隆德殿，有蕭墻，有丹墀。隆德殿左曰東上閤門，右曰西上閤門，皆南向。鼓樓在東，鐘樓在西。隆德之次曰仁安門、仁安殿，東則內侍局，又東曰近侍局，又東則嚴祗門，宮中則稱曰撒合門，少南曰東樓，則授除樓也。西曰西樓。仁安之次曰純和殿，正寢也。純和西曰雪香亭，亭北則后妃位也，有樓，樓西曰瓊香亭，亭西曰涼位，有樓，樓北少西曰玉清殿。純和之次曰福寧殿，殿後曰苑門，內曰仁智殿，有二太湖石，左曰敷錫神運萬歲峯，右曰玉京獨秀太平巖，殿曰山莊，其西南曰翠微閣。苑門東曰僊韶院，院北曰翠峯〔二〕，峯之洞曰大滌湧翠，東連長生殿，又東曰湧金殿，又東曰蓬萊殿。長生西曰浮玉殿，又西曰瀛洲殿。長生殿南曰閱武殿，又南曰內藏庫。嚴祗門東曰尚食局，又東曰宣徽院，院北曰御藥院，又北右藏庫，東則左藏庫。宣徽院東曰點檢司，司北曰秘書監，又北曰學士院，又北曰諫院，又北曰武器署。點檢司南曰儀鸞局，又南曰尚輦局。宣徽院南曰拱衛司，又南曰尚衣局。其南爲繁禧門，又南曰安泰門，門與左昇龍門相直。東則壽聖宮，兩宮太后位也，本明俊殿，試進士之所。宮北曰徽音院，又北曰燕壽殿，殿垣後少西曰振肅衛司，東曰中衛尉司。儀鸞局東曰小東華門，更漏在焉。中衛尉司東曰祗肅門，少東南曰將軍司。徽音、壽聖東曰太后苑，苑殿曰慶春，與燕壽殿並。小東華與正東華門對。東華門內正北尚廄局，其西北曰臨武殿。左掖門北，尚食局南曰宮苑司。其西北尚醞局、湯藥局。侍儀司少西曰符寶局、器物局，又西則撒合門也。嘉瑞樓西曰三廟，正殿曰德昌，東曰文昭，西曰光興。德昌後，宣宗廟也。宮西門曰西華，與東華相直，北門曰安貞。

開封府，上。留守司留守帶本府尹，兼本路兵馬都總管。天德二年罷行臺尚書省，置轉運司、提刑司〔三〕。天德二年置統軍司。有藥市四，榷場。産蜜蠟、香茶、心紅、朱紅、地龍、黄栢。天德四年，户二十三萬五千八百九十。泰和末，户百七十四萬六千二百一十〔四〕。縣十五、鎮十五：

開封東附郭。有古通津、臨蔡關、汴河。鎮一延嘉。

祥符西附郭。有岳臺、浚水、沙臺、崇臺、夷門山、蔡河、金水河、廣濟河、寒泉河。鎮三陳橋、八角、郭橋。

陽武有沙池、黑陽山、黄河、汴河、白溝河。

通許宋名咸平，大定二十九年以與咸平府重，更。有牛首城、裘亭。

泰康有魯溝、蔡河、渦河。鎮一崔橋。

中牟有汴河、鄭河、中牟臺。鎮四圃田〔五〕、陽武、萬勝、白沙鎮。

杞宋雍丘縣，杞國也，正隆後更今名。鎮一圉城。

鄢陵有洧水、潩水、太丘城。鎮一馬欄橋〔六〕。

尉氏有惠民河、長明溝。鎮二朱家曲、宋樓。

扶溝有祁耶山、洧水、白亭。鎮二建雄、義店。舊有赤倉鎮。

陳留有皇栢山、狼丘、汴河。

延津貞祐三年七月升爲延州。有土山、黄河。

洧川貞祐二年置惠民倉，興定二年四月以尉氏縣之宋樓鎮陞。

長垣

封丘

睢州，下，刺史。宋拱州保慶軍，國初猶稱拱州，天德三年更。户四萬六千三百六十。縣三、鎮一：

襄邑古襄牛地。有汴河、睢水、涣水、承匡城。鎮一重華。

考城宋隸東京〔七〕，正隆前隸曹州，後來屬。有葵丘〔八〕、黄河、黄陵岡——元光二年改爲通安堡。

柘城古株林，首止地在焉。有涣水、泡水、泓水。

歸德府，散，中，宣武軍。故宋州，宋南京應天府河南郡歸德軍，國初置宣武軍。户七萬六千三百八十九。縣六、鎮四：

睢陽宋名宋城，承安五年更名。有鷹鷺池、汴水、睢水、涣水。鎮一葛驛。

寧陵大定二十二年徙於汴河堤南古城。有汴水、睢水、涣水。

下邑有汴水、黄水。鎮一會亭。

虞城有孟諸藪。

穀熟有汴水、穀水。鎮二營城、洛埸。又有舊高辛鎮。

楚丘國初隸曹州，海陵後來屬，興定元年以限河不便，改隸單州。有景山、京岡。

單州，中，刺史。宋碭郡，貞祐四年二月升爲防禦，興定五年二月置招撫司，以安集河北遺黎。户六萬五千五百四十五。縣四：

單父有棲霞山、泡溝。

成武有堂溝。

魚臺有泗水、涓溝、五丈溝。

碭山興定元年以限河不便，改隸歸德府。有芒碭山、古汴渠、午溝。

壽州，下，刺史。宋隸壽春府，貞元元年來屬，泰和六年六月升爲防禦。户八千六百七十七。縣二、鎮一：

下蔡有硤石山、潁水、淮水。

蒙城宋隸亳州，國初來屬。有狼山、渦水。鎮一蒙館。

陝州，下，防禦。宋陝郡保平軍節度，皇統二年降爲防禦，貞祐二年七月陞爲節鎮。户四萬一千一十。縣四、鎮七：

陝倚。有虢山、峴頭山、三崤山、底柱山、黄河〔九〕、橐水。鎮一石壕。

靈寶有夸父山、黄河、稠桑澤、古函谷關〔一〇〕。鎮二乾壕、關東。

湖城有荆山、鑄鼎原、鳳林泉、鼎湖。鎮二三門、集津。

閿鄉有太華山〔一一〕、黄河、玉澗水、潼關、太谷關。鎮二張店、故鎮。舊又有曹張鎮，恐誤。

鄧州，武勝軍節度使。宋南陽郡，嘗置榷場。户二萬四千九百八十九。縣三、鎮六：

穰城倚。有五壟山、覆釜山、湍水、朝水。鎮四順陽、新野、穰東、板橋。

南陽有豫山、百重山、豐山、梅溪水、白水、清泠水。鎮一張村。

内鄉有高前山、熊耳山〔一二〕、黄水、菊水、淅水〔一三〕、富水。鎮一峽口。

唐州，中，刺史。宋淮安郡，嘗置榷場。户一萬一千三十一。縣四、鎮四：

泌陽倚。有泌水、醴水。鎮一胡陽。

比陽有大明湖〔一四〕、中陽山、比水。鎮一羊棚。

湖陽貞祐元年廢。鎮一羅渠。

桐栢大定十年始置正官，興定五年六月廢。有桐栢山、淮水、栢河。鎮一許封。大定二十八年命規措界壕於唐、鄧間。

裕州，本方城縣，泰和八年正月陞置，以方城縣爲倚郭，割汝州葉縣、許州舞陽隷焉。户八千三百。縣三、鎮四：

方城倚。有方城山〔一五〕、衡山、堵水。鎮一青臺。

葉本隷汝州，泰和八年來屬。有方城山、石塘河、澧水。鎮一臨潁。

舞陽本隷許州，泰和八年來屬。有伏牛山、馬鞍山、舞水、汝水、溧水、潕水。鎮二吴城、北舞。

河南府，散，中。宋西京河南府雒陽郡。初置德昌軍，興定元年八月升爲中京，府曰金昌。户五萬五千六百三十五。縣九、正隆郡志有壽安縣，紀録皆無。鎮四：

洛陽倚。有北邙山，正隆六年更名太平山，稱舊名者以違制論。有伊、洛、瀍、澗、金水，銅駞街，金粟山，金谷。鎮一龍門。

澠池〔一六〕有天壇山〔一七〕、廣陽山、黄河、澠河。

登封有太室山、箕山、陽城山、少室山，宣宗置御寨其上。舊有潁陽鎮，後廢。

孟津貞祐三年七月升爲陶州〔一八〕，十二月復爲縣。鎮一長泉。舊有河清鎮，後廢。

芝田宋名永安，貞元元年更。有轘轅山〔一九〕、青龍山。

新安有闕門山、長石山、金水、穀水、陂水。

偃師有北邙山、緱氏山、半石山、景山、黄河、洛水。鎮一緱氏。

宜陽有錦屏山、鹿蹄山、憩鶴山、女几山、洛水、昌水、少水。

鞏有侯山、九山〔二〇〕、黄河、洛水。鎮一洛口。

嵩州，中，刺史。舊名順州，天德三年更。户二萬六千六百四十九。縣四、鎮四：

伊陽宋隸河南府。有三塗山、陸渾山、鼓鐘山、伊水、淯陽水。鎮一鳴皋。舊有伊闕鎮，後廢。

永寧宋隸河南府，正隆六年以前寄治於府，後即鎮爲縣。有三肴山、熊耳山、嶕嶢山、天柱山、黄河、杜陽水。鎮一府店。

福昌宋隸河南府。有女几山、金門山。鎮二韓城、三鄉。

長水宋隸河南府。有壇山、松陽山、洛水、松陽水。

汝州，上，刺史。宋臨汝郡陸海軍節度，國初爲刺郡，貞祐三年八月升爲防禦。户三萬五千二百五十四。縣四、鎮二：

梁有霍陽山〔二一〕、崆峒山、紫邏山、汝水、廣潤河。正隆六年，勑環汝州百五十里内州縣商賈，赴温湯置市。

郟城宋隸許州。有汝水、扈澗河。鎮一黄道。

魯山有堯山、滍水、鵶河。

寶豐有豢龍城。鎮一汝南。

許州，下，昌武軍節度使。宋潁昌府許昌郡忠武軍。户四萬五千五百八十七。縣五、鎮七：

長社倚。有潩水、潁水。鎮二許田〔三二〕、椹澗。

郾城有長沙河、五溝水。鎮二駝口、新寨。

長葛有小陘、洧水。

臨潁　鎮二合流、繁城。

襄城本隸汝州，泰和七年來屬。鎮一潁橋。

鈞州，中，刺史。舊陽翟縣，僞齊升爲潁順軍。大定二十二年升爲州，仍名潁順，二十四年更今名。户一萬八千五百一十。縣二、鎮一：

陽翟倚。有具茨山、三封山、荆山、潁水。

新鄭宋隸鄭州。有溱、洧、潩三水。鎮一郭店。

亳州，上，防禦使。宋譙郡集慶軍，隸揚州。貞祐三年升爲節鎮，軍名集慶。户六萬五百三十五。縣六、鎮五：舊有福寧、馬頭二鎮。

譙倚。有渦水、泡水。鎮一雙溝。

鹿邑有渦水、明水。鎮一鄲城。

衞真有洵水、沙水。鎮一谷陽。

城父有渦水、淝水、父水。

酇有睢水、汴河、白龍潭。鎮一酇陽。

永城興定五年十二月升爲永州，以下邑、碭山、酇縣隸焉。有芒山、汴河。鎮一保安。

陳州，下，防禦使。宋淮寧府淮陽郡鎮安軍。戶二萬六千一百四十五。縣五、鎮二：

宛丘有蔡河、潁水、洧水。

項城有潁水、百尺堰。

南頓　鎮一殄寇。

商水本溵水，宋避宣祖諱改。有商水、潁水。

西華有宜陽山、蔡河、潁水。鎮一長平。

蔡州，中，防禦使。宋汝南郡淮康軍，泰和八年升爲節度，軍曰鎮南，嘗置榷場。戶三萬六千九十三。縣六、鎮二：

汝陽有溱水、澺水。鎮一保城。

遂平有吴房山、吴城山、龍泉水、瀙水。

上蔡

西平有九頂山〔二三〕、滾水、鄧艾陂。

確山有確山、浸水〔二四〕、溱水。鎮一毛宗。

平輿

息州，本新息縣，泰和八年陞爲息州，以新息爲倚郭，割真陽、褒信、新蔡隸焉，爲蔡州支郡。户九千六百八十五。縣四、鎮一：

新息倚。鎮一王務。

真陽本隸蔡州，泰和八年來屬。有淮水、汝水、石塘陂。

褒信本隸蔡州，泰和八年來屬。有汝水、葛陂。

新蔡本隸蔡州，泰和八年來屬。有汝水。

鄭州，中，防禦。宋滎陽郡奉寧軍節度。户四萬五千六百五十七。縣七、鎮三：

管城倚。貞祐四年更名故市。有圃田澤。

滎陽有鴻溝，京、索二水。

密有大騩山、溱水、洧水。鎮二大騩、鏁水。

河陰

原武　鎮一陳橋。

汜水有虎牢關。

滎澤有廣武澗。舊有許橋、賈谷二鎮，在鄭境。

潁州，下，防禦。宋順昌府汝陰郡。嘗置榷場，正隆四年罷榷場。户一萬六千七百一十四。縣四、鎮十一：舊有萬善鎮，後廢。

汝陰倚。有潁水、淮水、淝水、汝水。

潁上元光二年十一月改隸壽州。有潁水〔二五〕、淮水。鎮十永寧、澧口、王家市、櫟頭、永清、椒陂、正陽、江陂、界溝、斤溝。

泰和有潁水。

沈丘有武丘。鎮一永安。

宿州，中，防禦。宋符離郡保靜軍節度，隸揚州。國初隸山東西路，大定六年來屬。貞祐三年陞爲節鎮，軍曰保靜。户五萬五千五十八。縣四、鎮八：舊有荆山鎮。

符離倚。有諸陽山、汴河、睢水、陴湖。鎮三曲溝、符離、黄團。

臨渙有嵇山、汴河、肥水〔二六〕。鎮三柳子、蘄澤〔二七〕、桐墟。

靈壁〔二八〕宋元祐元年置。鎮一西固。

蘄有涣水、渦水、蘄水。鎮一靜安。

泗州，中，防禦使。宋臨淮郡。正隆四年正月罷鳳翔府、唐、鄧、潁、蔡、鞏、洮等州并膠西縣諸榷場，但置榷場於泗州。先隸山東西路，大定六年來屬。户八千九十二。縣四、鎮六：

淮平舊盱眙縣，明昌六年以宋有盱眙軍，故更。

虹有朱山、汴河、淮水、廣濟渠。鎮二千仙、通海。

臨淮　鎮四安河、吴城、青陽、翟家灣。

睢寧興定二年四月以宿遷縣之古城置。又有淮濱，興定二年四月以桃園置，元光二年四月廢。

邊戍，皇統元年十月，都元帥宗弼與宋約，以淮水中流爲界，西自鄧州南四十里、西南四十里爲界。泰和八年設沿淮巡檢使，及朐山縣完瀆村剏立巡路，置巡檢。

河北東路。天會七年析河北爲東、西路，各置本路兵馬都總管。府一，領節鎮二〔二九〕，防禦一，刺郡五，縣三十，鎮三十五〔三〇〕。

河間府，中，總管府，瀛海軍。宋河間郡瀛海軍。天會七年置總管府。正隆間升爲次府，置瀛州瀛海軍節度使兼總管，置轉運司。後復置總管府，河北東西大名等路提刑司。產無縫綿、滄鹽、藺席、馬藺花、香附子、錢鰕蟹、乾魚。户三萬一千六百九十一。縣二、鎮三：

河間倚。有滹沱河、君子館。鎮三東城〔三一〕、永寧〔三二〕、北林。

肅寧

蠡州，下，刺史。宋永寧軍，國初因之，天會七年陞爲寧州博野郡軍，天德三年更爲蠡州。户二萬九千七百九十七。縣一、鎮一：

博野倚。有沙河、唐河。鎮一新橋。

莫州，下，刺史。宋文安郡軍防禦，治任丘。貞祐二年五月降爲鄚亭縣。户二萬二千九百三十三。縣一、鎮一：

任丘　鎮一長豐。

獻州，下，刺史。本樂壽縣，天會七年升爲壽州，天德三年更今名。户五萬六百三十二。縣二、鎮十：

樂壽倚。有徒駭河、房淵、漢獻王陵。

交河大定七年以石家圈置。鎮十景城、南大樹、劉解、槐家、參軍、貫河、北望、夾灘、策河、沙渦。

冀州，上。宋信都郡，天會七年仍舊置安武軍節度。户三千六百七十。縣五、鎮三〔三三〕：

信都倚。有胡盧河、降水。鎮一來遠，後廢。

南宫有降水枯瀆。鎮三唐陽，後增寧化、七公二鎮。

衡水有長蘆河、降水。

武邑有漳河、長蘆河。鎮一觀津，後廢。

棗强　鎮一廣川，後廢。

深州，上，刺史。宋饒陽郡防禦，國初爲刺郡。户五萬六千三百四十。縣五、鎮一：

靜安倚。有衡漳水、大陸澤。鎮一下博。

束鹿有衡漳水〔三四〕、滹沱河。

武强置河倉。有衡漳水、武强泉。

饒陽有滹沱河。

安平有沙水、滹沱河。

清州，中。宋乾寧郡軍，國初因置軍，天會七年以守邊置防禦。户四萬七千八百七十五。縣三、鎮一：

會川本名乾寧，貞元元年更名。置河倉。鎮一范橋。

興濟本隸滄州，大定六年來屬。

靖海明昌四年以清州窩子口置。

滄州，上，横海軍節度。宋景城郡。貞元二年來屬。户一十萬四千七百七十四。縣五、鎮十一：

清池置河倉。有浮陽水、徒駭河。鎮五長蘆、新饒安、舊饒安、乾符、郭疃。舊有郭橋，後廢。

無棣有老烏山、鬲津河。鎮一分水。

鹽山有鹽山、浮水。鎮四海豐、海潤，後增利豐、撲頭二鎮。

南皮置河倉。有大、小台山、永濟渠〔三五〕、潔河。鎮一馬明。

樂陵有鬲津河、篤馬河、鈎盤河。舊有會寧河、永利、東中三鎮，後廢。

景州，上，刺史。宋永靜軍同下州，治東光。國初陞爲景州，貞元二年來屬。大安間更爲觀州，避章廟諱也。户六萬五千八百二十八。縣六、鎮四：

東光倚。置河倉。有永濟渠、漳河。鎮一建橋。

阜城有衡水、漳水河。劉豫祖塋在縣南十二里。

將陵置河倉。有永濟渠、鉤盤河。

吴橋有永濟渠。

蓨宋隸冀州。有漳河、蓨市。

寧津　鎮三西保安、廣平、會津。

河北西路。天會七年析爲西路。府三，領節鎮二，防禦二，刺郡五，縣六十一，鎮三十三〔三六〕。

真定府，上，總管府，成德軍。宋常山郡鎮州成德軍節度，正隆間依舊次府，置本路兵馬都總管府、轉運司。産瓷器、銅、鐵。有丹粉場、烏梨。藥則有茴香、零陵香、御米殼、天南星、皂角、木瓜、芎、井泉石。户一十三萬七千一百三十七。縣九、鎮三：

真定倚。有大茂山〔三七〕、滋水、滹沱水。

槀城有滋水、滹沱水。

平山

欒城有泜水、洨水。

獲鹿興定三年三月升爲鎮寧州，權河北西路，以經略使武仙駐焉。有莗山、滹沱水。

行唐有玉女山、常山。鎮二嘉祐、北鎮。舊有行臺、新年二鎮，後廢。

阜平明昌四年以北鎮置。

靈壽　鎮一慈谷。

元氏有封龍山、槐河。

威州，下，刺史。天會七年以井陘縣升，置陘山郡軍，後爲刺郡。户八千三百一十。

縣一：

井陘

沃州，上，刺史。宋徽宗升爲慶源府趙郡慶源軍，治平棘。天會七年改爲趙州，天德三年更爲沃州，蓋取水沃火之義，軍曰趙郡軍。後廢軍。户三萬八千一百八十五。縣七、鎮一：

平棘倚。有洨水、槐水。

臨城有敦輿山、彭山、泜水。

高邑有贊皇山、濟水。

贊皇

寧晉有洨水、寑水。鎮一奉城。

栢鄉

隆平

邢州，上，安國軍節度。宋信德府鉅鹿郡安國軍節度，天會七年降爲邢州，仍置安國軍節度。產玄精石。户八萬二百九十二。縣八、鎮四：

邢臺有石門山、百巖山、蓼水、渦水。

唐山有堯山、泜水。

內丘有干言山、內丘山、泜水、渚水。

平鄉　鎮一道武。

任有澿水、任水。鎮一新店。

沙河有湯水〔三八〕、渦水。鎮一綦村。

南和有任水、泜水。

鉅鹿有大陸澤、漳河、落漠水。鎮一團城。

洺州，上，防禦，廣平郡。治永年。天會七年以守邊置防禦使。户七萬三千七十。縣

九、鎮四：

永年有榆溪山、洺水、漳水。鎮一西臨洺。

廣平本魏縣，大定七年更。

宗城

新安

成安

肥鄉　鎮一新安。

雞澤有洺水、漳水、沙河。

曲周　鎮二平恩、白家灘。

洺水

彰德府，散，下。宋相州鄴郡彰德軍節度，治安陽。天會七年仍置彰德軍節度，明昌三年陞爲府，以軍爲名。户七萬七千二百七十六。縣五、鎮五：

安陽倚。有韓陵山、龍山、洹水、防水。鎮三天禧、永和、豐樂。

林慮舊林慮鎮，貞祐三年十月升爲林州，置元帥府。興定三年九月升爲節鎮，以安陽縣水冶村爲輔巖縣隸焉。有隆慮山、洹水〔三九〕、漳水。

湯陰有牟山、羑水、蕩水、通漕、羑里。鎮一鶴壁。

臨漳東山、漳水。鎮一鄴鎮。

輔巖本水冶村，興定三年置。

磁州，中，刺史。宋滏陽郡，國初置滏陽郡軍。户六萬三千四百一十七。縣三、鎮八：

滏陽有滏山、磁山、漳水、滏水。鎮四臺城、觀城、昭德，後廢二祖增臨水鎮。

武安有錫山、武安山。鎮一固鎮。

邯鄲有邯山、靈山、漳水、牛首山〔四〇〕。鎮三大趙、北陽、邑城。士民須知惟有邯山鎮。

中山府。宋府，天會七年降爲定州博陵郡定武軍節度使，後復爲府。户八萬三千四百九十。縣七、鎮二：

安喜倚。有滱水、盧奴水、長星川。

新樂有泒水、木刀溝。

無極有濱河。

永平貞祐二年四月升爲完州。

慶都有堯山、都山、唐水。

曲陽劇。有常山、曲防水〔四一〕。鎮一龍泉。

唐有孤山、唐山、滱水。鎮一軍城。

祁州，中，刺史。宋蒲陰郡，國初置蒲陰郡軍。户二萬三千三百八十二。縣三：

蒲陰

鼓城

深澤

濬州，中，防禦。宋大邳郡通利軍，又改平川軍。天會七年以邊境置防禦使。皇統八年，嫌與宗峻音同〔四二〕，更爲通州，天德三年復。户二萬九千三百一十九。縣二、鎮二：

黎陽有大伾山、枉人山。

衛有蘇門山、鹿臺、糟丘酒池、枋頭城。鎮二衛橋、淇門。

衛州，下，河平軍節度。宋汲郡，天會七年因宋置防禦使，明昌三年升爲河平軍節度，治汲縣，以滑州爲支郡。大定二十六年八月以避河患，徙於共城。二十八年復舊治。貞祐二年七月城宜村，三年五月徙治于宜村新城，以胙城爲倚郭。正大八年以石甃其城。户九萬一百一十二。縣四〔四三〕、鎮二：

汲有蒼山、黃河。

新鄉

蘇門本共城，大定二十九年改爲河平，避顯宗諱也。明昌三年改爲今名。貞祐三年九月升爲輝州，興定四年置山陽縣隸焉。有白鹿山、天門山、淇水、百門陂〔四四〕。鎮一早生。

獲嘉　鎮一大寧。

胙城本隸南京，海陵時割隸滑州，泰和七年復隸南京，八年以限河來屬。貞祐五年五月爲衞州倚郭，增置主簿。興定四年以修武縣重泉村置縣，來隸。

滑州，下，刺史。宋靈河郡武成軍。本南京屬郡，大定六年割隸大名府。户二萬二千五百七十。縣二、鎮二：

白馬　鎮二衞南、武城。

内黄本隸大名府，大定六年來屬。

山東東路，宋爲京東東路〔四五〕，治益都。府二，領節鎮二〔四六〕，防禦二，刺郡七，縣五十三，鎮八十三。

益都府，上，總管府。宋鎮海軍〔四七〕，國初仍舊置軍，置南青州節度使，後升爲總管府，置轉運司。大定八年置山東東西路統軍司〔四八〕。產石器、玉石、沙魚皮、天南星、半夏、澤瀉、紫草。户一十一萬八千七百一十八。縣七、鎮七：

益都

臨朐有朐山、几山、洱水、般水。

穆陵貞祐四年四月升臨朐之穆陵置。

壽光有甘水、澠水。鎮一廣陵，有鹽場。

博興有濟水、時水。鎮二博昌、淳化。

臨淄有南郊山、牛山、天齊淵、康浪水。

樂安　鎮四新鎮、高家港、清河、王家。

濰州，中，刺史。户三萬九百八十九。縣三、鎮一：

北海倚。有浮煙山、溉源山、溉水、汶水。鎮一固底。

昌邑有霍侯山、濰水。

昌樂有方山、聚角山、丹水、朐水。

濱州，中，刺史。宋軍事。户一十一萬八千五百八十九。縣四、鎮十：

渤海有黃河。鎮五豐國、寧海、濱海、蒲臺、安平。

利津明昌三年十二月以永和鎮升置。

蒲臺　鎮二安定、合波。

霑化本名招安，明昌六年更。鎮三永豐、永阜、永科〔四九〕。

沂州，上，防禦。宋琅邪郡。户二萬四千三十五。縣二、鎮三：

臨沂劇。鎮三長任、向城、利城。

費

密州，宋爲密州高密郡安化軍節度。户一萬一千八十二。縣四、鎮七：

諸城劇。有琅邪山、濰水、荆水、盧水。鎮三普慶、信陽、草橋。

安丘有安丘山、劉山，汶、濰、浯水〔五〇〕。鎮一李文。

高密有礪阜山、密水、膠水。

膠西　鎮三張倉、梁鄉、陳村。

海州，中，刺史。户三萬六百九十一。縣五〔五一〕、鎮四：

朐山。

贛榆本懷仁，大定七年更。鎮二荻水、臨洪。

東海

漣水本漣水軍，皇統二年降爲縣來屬。鎮二太平、金城。

莒州，中，刺史。本城陽軍，大定二十二年升爲城陽州，二十四年更今名。户四萬三千二百四十。縣三、鎮三〔五二〕：

莒

日照　鎮一濤洛。

沂水　鎮一沂安。舊有扶溝、洛鎮二鎮，後廢。

棣州，上，防禦。宋安樂郡。户八萬二千三百三。縣三、鎮九：

猒次　鎮五清河、歸化〔五三〕、達多、永利、脂角。

陽信有黄河、鈎盤河。鎮二欽風、西界。

商河有黄河、馬頰河、商河。鎮二歸仁、官口。

濟南府，散，上。宋齊州濟南郡。初置興德軍節度使，後置尹，置山東東西路提刑司。户三十萬八千四百六十九。縣七、鎮二十九：

歷城　鎮六盤水、中宫、老僧口、上洛口、王舍人店、遥墻。

臨邑　鎮三新鎮、安肅、新市。

齊河　鎮三晏城、劉宏、新孫耿。

章丘有長白山、東陵山、百脉水、楊緒水。鎮四普濟、延安、臨濟、明水。

禹城有黄河、濟河、淇河、濕水。鎮三新安、仁水寨、黎濟寨。

長清劇。有劘笄山、隔馬山、黄河、清水。鎮六赤莊、莒鎮、李家莊、歸德、豐濟、陰河。

濟陽　鎮四回河、曲堤、舊孫耿、仁豐。

淄州，中，刺史。宋淄川郡軍。户一十二萬八千六百二十二。縣四、鎮六：

淄川倚。有爨山〔五四〕、夾谷山、商山、淄水。鎮三金嶺、張店、顏神店。

長山有長白山、栗水。

鄒平有系河、濟河。鎮三淄鄉、齊東〔五五〕、孫家嶺〔五六〕。舊有啀店鎮，後廢。

高苑有濟河。

萊州，上，定海軍節度。宋東萊郡。户八萬六千六百七十五。縣五、鎮一：

掖倚。有三山、夜居山、掖水。

萊陽有高麗山、七子山。鎮一衡村。舊有海倉、西由、移風三鎮。

即墨有牢山、不其山、天室山、沽水、曲裹鹽場。

膠水

招遠

登州，中，刺史。宋東牟郡。户五萬五千九百一十三。縣四、鎮二：

蓬萊有巨風鹽場。

福山　鎮一孫大川。

黄有萊山、蹲狗山。鎮一馬停。

棲霞

寧海州，上，刺史。本寧海軍，大定二十二年升爲州。户六萬一千九百三十三。縣二、鎮二：

牟平有東牟山、之罘山、清陽水。鎮一湯泉。

文登劇。有文登山、成山、昌陽山。鎮一温水。

山東西路，府一，領節鎮二，防禦二，刺郡五，縣二十七，鎮四十八〔五七〕。

東平府，上，天平軍節度。宋東平郡，舊鄆州，後以府尹兼總管，置轉運司。產天麻、全蝎、阿膠、薄荷、防風、絲、綿、綾、錦、絹。户一十一萬八千四十六。縣六、鎮十九：

須城有梁山、濟水、清河。

東阿有吾山、穀城山、黄河、阿井。鎮五景德、木仁、關山、銅城、陽劉。

陽穀有黄河、碻磝津。鎮二樂安〔五八〕、定水。

汶上本名中都，貞元元年更爲汶陽，泰和八年更今名。有汶水、大野陂。鎮一柴城。
壽張大定七年河水壞城，遷於竹口鎮，十九年復舊治。鎮一竹口。
平陰有鬱葱山、鵾夷山。鎮九〔五九〕但歡、安寧、寧鄉、翔鸞、固留、滑口、廣里、石横、澄空、傅家岸。
濟州，中，刺史。宋濟陽郡，舊治鉅野，天德二年徙治任城縣，分鉅野之民隸嘉祥、鄆城、金鄉三縣。户四萬四百八十四。縣四、鎮二：
任城倚。有承注山〔六〇〕、泗水、新河。鎮一魯橋。
金鄉有桓溝。鎮一昌邑。
嘉祥舊有合來、山口二鎮，後廢。
鄆城大定六年五月徙治盤溝村以避河決。有馬頰河、濮水。
徐州，下，武寧軍節度使。宋彭城郡，貞祐三年九月改隸河南路。户四萬四千六百八十九。縣三、鎮五：
彭城倚。有九里山、赭土山〔六一〕、泗水、猴水、沛澤。鎮三吕梁、利國、卞唐〔六二〕。又有厥堌鎮，元光二年陞爲永固縣。
蕭有綏輿山、丁公山、古汴渠。鎮二白土、安民。舊有晉城、雙溝二鎮。

豐有泡水、大澤。

邳州，中，刺史。宋淮陽軍，貞祐三年九月改隸河南路。户二萬七千二百三十二。縣三：

下邳有嶧陽山、磬石山、艾山〔六三〕、沂水、泗水、沭水〔六四〕、睢水。

蘭陵本承縣，明昌六年更名。貞祐四年三月徙治土婁村。

宿遷元光二年四月廢。有泗水、汜水。

滕州，上，刺史。本宋滕陽軍，大定二十二年升爲滕陽州，二十四年更今名。貞祐三年九月爲兗州支郡。户四萬九千九。縣三、鎮一：

滕舊名滕陽，大定二十四年更。有桃山、抱犢山、漷水。

沛有微山、泗水、泡水、漷水。鎮一陶陽。

鄒宋隸泰寧軍。有嶧山、鳧山、泗水、漷水。

博州，上，防禦。宋博平郡。户八萬八千四十六。縣五、鎮十一：

聊城倚。有茌山、黄河、金沙水。鎮二王館、武水。

堂邑　鎮二回河、侯固。

博平有漯河。鎮一博平。

茌平　鎮二廣平、興利。

高唐有黃河、鳴犢溝。鎮四固河、齊城、靈城、夾灘。

兗州，中，泰定軍節度使。宋襲慶府魯郡。舊名泰寧軍，大定十九年更。户五萬九十九。縣四：

嵫陽本瑕丘。

曲阜宋名仙源。有防山、曲阜山，泗、洙、沂水。

泗水有陪尾山、尼丘山、泗水、洙水。

寧陽舊名龔縣，大定二十九年以避顯宗諱改。

泰安州，上，刺史。本泰安軍，大定二十二年升。户三萬一千四百三十五。縣三、鎮二：

奉符倚。有泰山、社首山、龜山、徂徠山、亭亭山。有汶水、梁水。鎮二太平、靜封。

萊蕪有肅然山、安期山、嬴汶水〔六五〕、牟汶水。

新泰

德州，上，防禦。宋平原郡軍。户一萬五千五十三。縣三、鎮七：

安德有鬲津河。鎮四磁博、鄉化、盤河、德安。

平原有金河。鎮一水務。

德平　鎮二懷仁、孔家鎮。

曹州，中，刺史。宋興仁府濟陰郡彰信軍。本隸南京，泰和八年來屬。大定八年城爲河所没，遷州治于古乘氏縣。户一萬二千六百七十七。縣三、鎮一：

濟陰倚。有曹南山、定濮岡、左山、祝丘、荷水、氾水〔六六〕、饗城、鄸城。鎮一濮水。

定陶本宋廣濟軍，熙寧間廢爲定陶縣。城中有梁王臺。有髣山、獨孤山。

東明初隸南京，後避河患，徙河北冤句故地。後以故縣爲蘭陽、儀封，有舊東明城。

校勘記

〔一〕縣一百五鎮九十八　「一百五」，南監本、北監本、殿本、局本並作「一百八」，與下文實際數字相符。「鎮九十八」四字原脱，據南監本、北監本、殿本、局本補。

〔二〕院北曰翠峯　「翠峯」，大金國志卷三三汴京制度作「湧翠峯」，與下文「峯之洞曰大滌湧翠，東連長生殿」合。

〔三〕置轉運司提刑司　「提刑司」三字疑衍。按，本書卷九章宗紀一，大定二十九年六月「乙未，初置提刑司」。又卷一〇章宗紀二，明昌四年「秋七月辛巳，南京路提刑司自許州遷治南京」。是天德二年無南京路提刑司。

〔四〕户百七十四萬六千二百一十　按，本書卷四六食貨志一户口，泰和七年「十二月，奏天下户七百六十八萬四千四百三十八」。則開封府户數將占「天下」總户數的四分之一，疑此數有誤。

〔五〕圃田　原作「嗣田」。按，元豐九域志卷一，東京開封府中牟有圃田鎮。太平寰宇記卷二，東京開封府中牟縣，隋開皇十八年「于圃田城中爲圃田縣，以界内澤爲名」。圃田鎮蓋即舊圃田城，「圃」、「嗣」字形略近致誤。今據改。

〔六〕馬欄橋　原作「馬棚橋」。按，元豐九域志卷一，東京開封府鄢陵有「馬欄橋一鎮」。嘉慶一統志卷一八七，開封府「馬欄鎮，在鄢陵縣南十里」。今據改。

〔七〕宋隸東京　「東京」，原作「南京」。按，元豐九域志卷一，東京開封府有考城。宋史卷八五地理志一，開封府縣十六，中有考城。今據改。

〔八〕有葵丘　原作「葵丘有」，今據文義乙正。

〔九〕黄河　原作「莫河」。按，元豐九域志卷三，陝西路陝州陝縣有黄河。太平寰宇記卷六，陝州陝縣，「黄河自靈寶界流入」。今據改。

〔一〇〕古函谷關　「關」字原脱。按，元豐九域志卷三，陝西路陝州靈寶有古函谷關。太平寰宇記卷六，陝州靈寶縣「古函谷關，在縣南十里一百六十步，秦之舊關也。（中略）（漢）武帝意好廣闊，遂東移于新安」。今據補。

〔二〕有太華山　「有」字原脱，今依本志文例補。

〔三〕熊耳山　原作「縣耳山」。按，元豐九域志卷一，京西路鄧州内鄉有熊耳山。嘉慶一統志卷二一〇，南陽府「洱水源出内鄉縣熊耳山，（中略）漢書地理志，熊耳之山出三水，洱水其一焉」。今據改。

〔三〕淅水　原作「浙水」，據北監本、殿本、局本改。

〔四〕有大明湖　按，元豐九域志卷一，京西路唐州比陽有大胡山。嘉慶一統志卷二一〇，南陽府「大胡山，在泌陽縣東北七十里，一曰大狐山，亦名壺山」。皆未載有「大明湖」。疑此處脱載大胡山，或「大明湖」即爲「大胡山」之誤。

〔五〕有方城山　「方城山」，原作「方山城」。按，元豐九域志卷一，京西路唐州方城有方城山。嘉慶一統志卷二一〇，南陽府「方城山，在葉縣南四十里，跨裕州境。元和志，在方城縣東北五十里」。今據乙正。

〔六〕澠池　原作「沔池」，元刻本、南監本、北監本、殿本、局本並同。按，澠池之「澠」，本書中有兩種寫法：一、「澠」，如本條下澠河，卷九六李愈傳「調河南澠池主簿」，卷一一四白華傳「金軍自閿鄉屯至澠池」，這是正確的。二、寫作「沔」，這是簡寫字，散見各卷，今皆改作「澠」。

〔七〕有天壇山　「天壇山」，原作「天檀山」。按，元豐九域志卷一，西京河南府澠池有天壇山。太平寰宇記卷五，河南府澠池縣「天壇山，在縣東北十八里，（中略）四面陡絶如壇」。今據改。

〔一八〕陶州　原作「淘州」。按，水經注卷四，「孟津有陶河之稱」。嘉慶一統志卷二〇五，河南府「孟津縣，金改曰孟津，貞祐三年升爲陶州，尋復爲縣」。皆作「陶州」。今據改。

〔一九〕有轘轅山　「轘轅山」，原作「轘軒山」。按，輿地廣記卷五，西京河南府永安縣有轘轅山。太平寰宇記卷五，西京河南府緱氏縣「轘轅山，在縣東南四十六里」。今據改。

〔二〇〕九山　「山」字原脱。按，元豐九域志卷一，西京河南府鞏有九山。太平寰宇記卷五，西京河南府鞏縣「九山，在縣西南五十五里」。今據補。

〔二一〕有霍陽山　「霍陽山」，原作「霍確山」。按，元豐九域志卷一，京西路汝州梁縣有霍陽山。太平寰宇記卷八，汝州梁縣「霍陽山，俗謂現山，在縣西南七十里。（中略）漢立霍陽縣，因山以爲名」。今據改。

〔二二〕許田　原作「許由」，據局本改。按，元豐九域志卷一，京西路潁昌府長社縣有許田鎮。宋史卷八五地理志一，京西北路潁昌府長社縣注云，「熙寧四年，省許田縣爲鎮入焉」。

〔二三〕九頂山　原作「九頭山」。按，太平寰宇記卷一一：「九頂山、獨樹山並在縣南一百里。」嘉慶一統志卷二一五：「九頂山，在西平縣西南七十五里。」皆作「九頂山」。今據改。

〔二四〕浸水　原作「没水」。按，元豐九域志卷一，京西路蔡州確山有浸水。「浸」即古「汶」字。嘉慶一統志卷二一五，汝寧府「汶水，在正陽縣東北五十里。明統志，汶水在府城南九十里，水自青龍陂入汝，今稱汶口」。今據改。

〔二五〕有潁水　「有」字原脱，今依本志文例補。

〔二六〕肥水　原作「肥山」。按，元豐九域志卷五，淮南路宿州臨渙縣有淝水。文獻通考卷三一七亦載臨渙有淝水。今據改。

〔二七〕蘄澤　原作「鄿澤」。按，元豐九域志卷五，淮南路宿州臨渙縣有蘄澤鎮。會編卷二四四引張棣金虜圖經地里驛程云，「宿州至蘄澤鎮四十里，蘄澤至柳子鎮五十里」。程卓使金録，嘉定四年十二月「三日辛巳，晴，早頓蘄澤鎮，四十五里至柳子鎮宿」。今據改。

〔二八〕靈壁　原作「靈璧」，今據宋史卷八八地理志四淮南東路宿州改。

〔二九〕領節鎮二　「領」字原脱，今依本志文例補。

〔三〇〕鎮三十五　南監本、北監本、殿本、局本並作「鎮三十八」。

〔三一〕束城　原作「策城」。按，元豐九域志卷二，河北路瀛州河間縣有束城鎮。輿地廣記卷一〇，河北東路河間府河間縣「束城鎮，本漢束州縣，屬勃海郡」。今據改。

〔三二〕永寧　宋會要輯稿食貨一九之四亦作「永寧」，但食貨一五之一〇、元豐九域志卷二則皆作「永牢」。

〔三三〕鎮三　南監本、北監本、殿本、局本並作「鎮六」。

〔三四〕有衡漳水　「水」字原脱。按，上文有衡漳水。又元豐九域志卷二，河北路深州束鹿有衡漳水。今據補。

〔三五〕永濟渠　原作「永濟河」。按，下文景州之東光、將陵、吴橋，本書卷二六地理志下恩州之歷亭、武城、清河等縣皆作「永濟渠」。今據改。

〔三六〕領節鎮二防禦二刺郡五縣六十一鎮三十三　「領節」二字原脱，南監本、北監本、殿本、局本並脱「領」字，今據本志文例補。又，「防禦二」之「二」字原脱，南監本作「一」，今據下文防禦州實際數目補。又，「鎮三十三」四字原脱，據南監本、北監本、殿本、局本補。

〔三七〕大茂山　「大」字原脱。按，元豐九域志卷二，河北路真定府真定有大茂山。太平寰宇記卷六一，河北道鎮州真定縣有大茂山，「隋圖經云，大茂山，恒山之異名也」。今據補。

〔三八〕有湯水　按，元豐九域志卷二，河北路邢州沙河「有湯山、渪水」。太平寰宇記卷五九，河北道邢州沙河縣「湯山，在縣西北七十一里。山海經云，湯山，湯水出焉」。則此處脱載湯山。

〔三九〕有隆慮山洹水　「有」字原脱，依本志文例補。「洹水」，原作「洹山」。按，元豐九域志卷二，河北路相州林慮「有隆慮山、洹水」。太平寰宇記卷五五，河北道相州林慮縣，「洹水，出縣西北，俗謂安陽河」。今據改。

〔四〇〕牛首山　「山」字疑爲「水」字之誤。按，元豐九域志卷二，河北路磁州邯鄲僅有牛首水。太平寰宇記卷五六，河北道磁州邯鄲縣，「牛首水，在縣西北三十里，又名曲河，源出縣西南平地。漢書地理志云，堵山，牛首水所出」。

〔四一〕曲防水　元豐九域志卷二，河北路定州曲陽作「曲陽水」。

〔四二〕嫌與宗峻音同　「宗峻」，原作「宗雋」。按，本書卷四熙宗紀，天眷二年「七月辛巳，（中略）兗國王宗雋謀反，伏誅」，決無皇統八年猶爲宗雋嫌名改地名之理。此當係熙宗避其父宗峻嫌名。「峻」、「濬」廣韻並「私閏切」，而「雋」爲「徂兗切」，音不同。知此當作「峻」，今據改。

〔四三〕縣四　南監本、北監本、殿本、局本並作「縣五」。

〔四四〕淇水百門陂　「淇水」，原作「淇山」。「百門陂」，原作「百門波」，局本作「百門陂」。按，元豐九域志卷二，河北路衛州共城有「淇水、百門陂」。元和郡縣志卷一六，河北道衛州共城縣，「淇水，源出縣西北沮洳山」，「百門陂，在縣西北五里，方五百許步，（中略）陂南通漳水」。今據改。

〔四五〕宋爲京東東路　「宋」字原脱。按，宋史卷八五地理志一，「京東路，（中略）熙寧七年，分爲東、西兩路，以青、淄、濰、萊、登、密、沂、徐州、淮陽軍爲東路」。今據補。

〔四六〕領節鎮二　「領」字原脱，今依本志文例補。

〔四七〕宋鎮海軍　「宋」字原脱，因下句「國初仍舊置軍」當有所承，知有脱文。按，宋史卷八五地理志一，「京東路」「青州，望，北海郡，鎮海軍節度」。今據補。

〔四八〕大定八年置山東東西路統軍司　按，本書卷八六夾古胡剌傳，「正隆末，山東盜起，（中略）山東路統軍司選諸軍八百人作十謀克」，是正隆末已有山東路統軍司。卷六世宗紀上，大定三年五月「己亥，罷河南、山東、陝西統軍司」。卷七三宗尹傳，大定「八年，置山東路統軍司」。

是大定間爲復置。「八年」下當有「復」字。

〔四九〕永豐永阜永科　按，嘉慶一統志卷一七六，武定府永豐鎮注云，「金志，霑化縣有永豐、永阜、永利三鎮」。又云，「永利場在霑化縣東三十五里」。則「永科」當是「永利」之誤。

〔五〇〕浯水　原作「涪水」。按，元豐九域志卷一，京東路密州安丘，有浯水、汶水、濰水。太平寰宇記卷二四，河南道密州安丘縣，「浯水堰，三齊略記曰，昔者堰浯水南入荆水」。今據改。

〔五一〕縣五　下文僅朐山、贛榆、本懷仁。東海、漣水四縣，數目不合。按，宋史卷八八地理志四，淮南東路「海州，上，東海郡，團練。建炎間入于金，紹興七年復。隆興初，割以畀金，隸山東路，以漣水縣來屬。（中略）縣四：朐山、懷仁、沭陽、東海」。據此，金之海州當有沭陽縣。本書卷四九食貨志四鹽，「其行鹽之界，各視其地宜。（中略）莒之場十二，（中略）板浦場行漣水、沭陽縣」。卷一三二逆臣紇石烈執中傳，泰和六年「五月，宋兵犯金城，（中略）轉趨沭陽」。卷一〇八侯摯傳，興定二年，「摯奏曰：（中略）仍擇沭陽之地可以爲營屯者，分兵護邏」。是金有沭陽無疑，今據元豐九域志疑有脱文如下：「沭陽有韓山、沭水。」韓山、沭水皆見太平寰宇記卷二二河南道海州沭陽縣。

〔五二〕鎮三　南監本、北監本、殿本、局本並作「鎮二」。

〔五三〕歸化　元豐九域志卷二，河北路棣州厭次縣作「歸仁」。

〔五四〕黌山　原作「黌山」。按，元豐九域志卷一，京東路淄州淄川有黌山。太平寰宇記卷一九，河南道淄州淄川縣「黌山，在縣東北十里」。嘉慶一統志卷一六二，濟南府「黌山，在淄川縣東北十里，即古黄山」。今據改。

〔五五〕齊東　原作「介東」。按，元豐九域志卷一，京東路淄州鄒平有「孫家、趙嵓口、淄鄉」等鎮。嘉慶一統志卷一六三，濟南府古蹟「齊東鎮，今齊東縣治。金史地理志，鄒平有齊東鎮。齊乘，齊東縣舊曰趙巖口，金爲齊東鎮」。今據改。

〔五六〕孫家嶺　宋會要輯稿食貨一五之五作「孫家店」，元豐九域志卷一，京東路淄州鄒平作「孫家」。

〔五七〕刺郡五縣二十七鎮四十八　「縣二十七鎮四十八」八字原脱，據南監本、北監本、殿本、局本補。

〔五八〕樂安　疑當作「安樂」。按，元豐九域志卷一，京東路鄆州陽穀有安樂鎮。嘉慶一統志卷一六六，兗州府關隘「安樂鎮，在陽穀縣東北三十里」。

〔五九〕鎮九　南監本、北監本、殿本、局本並作「鎮十」。按，元豐九域志卷一，京東路鄆州平陰有「祖歡、石溝、界首、寧鄉、滑家口、傅家岸、翔鸞七鎮」，與「鎮九」不合。本卷上文東平府「鎮十九」，而東阿「鎮五」、陽穀「鎮二」、汶上「鎮一」、壽張「鎮一」，加平陰「鎮九」共鎮十八，尚缺其一。疑此「鎮九」或是「鎮十」之誤。

〔六〇〕有承注山　「注」字原脱，南監本、北監本、殿本、局本並作「城注山」。按，元和郡縣志卷一〇，河南道兗州任城縣「承注山，在縣東南七十六里，女媧生處」。嘉慶一統志卷一八三，濟寧直隸州「承注山，在州南四十里」。今據補「注」字。但元豐九域志卷一與太平寰宇記卷一四濟州任城下都作承匡山。疑「匡」爲「注」字之誤。

〔六一〕赭土山 「山」字原脱。按，元豐九域志卷一，京東路徐州彭城有赭土山。太平寰宇記卷一五，河南道徐州彭城縣「赭土山，在縣北三十五里」。今據補。

〔六二〕卞唐 原作「下唐」。按，元豐九域志卷一，京東路徐州彭城有卞塘鎮。宋會要輯稿食貨一五之五同。嘉慶一統志卷一〇一，徐州府關隘「卞塘鎮，在銅山縣東。舊志卞塘集在州東昌化鄉，蓋以卞塘湖爲名」。今據改。

〔六三〕艾山 原作「艾水」。按，元豐九域志卷一，京東路淮陽軍下邳有艾山。嘉慶一統志卷一〇〇，徐州府「艾山，在邳州北五里，以産艾故名，元魏時艾山縣蓋置於此」。今據改。

〔六四〕沭水 原作「沐水」，據局本改。按，元豐九域志卷一，京東路淮陽軍下邳有沭水。嘉慶一統志卷一〇〇，徐州府直河「在邳州南百十里，即古沭水也」。

〔六五〕嬴汶水 原作「嬴汶水」，據局本改。按，元豐九域志卷一，京東路兗州萊蕪有嬴汶水。嘉慶一統志卷一七九，泰安府「汶水，源出萊蕪縣東北八十里原山之陽，西南流經泰安縣東，左合牟汶、嬴汶水西流」。

〔六六〕氾水 原作「汎水」。按，元豐九域志卷一，京東路曹州濟陰有氾水。太平寰宇記卷一三，河南道曹州濟陰縣，「汜水，在縣南，（中略）昔漢高祖既定天下，即帝位於定陶汜水之陽。張晏曰，汜水在濟陰界，取其泛愛弘大而潤下也」。又「張晏曰，汜音敷劍反，愛之汜也」。今據改。

金史卷二十六

志第七

地理下

大名府路　河東北路　河東南路　京兆府路　鳳翔路　鄜延路　慶原路　臨洮路

大名府路，宋北京魏郡。府一，領刺郡三，縣二十，鎮二十二。貞祐二年十月置行尚書省。

大名府，上，天雄軍。舊爲散府，先置統軍司，天德二年罷，以其所轄民户分隸旁近總管府。正隆二年陞爲總管府，附近十二猛安皆隸焉，兼漕河事。産皺、縠、絹、梨肉、櫻桃煎、木耳、硝。户三十萬八千五百一十一。縣十、鎮十三：舊有柳林、侯固二鎮。

元城有愜山、漕運御河、屯氏河。鎮二安定〔一〕、安賢。
大名倚。鎮一〔二〕
魏縣
冠氏有弇山水、沙河。鎮四普通、清水、博寧、桑橋。
南樂　鎮一南樂。
館陶有漕運御河。鎮一館陶。
夏津有屯氏河、潤溝河。鎮一孫生。
朝城　鎮一韓張。
清平有新渠金堤。鎮一清平。
莘　鎮一馬橋。
恩州，中，刺史。宋清河郡軍事，治清河，今治歷亭。户九萬九千一百一十九。縣四、鎮六：
歷亭倚。有永濟渠，置河倉。鎮四漳南、新安樂、舊安樂、王杲。
武城有永濟渠、沙河。鎮一武城。
清河有永濟渠、漳渠。

臨清有河倉。鎮一曹仁。

濮州，下，刺史。宋濮陽郡。户五萬二千九百四十八。縣二、鎮三：

鄄城倚。有旄丘、陶丘、金堤。鎮二臨濮、雷澤，皆舊縣，貞元二年爲鎮。

范　鎮一定安。

開州，中，刺史。宋開德府澶淵郡鎮寧軍節度，降爲澶州，皇統四年復更今名。户三萬三千八百三十六。縣四、鎮一：

濮陽倚。有衞陽山、鮒鰅山〔三〕、黄河、淇河、瓠子口。

清豐有廣陽山、黄河。

觀城有泉源河。鎮一武鄉。

長垣本隸南京，泰和八年以限河不便，來屬。

河東北路。宋河東路，天會六年析河東爲南、北路〔四〕，各置兵馬都總管。府一，領節鎮三，刺郡九，縣三十九，鎮四十，堡十，寨八。

太原府，上，武勇軍。宋太原郡河東軍節度，國初依舊爲次府，復名并州太原郡河東軍總管府，置轉運司。有造墨場、煉銀洞、瑪瑙石。藥産松脂、白膠香、五靈脂、大黄、白玉石。户一十六萬五千八百六十二。縣十一、鎮八：

陽曲倚。有罕山、蒙山、汾水。鎮五陽曲〔五〕、百井、赤塘關、天門關、陵井驛。

太谷有太谷山、蔣水。

平晉貞祐四年七月廢，興定元年復置。有龍山、晉水。鎮二晉寧、晉祠。

清源有清源水、汾水。

徐溝本清源縣之徐溝鎮，大定二十九年升。

榆次有麓臺山、塗水。

祁〔六〕有幘山、太谷水。鎮一團柏。

文水有隱泉山、汾水、文水。

交城有少陽山、狐突山、汾水。

盂興定中升爲州，聽絳州元帥府節制，置刺史，尋復。有白馬山、原仇山〔七〕、滹沱水。

壽陽興定二年九月嘗割隸平定州。有方山、洞過水。

晉州。興定四年正月以壽陽縣西張寨置。

忻州，下，刺史。舊定襄郡軍。户三萬二千三百四十一。縣二、鎮四：

秀容有程候山、雲母山、忻水、滹沱水。鎮四忻口、雲内、徒合、石嶺。

定襄

平定州，中，刺史。本宋平定軍，大定二年升爲州〔八〕。興定二年爲防禦，十一月復降爲刺郡。户一萬八千二百九十六。縣二、鎮三：

平定倚。有浮山、浮灤水。鎮二承天、東百井。

樂平興定四年正月升爲皋州。有樂平山、清漳水。鎮一淨陽。

汾州，上。宋西河郡軍事，天會六年置汾陽軍節度使，後又置河東南北路提刑司。户八萬七千一百二十七。縣五、鎮二：

西河有謁泉山、比干山、文水、汾水。鎮一郭柵。

孝義有勝水。

介休有介山、汾水。鎮一洪山。

平遥有鹿臺山、汾水。

靈石貞祐三年割隸霍州，四年五月復來屬。有靜巖山、汾水。

石州，上，刺史。舊昌化軍〔九〕，興定五年復隸晉陽，從郭文振之請也。户三萬六千五百二十八。縣六、鎮四：

離石倚。有胡公山、離石水。鎮一石窟。

方山　貞祐四年徙治于積翠山。有方山、赤洪水。

孟門　舊名定胡，明昌六年更。宋隸晉寧軍。有黃河、寧鄉水。鎮二吴保、天澤。

温泉　貞祐四年五月改隸汾州。有遠望山、温泉。

臨泉　宋隸晉寧軍。有黃河、臨泉水。鎮一克胡〔一〇〕。

寧鄉　舊名平夷，明昌六年更。

葭州，下，刺史。本晉寧軍，貞元元年隸汾州，大定二十二年升爲晉寧州，二十四年更今名。在黃河西，興定二年五月以河東殘破，改隸延安府。户八千八百六十四。寨八、堡九：神泉寨、永祚堡、烏龍寨、康定堡、寧河寨、寧河堡、太和寨、神木寨、通津堡、彌川寨、護川堡、强川堡、清川堡、通秦寨、通秦堡〔一一〕、晉安堡、吴堡寨，已上皆在黃河西，臨西夏界。

代州，中。宋鴈門郡防禦，天會六年置震武軍節度使。貞祐二年四月僑置西面經略司，八月罷。户五萬七千六百九十。縣五、鎮十三：

鴈門　倚。有夏屋山、鴈門山、滹沱水。鎮三鴈門、西陘〔一二〕、胡谷。

崞　有崞山、石鼓山、滹沱河、沙河。鎮一樓板。

五臺　貞祐四年三月升爲臺州。有五臺山、慮虒水〔一三〕。鎮二興善、石觜。

廣武　貞祐三年七月來屬。

繁畤貞祐三年九月升爲堅州。鎮七茹越、大石、義興、麻谷、瓶形、梅迴、寶興。

隩州，下。本宋舊火山軍，大定二十二年升爲火山州，後更今名。興定二年九月改隸嵐州，四年以殘破徙治于黄河灘許父寨。户七千五百九十二。縣一、鎮一：

河曲貞元元年置。有火山、黄河。鎮一鄴鎮。

寧化州，下，刺史。本寧化軍，大定二十二年陞爲州。户六千□百〔一四〕。縣一、鎮一：

寧化　鎮一窟谷。

嵐州，下。宋舊樓煩郡軍事，天會六年置鎮西節度使。户一萬七千五百五十七。縣三、鎮四：

宜芳　鎮一飛鳶。

合河　鎮三合河津、乳浪、鹽院渡。

樓煩

岢嵐州，下，刺史。本宋岢嵐軍，大定二十二年爲州，貞祐三年九月升爲防禦，四年正月升爲節鎮，五月復爲防禦。户五千八百五十一。縣一、堡一：

嵐谷有岢嵐山、雪山、岢嵐水〔一五〕。堡一寒光。

保德州，下，刺史。本宋保德軍，大定二十二年升爲州，元光元年六月升爲防禦。户三千一百九十一。縣一：

靜樂

保德大定十一年置。有大堡津、沙谷津〔一六〕。

管州，下，刺史。本宋憲州靜樂郡，天德三年更。興定三年升爲防禦。户五千八百八十一。縣一：

靜樂

河東南路，府二，領節鎮三〔一七〕，防禦一，刺郡六，縣六十八，鎮二十九〔一八〕，關六。

平陽府，上。宋平陽郡建雄軍節度。本晉州，初爲次府，置建雄軍節度使。天會六年升總管府，置轉運司。興定二年十二月以殘破降爲散府。有書籍。産解鹽、隰州緑、卷子布、龍門椒、紫團參、甘草、蒼术。户一十三萬六千九百三十六。縣十、鎮一：

臨汾天會六年定臨汾爲次赤，餘並次畿，置丞、簿、尉各一。有姑射山、平水、壺口山、汾水。

襄陵倚。有浮山、汾水、潏水。鎮一故關。

洪洞有霍山〔一九〕、汾水。

趙城有姑射山、汾水、霍水。

霍邑貞祐三年七月升爲霍州，以趙城、汾西、靈石隸焉。興定元年七月升爲節鎮，軍曰鎮定。有霍山、汾水、𣵀水。

汾西有汾西山、汾水。

岳陽有烏嶺山、通軍水。

浮山舊名神山，大定七年更爲浮山，興定四年更名曰忠孝。

和川

冀氏

隰州，上，刺史。宋大寧郡，團練。舊大寧郡軍刺史，天會六年改爲南隰州，以與北京隰州重也，天德三年去「南」字。戶二萬五千四百四十五。縣六、關四：

隰川倚。有石馬山、石樓山。

仵城興定五年正月陞隰川之午城鎮置。

蒲興定五年正月升爲蒲州，以大寧隸焉。有孤石山、横木嶺。

大寧有孔山、黄河、日斤水〔三〇〕。關一馬門關。

永和有樓山、黄河、仙芝水。關一永和關。

石樓有石樓山、黄河、龍泉。關二永寧、上平關。

吉州，下，刺史〔三一〕。宋置團練。舊名慈州，天德三年改爲耿州，置文成郡軍，明昌元年更名吉。户一萬三千三百二十四。縣二：

吉鄉有壺口山、孟門山、黄河、蒲水。

鄉寧

河中府，散，上。宋河東郡。舊置護國軍節度使，天會六年降爲蒲州，置防禦使。天德元年升爲河中府，仍舊護國軍節度使。大定五年置陝西元帥府。户十萬六千五百三十九。縣七、鎮四：

河東倚。有中條山、五老山、黄河、嬀水、汭水。鎮二永樂、合河。

榮河貞祐三年升爲榮州〔二二〕，以河津、萬泉隸焉。有黄河、汾水、脽丘。鎮一北郎〔二三〕。

虞鄉有雷首山、中條山、壇道山。

萬泉　鎮一胡壁。

臨晉有三疑山、黄河。

河津

猗氏有涑水。

絳州，上。宋置絳郡防禦。天會六年置絳陽軍節度使。興定二年十二月升爲晉安府，總管河東南路兵馬，三年三月置河東南路轉運司。户一十三萬一千五百一十。縣

七、鎮五、關一：

正平倚。劇。有定境山、汾水、澮水、鼓水。鎮一澤掌。

曲沃劇。有絳山、絳水、汾水、澮水。鎮二柴村、九王。

稷山有稷山、汾水。

翼城興定四年七月升爲翼州，以垣曲、絳縣隸焉。元光二年升爲節鎮，軍曰翼安。有澮高山、清野山、烏嶺山。

太平有汾水。

垣曲有王屋山、清廉山、黄河、清水。鎮一臯落。關一行臺。

絳有太陰山、教山、絳水。鎮一繪交。

平水興定四年七月徙置汾河之西，從平陽公胡天作之請也。

解州，上，刺史。宋慶成軍防禦，國初置解梁郡軍，後廢爲刺郡。貞祐三年復升爲節鎮，軍名寶昌。興定四年徙治平陸縣。户七萬一千二百三十二。縣六、鎮四：

解倚。有壇道山、鹽池。

平陸有吴山、黄河。鎮一張店。

芮城宋隸陜州。有中條山、黄河、龍泉。

夏有巫咸山、中條山、淡水。鎮一曹張。

安邑有中條山、稷山、鹽池、涑水。

聞喜有九龍山、湯山、涑水。鎮二東鎮、劉莊。

澤州，上，刺史。宋高平郡。天會六年以與北京澤州同，加「南」字，天德三年復去「南」字。貞祐四年隸潞州昭義軍，後又改隸孟州。元光二年升爲節鎮，軍曰忠昌。户五萬九千四百一十六。縣六、鎮二：

晉城倚。有太行山、丹水、白水、天井關。鎮二周村、巴公。舊又置星軺鎮。

端氏有石門山、巨峻山。

陵川有太行山、九仙山。

陽城元光二年十一月升爲勣州。有王屋山、濩澤。

高平有頭顱山、米山、丹水。

沁水有鹿臺山、沁水、馬邑山。

潞州，上。宋隆德府上黨郡昭德軍節度使。天會六年，節度使兼潞南遼沁觀察處置使。户七萬九千二百三十二。縣八、鎮四：

上黨倚。鎮一八義。

壺關有抱犢山、紫團山、赤壤山。

屯留有盤秀山、絳水。鎮一寺底。

長子有羊頭山、發鳩山、堯水。鎮一横水。

潞城有三垂山、伏牛山、潞水、漳水。

襄垣有鹿臺山、涅水、漳水。鎮一虒亭。

黎城有白巖山、故壺口關〔二四〕。

涉貞祐三年七月升爲崇州，以黎城縣隸焉。四年八月以殘破復爲縣。興定五年九月復升爲州。

有崇山、涉水。

遼州，中，刺史。宋本樂平郡刺史，天會六年以與東京遼州同，加「南」字，天德三年復去「南」字。户一萬五千八百五十。縣四、鎮一、關一：

遼山倚。有箕山、青谷水。鎮一平城，舊縣也，貞元間廢爲鎮，屬遼山縣，及廢舊芹泉鎮。關一

黄澤。

榆社有武鄉水、石勒漚麻池。

和順有九原山。

儀城舊爲平城縣，貞元二年廢入遼山爲鎮，貞祐四年復升爲縣，更今名。

沁州，中，刺史〔三五〕。錦山郡。宋威勝軍，天會六年升爲州。元光二年升爲節鎮，軍曰義勝。户一萬八千五十九。縣四、鎮一〔三六〕：

銅鞮倚。有銅鞮山、石梯山、洹水、交水。

武鄉有胡甲山、武鄉水。鎮一南關。

沁源元光二年十一月升爲穀州。有霍山、沁水。

綿上有羊頭山、沁水。

懷州，上。宋河内郡防禦，天會六年以與臨潢府懷州同，加「南」字，仍舊置沁南軍節度使，天德三年去「南」字。皇統三年閏四月置黄沁河堤都大管勾司。大定五年置行元帥府。興定五年置招撫司。户八萬六千七百五十六。縣四、鎮六：

河内倚。有太行陘、太行山、黄河、沁水、溴水〔三七〕。鎮四武德、栢鄉、萬善、清化。

修武有濁鹿城。鎮一承恩。

山陽興定四年以修武縣重泉村爲山陽縣，隸輝州。

武陟有太行山、天門山、黄河、沁水。鎮一宋郭。

孟州，上。宋濟源郡節度，天會六年降河陽府爲孟州，置防禦，守盟津。宣宗朝置經略司。户四萬一千六百四十九。縣四、鎮二：

河陽倚。有嶺山、黄河、湛水、同水。鎮二穀羅、沇河。

王屋有王屋山、天壇山、析城山、黄河。

濟源有太行山、孔山、濟水、溴水〔二八〕、沁水。

温有黄河、㳲水〔二九〕。

京兆府路，宋爲永興軍路。皇統二年省併陜西六路爲四，曰京兆，曰慶原，曰熙秦，曰鄜延。府一，領節鎮一，防禦一，刺郡四，縣三十六，鎮三十七。

京兆府，上。宋京兆郡永興軍節度使。皇統二年置總管府，天德二年置陜西路統軍司、陜西東路轉運司。産白芷、麻黄、白蒺藜、茴香、細辛。户九萬八千一百七十七。縣十二、鎮十：舊又有中橋、臨涇二鎮，後廢。

長安倚。有終南山、龍首山、灃水〔三〇〕、渭水、鎬水。鎮一子午。

咸寧倚。本萬年，後更名。泰和四年廢，尋復。鎮二鳴犢、乾祐。

興平有渭水、醴泉。

涇陽

臨潼有驪山、渭水、戲水〔三一〕。鎮一零口。

藍田有藍田山、蕢山、灞水。

雲陽 鎮一孟店。

高陵有涇水、渭水、白渠〔三二〕。鎮二毗沙、渭城〔三三〕。

終南宋清平軍。鎮一甘河。

櫟陽有渭水、沮河〔三四〕、清泉陂。鎮一粟邑〔三五〕。

鄠有終南山、牛首山〔三六〕、渼陂、渭水。鎮一秦渡。

咸陽

商州，下，刺史。宋上洛郡軍事。貞祐四年升爲防禦，尋隸陝州，興定二年正月復來屬，元光二年五月改隸河南路。户三千九百九十九。縣二、鎮二：舊又有西市、黄川、青雲三鎮〔三七〕，後廢。

上洛有楚山、熊耳山、丹水、嶢關。鎮二商洛、豐陽，皆舊爲縣，貞元二年廢爲鎮。

洛南有冢嶺山、洛水。

虢州，下，刺史。宋虢郡軍事。貞祐二年割爲陝州支郡，以備潼關。户一萬二十二。縣三、鎮五：

虢略有鹿蹄山、黄河、燭水。鎮三靖遠、玉城〔三八〕、朱陽。

盧氏有朱陽山、熊耳山、洛水、鄢水。鎮二社管，欒川舊爲縣〔三九〕，海陵貞元二年廢爲鎮。

朱陽海陵時嘗廢，後復置。有地肺山。

乾州，中，刺史。宋嘗改爲醴州，天德三年復。户二萬六千八百五十六。縣四、鎮三：

奉天有梁山、莫谷水、甘谷水。鎮一薛禄。

醴泉有九嵕山、浪水。鎮一甘北。

武亭本武功，大定二十九年以嫌顯宗諱更。有敦物山、武功山、渭水。鎮一長寧。

好時有梁山、武亭河。

同州，中。宋馮翊郡定國軍節度，治馮翊。後改安國軍節度使〔四〇〕。舊貢圓筋繭耳羊，大定十一年罷之。户三萬五千五百六十一。縣六、鎮九：

馮翊倚。有洛水、渭水。鎮二沙苑并監〔四一〕。

朝邑有黄河、渭水。鎮四朝邑、新市、延祥、洿谷。

白水有五龍山、洛水、白水。

郃陽有非山、瀵水、黄河。鎮一夏陽。

澄城有梁山〔四二〕、洛水。

韓城貞祐三年升爲楨州，以郃陽縣隸焉。鎮二寺前、良輔。

耀州，上，刺史。宋華原郡感德軍節度，皇統二年降爲軍事，後爲刺史州。户五萬二百一十一。縣四、鎮二：

華原有土門山、漆水、沮水。

同官有白馬山、同官川。鎮一黄堡。

美原有頻陽山。

三原有堯門山、中白渠。鎮一龍橋。

華州，中。宋華陰郡鎮潼軍節度，治鄭，國初因之，後置節度使，皇統二年降爲防禦使。貞祐三年八月升爲節鎮，軍曰金安，以商州爲支郡。户五萬三千八百。縣五、鎮六：

鄭倚。有少華山、聖山、渭水、符禺水。鎮一赤水。

華陰有太華山、松果山、黄河、渭水、潼關。鎮二關西、敷水。

下邽有渭水、太白渠。鎮二素化〔四三〕、新市。

蒲城有金粟山、洛水。鎮一荆姚。

渭南有靈臺山、渭水。

鳳翔路，宋秦鳳路，治秦州。府二，領防禦二〔四四〕，刺郡二，縣三十三，城一，堡四，寨十四，鎮十五〔四五〕。

鳳翔府，中。宋扶風郡鳳翔軍節度。皇統二年升爲府，軍名天興，大定十九年更軍名爲鳳翔。大定二十七年升總管府。產芎藭、獨活、燈草、無心草、升麻、秦艽〔四六〕、骨碎補、羌活。戶六萬二千三百三。縣九、鎮四：舊有橫水、驛店、崔模〔四七〕、麻務、長清五鎮，後廢。

鳳翔倚。有杜陽山、吴岳、雍水。舊名天興縣，大定十九年更。

寶雞有陳倉山、渭水、汧水、大散關。鎮一武城。

虢有楚山、渭水。鎮一陽平。

郿有太白山、渭水。

盩厔南至巡馬道二十里。貞祐四年升爲恒州，以郿縣隸焉。有終南山、渭水、浴谷。

扶風國初作扶興。有渭水、漳水〔四八〕。鎮一岐陽。

岐山有岐山、終南山、渭水、姜水、汧水。鎮一馬蹟。

普潤有杜水、漆水、岐水〔四九〕。

麟遊有五將山、黝土山。

德順州，上，刺史。宋德順軍，國初隸熙秦路〔五〇〕，皇統二年升爲州，大定二十七年來屬。貞祐四年四月升爲防禦，十月升爲節鎮，軍曰隴安。户三萬五千四百四十九。縣六、寨四、堡一：舊有上接鎮、通安寨、王家城、牧龍城、同家堡，後廢。

隴干〔五一〕倚。

水洛本中安堡城。堡一中安。

威戎本威戎堡城。

隆德本隆德寨。

通邊本通邊寨。寨三靜邊舊爲縣，得勝，寧安。

治平本治平寨。寨一懷遠。

平涼府，散，中。宋渭州隴西郡平涼軍節度。舊爲軍，後置陝西西路轉運司、陝西東西路提刑司。大定二十六年來屬〔五二〕。户三萬一千三十三。縣五、鎮五、寨一：

平涼倚。有笄頭山〔五三〕、馬屯山。

潘原有烏鼠山、銅城山。

崇信有閤川水。鎮一西赤城。

華亭有小隴山。

化平本名安化，大定七年更。鎮四安化、安國、白巖河、耀武。寨一瓦亭。

鎮戎州，下，刺史。本鎮戎軍，大定二十二年爲州，二十七年來屬。户一萬四百四十七。縣二、堡三、寨八：

東山本東山寨。

三川本三川寨〔五四〕。堡三彭陽、乾興、開遠。寨八天聖、飛泉、熙寧、靈平、通峽、灙羌、九羊、張義。

秦州，下。宋天水郡雄武軍節度，後置秦鳳路。國初置節度，皇統二年置防禦使，隸熙秦路，大定二十七年來屬。元光二年四月升爲節鎮，軍曰鎮遠，後罷，貞祐三年復置〔五五〕。户四萬四百四十八。縣八、城一、寨三、鎮二：舊有甘谷城、甘泉城、結藏城、定西寨、西顧堡，後廢。

成紀倚。有龍馬泉。

冶坊〔五六〕

甘谷

清水宋舊縣。有中隴山〔五七〕、嶓冢山、清水〔五八〕。

雞川

隴城有大隴山、瓦亭山。寨一隴城。

西寧貞祐四年十月升爲西寧州，以甘谷、雞川、治平三縣隸焉。

秦安　城一伏羌。寨二三陽務、弓門。鎮二靜戎、床穰。

隴州，下。宋汧陽郡，防禦。海陵時隸熙秦路，大定二十七年來屬。戶一萬六千四百四十二。縣三、鎮五：

汧陽倚。有汧水、隃麋澤。鎮二安化、新興。

汧源有吴嶽山、白環水。鎮三吴山、定戎、隴西。

隴安泰和八年以隴安寨升。有秦嶺山、渭水。

鄜延路，府一〔五九〕，領節鎮一，刺郡四，縣十六，鎮五，城二，堡四，寨十八，關二。

延安府，下。宋延安郡彰武軍節度使，皇統二年置彰武軍總管府。戶八萬八千九百九十四。縣七、寨四、堡一、鎮一〔六〇〕：

膚施倚。有五龍山、伏龍山、洛水、清水、濯巾水。鎮一樂盤。

延川有濯巾河、黄河、吐延水〔六一〕。寨一永平。

延長有獨戰山、濯巾水。

臨真有庫利川〔六二〕。

甘泉有洛水。

敷政有三趙山、洛水。

門山有重覆山、黄河、渭牙川水。堡二安定，置第六正將。安寨。寨四萬安，興定二年廢。德安，置第五副將。招安。永平，有丹陽驛。

丹州，中，刺史。宋咸寧郡軍事，國初因之。户一萬三千七十八。縣一、鎮一、關一：

宜川有雲巖山、孟門山、黄河、庫利川〔六三〕。鎮一雲巖。關一烏仁。

保安州，下，刺史。宋保安軍，大定二十二年升爲州。户七千三百四十。縣一、寨三、鎮二、堡一、城一：

保安大定十二年以保安軍置〔六四〕。寨三德靖、順寧、平戎。鎮二靜邊、永和。堡一園林。城一金湯。

綏德州，下，刺史。唐綏州，宋綏德軍，大定二十二年升爲州。户一萬二千七百二十。縣一、寨十、城一、堡一、關一：

清澗本宋清澗城，大定二十二年升。寨十暖泉，義合，清邊，臨夏，白草，米脂置第二將，懷寧，鎮邊，綏平，克戎置第四將。城一嗣武。堡一開光。關一永寧。

鄜州，下。宋洛交郡康定軍節度〔六五〕，國初因之，置保大軍節度使。户六萬二千九百三十一。縣四、鎮一：

洛交倚。有疏屬山、洛水、華池水。鎮一三川〔六六〕。

直羅有大盤山〔六七〕、羅川水。

鄜城有楊班湫。

洛川有洛川水、圜水。

坊州，中，刺史。宋中部郡軍事。户二萬七百四十六。縣二、鎮一：

中部有沮河、橋山、石堂山、洛水、蒲谷水。

宜君有沮水。鎮一玉華。

天會五年，元帥府宗翰、宗望奉詔伐宋，若克宋則割地以賜夏。及宋既克，乃分割楚、夏疆封，自麟府路洛陽溝距黄河西岸，西歷暖泉堡，鄜延路米脂谷至累勝寨，環慶路威邊寨踰九星原至委布谷口〔六八〕，涇原路威川寨略古蕭關至北谷口，秦鳳路通懷堡至古會州，自此距黄河，依見流分熙河路盡西邊，以限楚、夏之封，或指定地名有懸邈者，相地勢從便分畫。

慶原路，舊作陝西西路。府一，領節鎮二，刺郡三，縣十八〔六九〕，鎮二十三，城二，堡四，寨二十二〔七〇〕，邊將營八。

慶陽府，中。宋安化郡慶陽軍節度。本慶州軍事，國初改安國軍，後置定安軍節度使兼總管，皇統二年置總管府。户四萬六千一百七十一。縣三、城二、堡一、寨三、鎮七：

安化倚。有馬嶺山、延慶水。

彭原有彭池原、睦陽川。鎮二董志、赤城。

合水有子午山。鎮五金櫃、懷安、業樂〔七一〕、五交、景山。城二白豹、大順。寨三安疆〔七二〕、華池、柔遠。堡一荔原。

環州，上，刺史。宋軍事，國初因之，大定間升爲刺郡。户九千五百四。縣一、堡三、寨六、鎮三：

通遠倚。有鹹河、馬嶺坂、塔子平榷場。堡三木瓜、歸德、興平。舊有惠丁、射香、流井三堡，後廢。寨六定邊、平遠、永和〔七三〕、洪德、烏倫、安邊。鎮三合道、馬嶺、木波。

寧州，中，刺史。宋彭原郡興寧軍節度，國初因之，皇統二年降爲軍，仍加「西」字，天德二年去「西」字，爲刺郡。户三萬四千七百五十七。縣四、鎮五：

安定本名定安，大定七年更。倚。有洛水、九陵水。鎮一交城。

定平　鎮二棗社、大昌。

真寧有子午山〔七四〕、羅川水。鎮二要關、山河。

襄樂有延川水。

邠州，中。宋新平郡靜難軍節度使〔七五〕，國初因之。户四萬七千二百九十一。縣五、鎮三、寨一：

新平倚。有涇水、潘水。

淳化有仲山、車箱坂。

宜禄有涇水、汭水。鎮一亭口。

永壽宋隸醴州。有高泉山。鎮一永壽。舊有邵寨鎮，後割隸涇州。寨一常寧。

三水有石門山、涇水、羅川水。鎮一清泉。

原州，上，刺史。宋平涼郡軍事〔七六〕，大定二十七年爲涇州支郡，後復軍事。户一萬七千八百。縣二、鎮三、寨五：

臨涇倚。有陽晉水、朝那水。

彭陽有大湖河、蒲川河。鎮三蕭鎮、柳泉、新城。寨五綏寧、平安、靖安〔七七〕、開邊、西壕。

涇州，中，彰化軍節度使。本治涇川〔七八〕，元光二年徙治長武。户二萬六千二百九十。

縣四、寨一、鎮二：

涇川本保定縣，大定七年更。寨一官地。

長武

良原

靈臺　鎮二百里、邵寨。

邊將：

第二將營，在荔原堡西，白豹城南七十五里，户三千七百一十六。

次西第四將營，户一千二百三十二。

次西第三將營，户二千一百五。

次西第八將營，户一千二百二十二。

次西第七將營，户八百五十。

次西第九將營，户七百二十七。

次西第六將營，户九百八十九。

次西第五將營，户三百六十四。

皇統六年，以德威城、西安州、定邊軍等沿邊地賜夏國，從所請也。正隆元年，命與夏國邊界對立烽候，以防侵軼。

臨洮路，皇統二年改熙州爲臨洮府，置熙秦路總管府，大定二十七年更今名。府一，領節鎮一，防禦一，刺郡四，縣一十三，鎮六，城六〔七九〕，堡十二，寨九，關二。

臨洮府，中。宋舊熙州臨洮郡鎮洮軍節度，後更爲德順軍，皇統二年置總管府。産甘草、菴蔄子、大黄。户一萬九千七百二十一。縣三、鎮一、城一、堡四：

狄道有白石山、洮水、浩亹河。鎮一慶平。城一景骨。

當川　堡一通谷。

康樂　堡三渭源，臨洮，南川臨宋界。

積石州，下，刺史。本宋積石軍溪哥城，大定二十二年爲州。户五千一百八十五。縣一、城三、堡三：

懷羌西至生羌界八十里。城三循化，西至生羌界一百里。大通，臨河、夏界。來羌，臨夏邊。堡三通津、臨灘、來同。

洮州，下。宋嘗置團練。刺史。舊軍事。臨宋界，至西生羌界八十里。户一萬一千三百三十七。堡二：通祐，臨宋界，無民户，置軍守。鐵城，臨宋界，無民户，置軍守。

蘭州，上，刺史。宋金城郡軍事。户一萬一千三百六十。縣三、鎮三、城二、堡三、關一：

定遠兼第十將，去質孤堡一十五里。

龕谷宋舊寨。

阿干宋舊寨。城二寧遠、安羌。堡三東關。質孤，臨夏邊，兼第八將。西關〔八〇〕，臨黄河、夏邊。鎮三原川、猪觜、納米。關一京玉。

鞏州，下，節度。宋通遠軍，皇統二年升軍事爲通遠軍節度使。户三萬六千三百一。縣五、寨四、鎮一：

隴西宋舊縣。

通渭

定西貞祐四年六月升爲州，以通西、安西隸焉。鎮一鹽川。舊有赤觜鎮，後廢。

通西

安西　寨四熟羊，臨宋界。來遠，去宋界二十五里，舊爲鎮。永寧，去宋界三十里。南川。舊有平西、寧遠二寨，及南三岔堡〔八二〕。

會州，上，刺史。宋前舊名汝遮。户八千九百一十八。縣一、舊有會川城。寨二、關一：

保川　寨二平西、通安。關一會安，舊作會寧。

河州，下，防禦。宋安鄉郡軍事。至都四千七百一十里。皇統二年升軍事爲防禦，貞祐四年十月升爲節鎮，軍曰平西。户一萬四千九百四十二。縣二、城一、寨三、鎮一：

枹罕國初廢，貞元二年復置。

寧河　城一安鄉關。寨三南川、通會關、定羌城。鎮一積慶。

校勘記

〔一〕安定　宋會要輯稿食貨一五之二同，而食貨一九之一與元豐九域志卷一北京大名府元城作「定安」。

〔二〕鎮一　按，此下應有鎮名，疑脱。

〔三〕鮒鰅山　原作「鮒鰨山」。按，元豐九域志卷二，河北路澶州濮陽有鮒鰅山。嘉慶一統志卷三五，大名府「鮒鰅山，在頓丘縣西北三十里，今名廣陽山。（中略）按『鮒鰅』，山海經作『務隅』，又作『附禺』」。今據改。

〔四〕天會六年析河東爲南北路　「東」字原脱，據局本補。

〔五〕陽曲　疑當作「陽興」。按，元豐九域志卷四，河東路太原府陽曲縣有陽興寨，宋史卷八六地理志二同。嘉慶一統志卷一三六，太原府關隘「陽興寨，在陽曲縣東北一百里」。

〔六〕祁　原作「祈」。按，太原府祁縣自漢以來皆作「祁」。本書所見，如卷七二銀术可傳，「宋兵據太谷、祁縣」；同卷拔离速傳，「宋軍來救太原者復據太谷、祁縣」。卷八〇突合速傳，「師至太原，祁縣降而復叛」。卷一二三忠義傳三禹顯傳，「追至祁縣而還」。皆作「祁」字。今據改。

〔七〕原仇山　原作「泉仇山」。按，元豐九域志卷四，河東路太原府盂縣有原仇山。元和郡縣志卷一三，河東道太原府盂縣「原仇山，在縣北三十里」。今據改。

〔八〕大定二年升爲州　「大定」下疑脱「二十」二字。按，大金國志卷三八京府州軍，「十六軍並改作州」，上等三州，泰安、滕、寧海。中等三州，平定、鈞、莒。下等十州，岢嵐、寧化、保德、隩、綏德、保安、葭、鎮戎、積石、來遠。除平定外，本志皆書「大定二十二年升爲州」，平定升州當亦同時。

〔九〕石州上刺史舊昌化軍　「刺史」二字原在「軍」字下，今據本志文例乙正。又，「昌化軍」，疑當作「昌化郡」。按，元豐九域志卷四河東路、太平寰宇記卷四二河東道、宋史卷八六地理志二均作「昌化郡」。

〔一〇〕克胡　原作「克明」。按，元豐九域志卷四，河東路石州臨泉有剋胡寨。嘉慶一統志卷一四四，汾州府關隘「剋狐寨，在臨縣西北一百二十里黄河東岸，路通陝西葭州，置浮梁以濟，金大定中，築城屯兵防禦夏人」。今據改。

〔一一〕通秦寨通秦堡　兩處「通秦」，原皆作「通泰」。按，宋史卷八六地理志二，河東路晉寧軍有通秦砦、通秦堡。本書紀傳所見亦多作「通秦」。今據改。

〔一二〕西陘　原作「西徑」。按，元豐九域志卷四，河東路代州雁門有西陘寨。宋史卷八六地理志二，河東路代州同。

〔一三〕虖虒水　原作「虒虖水」。按，元豐九域志卷四，河東路代州五臺有虖虒水。太平寰宇記卷四九，河東道代州「五臺縣，本漢虖虒縣，（中略）因虖虒水爲名」。今據乙正。

〔一四〕户六千□百　「百」上原作一字空格，南監本、北監本、殿本、局本户數並作「六千一百」。

〔一五〕有岢嵐山雪山岢嵐水　原作「有嵐谷山雪山岢嵐山」。按，元豐九域志卷四，河東路岢嵐軍嵐谷「有岢嵐山、雪山、岢嵐水」。太平寰宇記卷五〇，河東道岢嵐軍嵐谷縣「岢嵐山，在縣東二里」，「雪山，在縣東北四十里」，「岢嵐河，在縣東，水從嵐州宜芳縣走馬嶺下流出，去縣四十里，西入合河縣界」。今據改。

〔一六〕沙谷津　原作「汝谷津」。按，元豐九域志卷四，河東路保德軍津二：大堡、沙谷。宋史卷八六地理志二，河東路保德軍同。今據改。

〔一七〕領節鎮三　「領」字原脱，今依本志文例補。

〔一八〕縣六十八鎮二十九　南監本、北監本、殿本、局本並作「縣六十九鎮三十」。

〔一九〕霍山　原作「霍水」。按，元豐九域志卷四，河東路晉州洪洞有霍山。元和郡縣志卷一二，河東道晉州洪洞縣「霍山，在縣東北三十里」。今據改。

〔二〇〕日斤水　原作「白斤水」。按，元豐九域志卷四，河東路隰州大寧有日斤水。太平寰宇記卷四八，河東道隰州大寧縣「日斤川，在縣內。（中略）其水屈曲入黄河」。今據改。

〔二一〕吉州下刺史　「刺史」二字原脱。按，大金國志卷三八京府州軍，「刺史七十五處」，「下等三十六處」中有吉州。會編卷二四四引張棣金虜圖經，「刺史七十四處」中亦有吉州。今據補。

〔二二〕榮河貞祐三年升爲榮州　兩處「榮」字，原皆作「滎」。按，宋史卷八七地理志三，陝西路河中府作「榮河」。本書卷一六宣宗紀下，元光元年十月「乙未，大元兵下榮州之胡壁堡」。元光二年五月「丙午，復河中府及榮州」。卷一一二完顏合達傳，元光元年「五月，上言：『頃河中安撫司報，北將按察兒率兵入隰、吉、翼州，寖及榮、解之境，（中略）竊見河中、榮、解司縣官與軍民多不相諳』」。皆作「榮」。今據改。

〔二三〕北郎　元豐九域志卷三，永興軍路河中府榮河作「北鄉」，與此異。

〔二四〕故壺口關　「壺口關」，原作「壺關口」。按，輿地廣記卷一八，河東路潞州黎城縣「有壺口故關」。嘉慶一統志卷一四二，潞安府關隘所記同。今據乙正。

〔二五〕沁州中刺史　「刺史」二字原脱。按，大金國志卷三八京府州軍，「刺史七十五處」，「中等二十五處」中有沁州。會編卷二四四引張棣金虜圖經，「刺史七十四處」中亦有沁州。今據補。

〔二六〕鎮一　「一」，原作「二」，據南監本、北監本、殿本、局本改。按，下文只載武鄉縣鎮一南關。

〔二七〕湨水　原作「浿水」。按，嘉慶一統志卷二〇二，懷慶府「湨水，在濟源縣西南，東流經孟縣北，又東南入河。爾雅，梁莫大於湨梁。左傳襄公十六年，公會諸侯於湨梁。注，湨水出河内軹縣東南，至温入河。水經注，湨水出原城西北原山勳掌谷」。今據改。

〔二八〕湨水　原作「澳水」。按，元豐九域志卷一，京西路孟州濟源有湨水。今據改。參見前條校勘記。

〔二九〕泲水　原作「湋水」。按，湋水在陝西扶風，見下文。温縣無「湋水」。考太平寰宇記卷五二，河北道孟州温縣，「泲水，在故城西，東南流注于河。按述征記云，泲水經河内温縣注于河」。今據改。

〔三〇〕灃水　原作「澧水」，據殿本、局本改。按，元豐九域志卷三，永興軍路長安有灃水。輿地廣記卷一三，永興軍路京兆府長安縣同。

〔三一〕有驪山渭水戲水　二「水」字原脱。按，元豐九域志卷三，永興軍路京兆府臨潼「有驪山、渭水、戲水」。輿地廣記卷一三，永興軍路京兆府臨潼縣，亦記有戲水。今據補。

〔三二〕有涇水渭水白渠　二「水」字原脱。按，元豐九域志卷三，永興軍路京兆府高陵「有涇水、渭水、白渠」。今據補。

〔三三〕渭城　疑當作「渭橋」。按，元豐九域志卷三，永興軍路京兆府高陵有渭橋鎮。嘉慶一統志卷二二九，西安府關隘「渭橋鎮，在咸寧縣東，接高陵縣界。長安志，在萬年縣東四十里，高陵縣南十八里，即東渭橋，李晟屯兵處」。

〔三四〕沮河　原作「泹河」，南監本、北監本、局本作「洹河」。按，元豐九域志卷三，永興軍路京兆府櫟陽有沮河。太平寰宇記卷二六，關西道雍州櫟陽縣，「沮水，一名石川水，北自富平縣界流入」。今據改。

〔三五〕粟邑　原作「栗邑」。按，本書卷九章宗紀一，明昌三年十二月「丁巳，勑（中略）京兆櫟陽縣置粟邑鎮倉」。元豐九域志卷三，永興軍路京兆府櫟陽有粟邑鎮。今據改。

〔三六〕牛首山　「山」字原脱。按，元豐九域志卷三，永興軍路京兆府鄠有牛首山。元和郡縣志卷二，關内道京兆府鄠縣「牛首山，在縣西南二十三里」。今據補。

〔三七〕青雲　原作「青雪」。按，元豐九域志卷三，永興軍路商州商洛有青雲鎮。嘉慶一統志卷二四六，商州關隘，「舊志有廢青雲館，在州南一百五十里，即青雲鎮也」。今據改。

〔三八〕玉城　原作「王城」。按，元豐九域志卷三，永興軍路虢州虢略有玉城鎮。輿地廣記卷一四，永興軍路虢州虢略縣「玉城鎮，故玉城縣。西魏廢之，唐屬虢州，皇朝熙寧四年省入虢略」。今據改。

〔三九〕欒川　原作「灤川」。按，元豐九域志卷三，永興軍路虢州盧氏有「欒川冶一鎮」。宋史卷八七地理志三，陝西路虢州「欒川。元祐二年，以欒川冶爲鎮，崇寧三年，改爲縣。」今據改。

〔四〇〕後改安國軍節度使　按，本書卷二五地理志中，河北西路「邢州，上，安國軍節度」。同州不應後改安國軍節度，疑是修史者誤書。

〔四一〕沙苑并監　「監」，原作「藍」。按，元豐九域志卷三，永興軍路同州馮翊有「沙苑一鎮」，又「監一。乾德三年于馮翊、朝邑二縣境置牧馬監，隸州。沙苑。州南二十五里。」太平寰宇記卷二八，關西道同州馮翊縣記載同。蓋沙苑與沙苑監是二地，金時同爲鎮，故曰「沙苑并監」。今據改。

〔四二〕梁山　原作「梁水」。按，元豐九域志卷三，永興軍路同州澄城有梁山。嘉慶一統志卷二四三，同州府「梁山，在韓城縣西北九十里。書禹貢，治梁及岐。（中略）郃陽縣志，山在縣西北四十里，東西橫亘，逶迤最遠。（中略）按諸志言梁山所在，其說皆不同，蓋是山延亘最遠」之故。今據改。

〔四三〕素化　元豐九域志卷三，永興軍路華州下邽作「來化」。

〔四四〕領防禦二　「領」字原脫，今依本志文例補。

〔四五〕寨十四鎮十五　南監本、北監本、殿本、局本並作「寨十六鎮十六」。

〔四六〕秦艽　原作「秦芁」，元刻本、南監本、北監本、殿本、局本並作「秦艽」。按，「秦艽」藥名。本草綱目云，「秦艽出秦中，以根作羅紋交糾者佳，故名秦艽、秦糺」。今據改。

〔四七〕崔模　原作「雀模」。按，元豐九域志卷三，秦鳳路鳳翔府麟游有「崔模一鎮」。嘉慶一統志卷二三六，鳳翔府關隘「崔模鎮，在麟遊縣東北四十里。舊志有催木鎮，在催木嶺下。其地東接邠、乾，北連平、慶，蓋即『崔模』之訛也」。今據改。

〔四八〕漳水　原作「漳山」。按，元豐九域志卷三，秦鳳路鳳翔府扶風有漳水。嘉慶一統志卷二三五，鳳翔府「漳水，在岐山縣東，東南流至扶風縣西入雍水」。今據改。

〔四九〕岐水　原作「岐山」。按，元豐九域志卷三，秦鳳路鳳翔府普潤有岐水。嘉慶一統志卷二三五，鳳翔府「岐水，在麟遊縣西。（中略）隋書地理志，普潤縣有岐水。寰宇記，岐水源出普潤縣，東南流入漆水」。今據改。

〔五〇〕國初隸熙秦路　「熙秦」，疑當作「熙河」。按，上文京兆府路下曰，「皇統二年省併陝西六路爲四，（中略）曰熙秦」。是皇統二年始併宋秦鳳、熙河爲一路，以前無「熙秦路」之稱。下文云，「大定二十七年來屬」鳳翔路，則金初必隸熙河路。

〔五一〕隴干　原作「隴平」。按，元豐九域志卷三，秦鳳路「德順軍，慶曆三年以渭州隴竿城置軍」。宋史卷八七地理志三，陝西路秦鳳路德順軍，「慶曆三年，即渭州隴干城建爲軍。（中略）縣一：隴干」。今據改。

〔五二〕大定二十六年來屬　「二十六」，疑當作「二十七」。按，上文鳳翔府下云，「大定二十七年升總管府」。故德順州、鎮戎州、秦州、隴州下皆云「大定二十七年來屬」，平涼府不應獨異。

〔五三〕笄頭山　原作「羊頭山」。按，元豐九域志卷三，秦鳳路渭州平涼有笄頭山。輿地廣記卷一六，秦鳳路渭州平涼縣「有笄頭山，禹貢涇水所出」。今據改。

〔五四〕三川寨　原作「三水寨」。按，元豐九域志卷三，秦鳳路鎮戎軍寨七，天聖「八年置三川」，「三川，軍西三十五里」。宋史卷八七地理志三，陝西路秦鳳路鎮戎軍砦七，其中亦有三川。今據改。

〔五五〕「元光二年」至「復置」　按，元光在貞祐後，此處倒置。疑「元光」當作「貞祐」，「貞祐」當作「元光」。

〔五六〕冶坊　原作「治坊」，據局本改。按，元豐九域志卷三，秦鳳路秦州堡三，「冶坊，州東北一百二十里」。宋史卷八七地理志三，陝西路秦鳳路秦州堡三，其中有冶坊。嘉慶一統志卷二七五，秦州古蹟，「冶坊廢縣，在清水縣北四十里，其地多冶坊」。

〔五七〕中隴山　疑當作「小隴山」。按，元豐九域志卷三，秦鳳路秦州清水縣「有小隴山」。元和郡縣志卷三九，隴右道秦州清水縣「小隴山，一名隴坻」。

〔五八〕清水　原作「渭水」。按，元豐九域志卷三，秦鳳路秦州清水縣有清水。嘉慶一統志卷二七四，秦州「清水，在清水縣北。水經注，導源東北隴山」。今據改。

〔五九〕鄜延路府一　「府一」二字原脱，據南監本、北監本、殿本、局本補。

〔六〇〕寨四堡一鎮一　此六字原作小字注文，南監本、北監本、殿本、局本作「鎮一寨五堡二」，並作大字正文。今據本志文例改爲大字正文。

〔六一〕吐延水　「吐」字原脱。按，元豐九域志卷三，永興軍路延州延川縣有吐延水。元和郡縣志卷三，關内道延州延川縣「吐延水，北自綏州綏德縣流入」。今據補。

〔六二〕庫利川　原作「庫利山」。按，元豐九域志卷三，永興軍路延州臨真縣有庫利川。太平寰宇記卷三六，關西道延州臨真縣「庫利川，在縣北一十五里」。今據改。

〔六三〕庫利川　原作「庫利山」。按，元豐九域志卷三，永興軍路丹州宜川縣有庫利川。太平寰宇記卷三五，關西道丹州雲巖縣「庫利川，在縣西，從西延州臨真縣界入。當縣土諺云，昔有奴賊居此川内，稽胡呼奴爲『庫利』，因此爲川名」。今據改。

〔六四〕大定十二年以保安軍置　此處原爲大字正文，據北監本、殿本、局本改爲小字注文。

〔六五〕宋洛交郡康定軍節度　按，宋史卷八七地理志三，陝西路「鄜州，上，洛交郡，保大軍節度」。元豐九域志卷三，永興軍路「鄜州，洛交郡，保大軍節度」。又「縣四」下注云，「康定二年即鄜城縣治置康定軍使，仍隸州」。蓋宋承唐制，于鄜州置保大軍節度，則此處仍當作「保大軍」，下文「置保大軍節度使」可證。其「康定軍」非節度，係在鄜城。修史者不察，以鄜州爲「康定軍節度」誤。金史詳校卷三下：「『康定』當作『保大』。案：九域志、廣記、玉海、宋志皆作

「保大」。」

〔六六〕三川　原作「三水」。按，元豐九域志卷三，永興軍路鄜州，「熙寧七年省三川縣爲鎮，入洛交」。輿地廣記卷一四，永興軍路鄜州洛交縣「三川鎮，以華池水、黑水、洛水所會爲名」。今據改。

〔六七〕大盤山　原作「水盤山」。按，元豐九域志卷三，永興軍路鄜州直羅縣有大槃山。元和郡縣志卷三，關内道鄜州直羅縣「大槃山，在縣西北一百一十里」。今據改。

〔六八〕威邊寨　原作「威延寨」。按，本書卷一三四外國傳上西夏傳記此事作「威邊寨」。宋史卷八七地理志三，陝西路慶陽府亦有「威邊砦」。今據改。

〔六九〕縣十八　南監本、北監本、殿本、局本作「縣十九」。

〔七〇〕寨二十二　南監本、北監本、殿本、局本作「寨十六」。

〔七一〕業樂　原作「華樂」。按，元豐九域志卷三，永興軍路慶州安化有業樂鎮。嘉慶一統志卷二六二，慶陽府關隘「業樂鎮，在縣東北八十里，去懷安鎮七十里，有城周二里二十步，亦宋范仲淹築」。今據改。

〔七二〕安疆　原作「安强」。按，元豐九域志卷三，永興軍路慶州安化作「安疆寨」。宋史卷八七地理志三，陝西路慶陽府亦作「安疆砦」。今據改。

〔七三〕永和　原作「永鄉」。按，元豐九域志卷三，永興軍路環州通遠有永和寨。宋史卷八七地理志三，陝西路環州通遠同。嘉慶一統志卷二六二，慶陽府關隘「永和砦在縣東南一百里」。今據改。

〔七四〕子午山　「子」字原脱。按，元豐九域志卷三，永興軍路寧州真寧有子午山。元和郡縣志卷三，關内道寧州真寧縣「子午山，亦曰橋山，在縣東八十里」。今據補。

〔七五〕宋新平郡靜難軍節度使　「靜難軍」，原作「靖難軍」。按，本書紀傳中靜難軍十餘見，皆作「靜」，惟此作「靖」。元豐九域志卷三，永興軍路「邠州，新平郡，靜難軍節度」。宋史卷八七地理志三陝西路邠州同。今據改。

〔七六〕宋平涼郡軍事　「郡」字原脱。按，元豐九域志卷三，秦鳳路「原州，平涼郡，軍事」。宋史卷八七地理志三，陝西路原州平涼同。今據補。

〔七七〕靖安　原作「清安」。按，元豐九域志卷三，秦鳳路原州有靖安。宋史卷八七地理志三陝西路原州同。今據改。

〔七八〕本治涇川　「涇川」，原作「涇州」。按，下文屬縣四，首爲「涇川」，注云「本保定縣」。唐、宋志書如元和郡縣志卷三、太平寰宇記卷三二、元豐九域志卷三，以及新唐書卷三七地理志一、宋史卷八七地理志三，涇州皆以涇川爲首縣，知金元光二年以前，亦以此爲州治。今據改。

〔七九〕縣一十三鎮六城六　南監本、北監本、殿本、局本皆作「縣一十五鎮六城七」。

〔八〇〕西關　原作「西開」，據南監本、北監本、殿本、局本改。按，元豐九域志卷三，秦鳳路蘭州「堡四：元豐四年置東關、皋蘭，（中略）六年置阿干、西關」。又「東關，州東一十八里。西關，州西二十里」。宋史卷八七地理志三，陝西路秦鳳路蘭州，元豐五年置西關堡。嘉慶一統志卷二五三，蘭州府關隘「西關堡，在皋蘭縣西」。

〔八二〕南三岔堡　原作「南三分堡」。按，元豐九域志卷三，秦鳳路通遠軍「堡一，熙寧四年置。三岔，軍北二十五里」。宋史卷八七地理志三，陝西路秦鳳路鞏州堡七，其中「三岔，舊堡，熙寧四年置」。嘉慶一統志卷二五六，鞏昌府關隘「三岔堡，在隴西縣北，金史地理志安西縣舊有南三岔堡」。今據改。